职业技能等级认定学练丛书

货运检查员

中国铁路呼和浩特局集团有限公司　编

中国铁道出版社有限公司

2024年·北京

内 容 简 介

本书是中国铁路呼和浩特局集团有限公司组织编写的职业技能等级认定学练丛书之一，适用于货运检查员工种。内容包括货运检查员中级工、高级工、技师应熟悉和掌握的职业技能问答题目各100题，以及中级工、高级工、技师模拟考核项目各20项，职工通过学习可以提升实作技能。

图书在版编目(CIP)数据

货运检查员/中国铁路呼和浩特局集团有限公司编．—北京：中国铁道出版社有限公司，2024.4
(职业技能等级认定学练丛书)
ISBN 978-7-113-30972-5

Ⅰ.①货… Ⅱ.①中… Ⅲ.①铁路运输-货物运输-检查-职业技能-鉴定-教材 Ⅳ.①U294

中国国家版本馆CIP数据核字(2024)第061241号

书　　名：货运检查员
作　　者：中国铁路呼和浩特局集团有限公司

责任编辑：秦绪涛　　**编辑部电话：**(010)51873024
封面设计：刘　莎
责任校对：刘　畅
责任印制：樊启鹏

出版发行：中国铁道出版社有限公司(100054，北京市西城区右安门西街8号)
网　　址：http://www.tdpress.com
印　　刷：北京联兴盛业印刷股份有限公司
版　　次：2024年4月第1版　2024年4月第1次印刷
开　　本：787 mm×1 092 mm　1/16　**印张：**20　**字数：**455千
书　　号：ISBN 978-7-113-30972-5
定　　价：135.00元

编 委 会

前　言

为进一步提高铁路职工教育培训的针对性和实效性，大力促进全局职工队伍岗位技能达标，2015 年劳动和卫生部组织专业技术人员编写了“铁路特有工种操作技能鉴定学练丛书”。该丛书为同期职业技能鉴定培训提供了有力的支撑，在铁路高技能人才培养选拔、落实全员持证上岗制度和确保运输生产安全稳定发展方面发挥了重大的作用。

随着我国铁路建设的持续发展，新技术、新设备不断更新应用，铁道行业标准、《铁路技术管理规程》等规章标准相应提升变化，丛书的范围和内容已经不能适应新时代铁路职工职业技能等级认定培训学习需求，急需进行修订完善和扩充拓展。

党的二十大报告要求，深入实施人才强国战略。为落实二十大精神，集团公司在技能人才队伍培养方面推出了一系列的新举措。其中，丛书修订完善作为一项重要工作进行落实，在对 62 个铁路特有工种进行修订完善的基础上，将丛书拓展为 90 个铁路特有工种和 8 个通用工种，并更名为“职业技能等级认定学练丛书”。

“职业技能等级认定学练丛书”在编写内容上力求体现以“优化职业活动为导向，以提升职业技能为核心”为指导思想，以“国家职业标准”“铁路特有工种技能培训规范”“高速铁路岗位培训规范”等为标准，以客观评价职工操作技能水平为目标，力求知识的系统性、连贯性和精炼性，突出针对性、典型性和适用性。

“职业技能等级认定学练丛书”是铁路职工职业等级认定操作技能考试前培训和自学教材，对职工各类在职教育和考试也有重要的参考价值。

“职业技能等级认定学练丛书”的编写是一项系统性、全面性的工作，工作难度比较大。在丛书的编写和审定过程中得到了集团公司职培部、各业务部及有关单位的大力支持和帮助，在此表示感谢！由于编写水平有限，加之时间仓促，恳请读者提出宝贵意见和建议。

中国铁路呼和浩特局集团有限公司

2023 年 9 月

目 录

第一部分 中 级 工

第二部分 高 级 工

第三部分　技　　师

第一部分 中 级 工

1. 货物装载加固状态途中发现哪些问题时，应立即停车处理？（《铁路货物装载加固规则》第78条）

答：发现下列问题，应立即停车处理：

(1)卧装卷钢，发生滚动。

(2)货物活动部件发生旋转、开放，会刮打行车设备或影响邻线机车车辆。

(3)存在直接危及行车安全的其他情形。

2. 篷布按产权如何分类？（《货车篷布管理规则》第3条）

答：篷布是铁路货车辅助用具，按产权分为铁路篷布和自备篷布。铁路篷布是承运人提供的篷布。自备篷布是托运人购置的篷布。

3. 集装箱所装货物应符合哪些要求？（《铁路集装箱运输规则》第20条）

答：集装箱所装货物应符合所用箱型适箱货物要求，不得腐蚀、损坏箱体。铁路通用箱不得装运煤、焦炭等易污染箱体的货物。

4. 何谓货检站？（《铁路货运检查管理规则》第7条）

答：货检站是列车运行途经有改编或人工方式列检作业，或无改编或无列检作业但停车时间在35 min及以上的编组站或区段站。

5. 什么是计量安全检测设备？（《铁路货运计量安全检测设备运用管理规则》第3条）

答：计量安全检测设备是对货车、集装箱进行科学计量及安全检测，确保行车安全的重要设备。主要包括轨道衡(含自动轨道衡和数字指示轨道衡)、超偏载检测装置、汽车衡、装载机电子秤、铁道车辆轮重测定仪、平台秤、吊钩秤等。

6. 何谓危险货物？（《铁路危险货物运输管理规则》第5条）

答：危险货物是指具有爆炸、易燃、毒害、感染、腐蚀、放射性等危险特性，在铁路运输、装卸和储存保管过程中，容易造成人身伤亡、财产毁损或者环境污染而需要特别防护的物质和物品。

7. 何谓超限货物？（《铁路超限超重货物运输规则》第7条）

答：货物装车后，车辆停留在水平直线上，货物的任何部位超出机车车辆限界基本轮廓者或车辆行经半径为300 m的曲线时，货物的计算宽度超出机车车辆限界基本轮廓者，均为超限货物。

8. 苫盖篷布的敞车在发站必须做哪些工作？（《货车篷布管理规则》第15条）

答：苫盖篷布的敞车必须在发站加盖篷布绳网，使用篷布绳卡。篷布绳网、篷布绳卡由托运人自备，限一次性使用。

9. 何谓鲜活货物？（《铁路鲜活货物运输规则》第6条）

答：鲜活货物是指在铁路运输过程中需要采取制冷、加温、保温、通风、上水等特殊措施，以防止出现腐烂、变质、冻损、生理病害、病残死亡等问题的货物。

10. 到达列车预检作业是如何规定的？（《铁路货运检查管理规则》第25条）

答：在列车到达前5 min，货检员应出场立岗，在列车到达、通过时，对列车进行目测预检。运用“货检应用”的车站，可以通过视频监控、超偏载检测等设备对到达列车进行预检。

11. 车站按技术作业和业务性质如何分类？（《铁路技术管理规程（普速铁路部分）》第235条）

答：车站按技术作业分为编组站、区段站、中间站，按业务性质分为营业站、非营业站，营业站分为客运站、货运站、客货运站。

12. 铁路交通事故等级如何划分？（《铁路交通事故应急救援和调查处理条例》第8条）

答：根据事故造成的人员伤亡、直接经济损失、列车脱轨辆数、中断铁路行车时间等情形，事故等级分为特别重大事故、重大事故、较大事故和一般事故。

13. 货检站货运交接检查包括哪些内容？（《铁路货物运输管理规则》第32条）

答：货运交接检查的内容包括：列车中货物装载、加固状态；车辆篷布苫盖状态；施封及门、窗、盖、阀关闭情况；货车票据完整情况。发现异状时，应及时处理。

14. 托运哪些货物应记明货物的容许运输期限？（《铁路货物运输规程》第12条）

答：托运易腐货物、“短寿命”放射性货物时，应记明货物的容许运输期限。容许运输期限至少须大于货物运到期限三天。

15. 接触网设备未停电并办理安全防护措施前应注意什么？（《电气化铁路有关人员电气安全规则》第9条）

答：机车、动车及各种车辆上方的接触网设备未停电并办理安全防护措施前，禁止任何人员攀登到车顶或车辆装载的货物上。

16. 加固货物时,所用绳索或加固线捆绑拴结后的余尾长度有哪些要求?(《铁路货物装载加固规则》第 24 条)

答:加固货物时,所用绳索或加固线捆绑拴结后的余尾部分,长度一般不得超过 300 mm,不短于 100 mm;超过 300 mm 时应采取有效措施予以固定。

17. 某站装运跨装汽车一组 3 辆(图 1-1)**,请指出存在哪些问题。应如何处理?**(《铁路货物装载加固规则》第 42 条;《铁路货运检查管理规则》第 25 条)

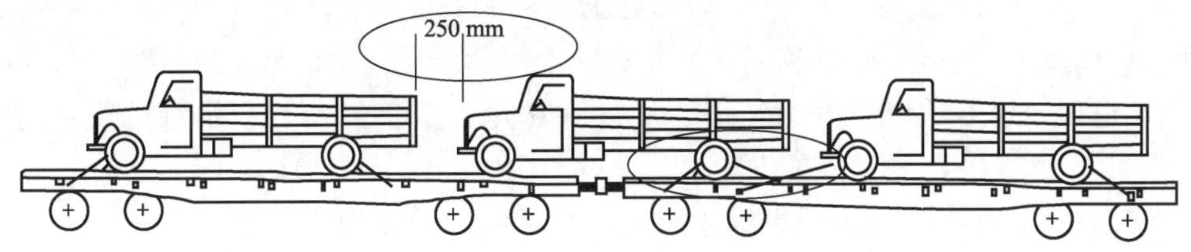

图 1-1　跨装汽车

答:存在如下问题:

(1)跨装在两平车上的汽车,其头部与前辆汽车的尾部间距小于 350 mm。

(2)跨及两平车的汽车,后轮未前后均用三角挡掩紧钉固。

需要甩车整理,货检值班员应通知车站调度员(值班员)甩车处理。运用"货检应用"的车站,货检值班员还应通过"货检应用"通知整理点的货运员;货运员整理完毕后应通过"货检应用"登记处理信息并反馈。

18. 指出图 1-2 中钢丝绳使用有什么问题? 钢丝绳直径为 12.5 mm,A 值为多少?(《铁路货物装载加固规则》附件 5)

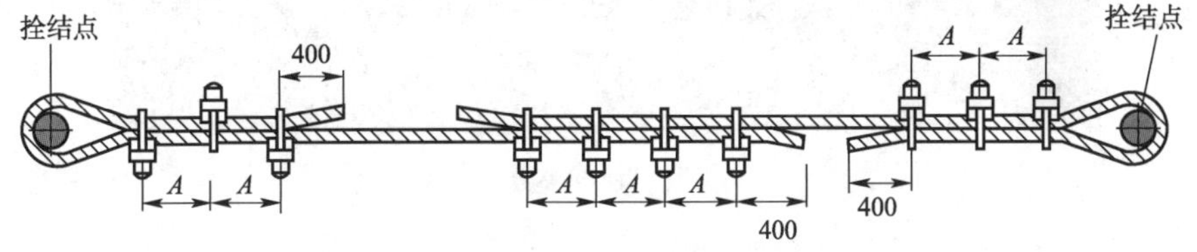

图 1-2　钢丝绳使用(单位:mm)

答:问题 1:固定单股钢丝绳端头时,使用钢丝绳夹的数量不得少于 3 个,图左侧钢丝绳夹方向不对,钢丝绳夹的夹座必须扣装在主绳一侧。

问题 2:两根钢丝绳搭接时,并列绳头应拉紧,用不少于 4 个钢丝绳夹正反扣装并紧固。

问题 3:绳头余尾长度宜控制在 100～300 mm 间。

钢丝绳夹间的距离 A 等于 6～7 倍钢丝绳直径,A 值为 75～87.5 mm。

19. 2023 年 2 月 25 日,某站接 38801 次列车时,货检员发现 P_{62T} 3130134,A 站发 B 站空棚车,运行右侧车门脱槽(图 1-3)**,货检站应如何处理?**(《铁路货运检查管理规则》第 25 条)

图 1-3　车门脱槽

答:(1)该车车门脱槽,依据《铁路货运检查管理规则》规定,货检员应报告车站调度员(值班员)甩车整理。运用“货检应用”的车站,货检值班员还应通过“货检应用”通知整理点的货运员。

(2)于列车到达后 120 min 内电报通知上一货检站,抄知发到站。

(3)编制普通记录送货物线整理。

(4)依据《铁路货运检查管理规则》“甩车整理时,应做好防护工作”规定。甩车前,可采取有效捆绑加固措施,防止调车过程中车门脱落。

20. 图 1-4 中存在哪些问题?规章依据是什么?如何处理?(《铁路集装箱运输规》第 47 条;《铁路货运检查管理规则》第 25 条)

图 1-4　集装箱装载

答:(1)存在问题:集装箱底部角件未落入车辆锁头。

(2)违反《铁路集装箱运输规则》:集装箱装车前,必须清扫干净车地板,确认箱体、车体上无杂物。使用集装箱专用平车或共用平车时,装车前必须确认锁头齐全、状态良好;装车后必须确认锁头完全入位,箱门处的集装箱专用平车门挡或共用平车端板立起。

(3)处理方式:按规定向上一货检站拍发电报,同时抄送发到站,编制普通记录,及时通知车站调度员(值班员)甩车处理。

21. 25 m 钢轨如何装运?(《铁路货物装载加固规则》第 50 条)

答:25 m 钢轨采用专用货物转向架两平车跨装方式,两平车地板面高度差超过 20 mm 时,必须垫平,可不安装车钩缓冲停止器。遇有涂打“㊇”的平车,允许放下端侧板进行装运,提钩杆和放下的端侧板要捆紧锁牢。

22. 铁路篷布使用范围有哪些?(《货车篷布管理规则》第7条)

答:篷布仅用于苫盖敞车装运的怕湿、易燃货物或其他需要苫盖篷布的货物。毒害品、腐蚀性物品及污染性物品不得使用铁路篷布。苫盖易于损坏篷布的货物时,装车单位必须采取防护措施,防护材料由托运人提供。

23. 集装箱是指具备哪些条件的运输设备?(《铁路集装箱运输规则》第5条)

答:(1)具有足够的强度和刚度,在有效使用期内可以反复使用;

(2)适于一种或多种运输方式运送货物,途中无需倒装;

(3)设有供快速装卸的装置,便于从一种运输方式转到另一种运输方式;

(4)便于箱内货物装满和卸空;

(5)内容积不小于1 m^3。

集装箱不包括车辆和一般包装。

24. 货检站是如何分类的?(《铁路货运检查管理规则》第9条)

答:货检站分为路网性和区域性货检站。路网性货检站是指纳入中国国家铁路集团有限公司(简称国铁集团)日常考核的编组站。区域性货检站是指除路网性货检站外,铁路局集团公司管内有货检作业的技术作业站。

25. 挂有剧毒品车辆的列车出发,对车统作业有何要求?(《铁路危险货物运输管理规则》第101条)

答:车号员要认真编制列车编组顺序表,并在剧毒品车辆记事栏内标记"D"符号。发车前认真核对现车,确保出发列车编组、货运票据和列车编组顺序表内容一致。发车后,要及时发出列车确报。

26. 使用镀锌铁线拉牵加固的方式有哪些?拉牵方式如何使用?(《铁路货物装载加固规则》附件五)

答:使用镀锌铁线拉牵加固的方式主要有:八字形、倒八字形、交叉、又字形或反又字形等。各种拉牵方式可单独使用,也可两种或两种以上组合使用。拉牵应尽可能对称。

27."铁路危险货物途中作业签认单"中押运检查内容包括哪些?(《铁路危险货物运输管理规则》格式7-2)

答:(1)确认押运员姓名、身份证号与货物运单记载一致。

(2)确认押运员有无培训合格证明。

(3)确认危险货物押运员人数符合规定。

(4)货检员与押运员现场办理签认。

(5)其他规定要求。

28. 铁路篷布编号有何要求?(《货车篷布管理规则》第43条)

答:篷布编号由国铁集团货运部统一公布。铁路篷布采用7位编号,第1位是生产年份,后6位为顺序号。自备篷布采用9位编号,前4位为生产年份和月份,后5位为顺序号。

29. 途中检查站如何检查超限、超重车?(《铁路超限超重货物运输规则》第46条)

答:途中检查站应按下列内容检查超限、超重车,并在超限超重货物运输记录上记录、签认检查结果。

(1)有无超限超重货物运输记录及其填写是否完整;

(2)货物两侧明显位置,是否有超限、超重等级标识;

(3)是否标画有检查线,货物装载加固是否良好,加固材料是否有松动或损坏。

如发现问题,应按照《铁路货运检查管理规则》和《铁路货物运输管理规则》等文件中的有关规定处理。

30. 装载加固方案包括哪些内容?(《铁路货物装载加固规则》第61条)

答:装载加固方案应包括货物规格、准用货车、装载加固材料(装置)、装载方法、加固方法、其他要求等内容。

31. 按照《铁路技术管理规程(普速铁路部分)》的规定,编组站、区段站停留车辆怎样做好防溜?(《铁路技术管理规程(普速铁路部分)》第306条)

答:编组站、区段站在到发线、调车线以外的线路上停留车辆,不进行调车作业时,应连挂在一起,并须拧紧两端车辆的人力制动机,或以铁鞋(止轮器、防溜枕木等)牢靠固定。因装卸车对货位等情况,不能连挂在一起时,应分组做好防溜措施。

32. 人员及所携带的物件与牵引供电设备的安全距离是如何规定的?(《电气化铁路有关人员电气安全规则》第6条)

答:为保证人身安全,除牵引供电专业人员按规定作业外,任何人员及所携带的物件、作业工器具等须与牵引供电设备高压带电部分保持2 m以上的距离,与回流线、架空地线、保护线保持1 m以上距离,距离不足时,牵引供电设备须停电。

33. 何谓中欧班列?(《中欧班列组织管理暂行办法》第2条)

答:中欧班列是指经阿拉山口(霍尔果斯)、二连、满洲里(绥芬河)口岸出入境,在中国与欧洲国家间开行,固定发到站、固定车次和运行线,明确开行周期和全程运行时刻,按快运货物班列模式组织开行的集装箱国际联运货物列车。

34. 运输途中发现未按规定使用篷布绳网时应如何处理？（《货车篷布管理规则》第21条）

答：运输途中发现未按规定使用篷布绳网时，发现站补苫后方可继续运输，相关费用向发站清算，并将漏苫和处理情况拍发电报通知发站、发局并抄所在局、国铁集团货运部。

35. 发现施封锁哪些情况按失效处理？（《铁路货物运输规程》附件2）

答：(1)钢丝绳的任何一端可以自由拔出，锁芯可以从锁套中自由拔出；

(2)钢丝绳断开后再接，重新使用；

(3)锁套上无站名、号码和站名或号码不清、被破坏。

36. 哪些货物必须派人押运？（《铁路货物运输规程》第18条）

答：活动物、需要浇水运输的鲜活植物、生火加温运输的货物、挂运的机车和轨道起重机以及特殊规定应派押运人的货物，托运人必须派人押运。

37. 某站发汽车一辆，采用8股铁线4道对货物进行加固（图1-5）。**请指出违章之处。**（《铁路货物装载加固规则》第11条、第23条，附件五第1章）

图1-5　平车装运汽车

答：(1)镀锌铁线与支柱槽之间未采取防磨措施，违反《铁路货物装载加固规则》“必要时，加固线与货物、车辆棱角接触处应采取防磨措施”的规定。

(2)使用两股以上镀锌铁线一次性缠绕，违反《铁路货物装载加固规则》附件五镀锌铁线捆绑要求，即：“禁止使用两股以上镀锌铁线一次性缠绕的操作方法”的规定。

(3)侧板处锁铁没有将侧板锁紧卡牢，违反《铁路货物装载加固规则》“使用有端、侧板的平车装载长度或宽度超出车地板的货物，可将端、侧板放下，同时用镀锌铁线将其与车体捆绑牢固或用锁铁卡紧”的规定。

38. 2023年1月20日，乙站货检作业检查500 m长钢轨普通平车返空运输，请指出中存在的问题（图1-6）。**简述500 m长钢轨普通平车装载加固装置原车回送的要求。**（《铁路货物装载加固规则》附件1）

答：存在以下问题：

(1)紧固螺栓横向窜出侵限。

图 1-6　500 m 长钢轨普通平车返空

(2)隔梁未锁定,发生位移。

回送要求:

(1)卸轨后,座架、安全防护门在平车上保持原位置及加固方式不变。

(2)将 8 套紧固装置分别置于 8 个锁定座架的底梁上,每根紧固螺栓两端的夹板内外各使用 1 个螺母锁固夹板和紧固螺栓,夹板外侧螺母的紧固力矩不小于 100 N·m。

(3)使用隔梁栓将三层隔梁锁定并将隔梁栓加锁或用 8 号镀锌铁线绑固。

39. 请指出图 1-7 中存在的问题。规章依据是什么?如何处理?(铁货〔2019〕28 号;《铁路货运检查管理规则》第 25 条)

图 1-7　敞顶箱

答:(1)存在以下问题:敞顶箱篷布侧部有两根系绳未捆绑;端部篷布眼圈未套入敞顶箱端部绳圈,端压绳未依次穿过端部绳圈,端压绳失去作用。

(2)违反铁货〔2019〕28号:篷布端部眼圈套入敞顶箱端部绳圈,将端压绳依次穿过端部绳圈,并与侧面绳圈牢固拴结。系绳与敞顶箱侧面绳圈牢固拴结。

(3)处理方式:按规定向上一货检站拍发电报,同时抄送发到站,编制普通记录。及时通知车站调度员(值班员)甩车处理。

40. 2022年8月23日,某站接20605次列车时挂有8辆液化石油气罐车,随车押运的2名押运员身穿印有蓝色"押运"字样的黄色马甲。请问存在哪些问题?应如何处理?(《铁路危险货物运输管理规则》第50条、55条、56条、124条)

答:存在的问题:该列车挂有8辆液化气罐车,只有2名押运员与规定不符,7~12车应不少于4人。押运员穿着的黄色马甲上应是红色"押运"字样。

问题的处理:发现以上问题应及时甩车,做好登记,并通知发站或到站联系托运人、收货人补齐押运员(应按规定穿着印有红色"押运"字样的黄色马甲),编制普通记录后方可继运。

41. 必须横越列车、车列(组)时应注意什么?(《铁路车站行车作业人身安全规定》第8条)

答:必须横越列车、车列(组)时,严禁钻车。应先确认该列车、车列(组)暂不移动,然后由通过台或两车车钩上越过;越过时勿碰开钩销,上下车时要抓紧蹬稳并注意邻线有无机车车辆运行;经车辆通过台越过应从车梯上下车。

42.《铁路货物装载加固规则》中试运方案的管理要求对中途站发现问题是如何规定的?(《铁路货物装载加固规则》第67条)

答:中途站发现问题时,除按规定处理外,同时向国铁集团货运部及发送铁路局集团公司、发站拍发电报,电报中应记明以下事项:发站、到站、装车单位、承运日期、方案编号、存在的问题、处理情况等。未拍发电报的,追究中途站责任。

43. 货车篷布使用有什么基本要求?(《货车篷布管理规则》第10条)

答:装车使用的篷布必须质量良好,篷布绳齐全,标记、号码完整清晰。篷布不得横苫、垫车、苫在车内。篷布苫盖应符合《货车篷布苫盖方法》规定,篷布折叠与打包应符合《铁路货车篷布》(TB/T 1941)要求。

44. 什么是区段负责制?(《铁路货运检查管理规则》第6条)

答:区段负责制是指货检站按规定的检查范围、技术要求和作业标准,对货物列车(含军用列车)进行货检作业后,保证货物列车安全继运到下一个有货检作业的货检站,并承担相应的安全责任。发生问题后能有效证明货检站工作质量良好的,可不按区段负责制列货检站责任。

45. 使用盘条拉牵加固时应注意哪些事项?(《铁路货物装载加固规则》附件5第1章)

答:(1)禁止使用受损、使用过的和表面有裂纹、折叠、结疤、耳子、分层、夹杂的盘条。

(2)绞紧时不得损伤盘条。

(3)拉牵时,禁止盘条两端头相互搭接缠绕。

(4)盘条不得用作腰箍下压式加固。

46. 顺线路行走时应注意什么?(《铁路车站行车作业人身安全规定》第5条)

答:顺线路行走时,应走两线路中间,作业人员及所携带的工具不得侵入机车车辆限界,并注意邻线的机车、车辆和货物装载状态,严禁在道心、轨枕头上行走。不准脚踏钢轨面、道岔连接杆、尖轨、辙叉心等。

47. 检测发现货车超偏载报警如何拍发电报?(《货运计量安全检测监控设备和货运计量系统运用管理实施细则》(呼铁师〔2017〕68号)第8.5条)

答:货车超偏载检测站(不含包头西站轧27线超偏载检测装置)检测发现货车超偏载(含一般、严重)应拍发电报,电报应记明超偏载货车车种、车号、发到站、货物品名、货车超偏载检测装置检测信息等内容,主送发到站及管内各途经货检站和其他铁路局集团公司下一编组站,抄送铁路局集团公司货运部。

48. 根据货物超限部位所在的高度,超限货物分为哪几种类型?(《铁路超限超重货物运输规则》第9条)

答:根据货物超限部位所在的高度,超限货物分为三种类型:上部超限、中部超限和下部超限。

(1)上部超限:自轨面起高度超过3 600 mm,任何部位超限者;

(2)中部超限:自轨面起高度超过1 250 mm至3 600 mm之间,任何部位超限者;

(3)下部超限:自轨面起高度在150 mm至1 250 mm之间,任何部位超限者。

49. 何谓铁路交通事故?(《铁路交通事故调查处理规则》第2条)

答:铁路机车车辆在运行过程中发生冲突、脱轨、火灾、爆炸等影响铁路正常行车的事故,包括影响铁路正常行车的相关作业过程中发生的事故;或者铁路机车车辆在运行过程中与行人、机动车、非机动车、牲畜及其他障碍物相撞的事故,均为铁路交通事故。

50. 货运交接检查发现问题时,拍发电报的时间及内容包括哪些?(《铁路货物运输管理规则》第44条)

答:交接检查时发现的问题应按有关规定进行处理,并应于列车到达后120 min内以电报通知上一货检站,同时抄知发到站。电报的内容应包括列车的车次、到达时分、车种、车号、发站、到站、品名、发现问题及简要处理情况,需编制记录时按规定要求编制。

51. 货物装载加固的基本技术要求是什么?(《铁路货物装载加固规则》第4条)

答:货物装载加固的基本技术要求是:使货物均衡、稳定、合理地分布在货车上,不超载,不偏载，不偏重，不集重；能够经受正常调车作业以及列车运行中所产生各种力的作用，在运输全过程中，不发生移动、滚动、倾覆、倒塌或坠落等情况。

52.《铁路货运计量安全检测设备运用管理规则》规定哪些情况不作为判定超偏载的依据？（《铁路货运计量安全检测设备运用管理规则》第 64 条）

答：装载液态货物的罐车超载判定以轨道衡或罐车容积计量为准。对 D 型车和自轮运转货物的检测数据，不作为判定超偏载的依据。超偏载检测装置、轨道衡在列车通过速度超过称量速度范围时，其检测数据不作为判定超偏载的依据，但可作为判断货物装载加固状态的参考。

53. 危险货物押运管理工作有什么要求？（《铁路危险货物运输管理规则》第 54 条）

答：押运管理工作实行区段签认负责制。货检人员应与押运员在所押运的车辆前签认，签认内容见“全程押运签认登记表”。托运人再次办理运输时（含应押运的气体类罐车返空）应出具此登记表，并由车站保留 3 个月。对未做到全程押运的，再次办理货物托运时车站不予受理。

54. 装车后货物总重心的投影有何规定？（《铁路货物装载加固规则》第 12 条）

答：装车后货物总重心的投影应位于货车纵、横中心线的交叉点上。必须偏离时，横向偏离量不得超过 100 mm；纵向偏离时，每个车辆转向架所承受的货物重量不得超过货车容许载重量的二分之一，且两转向架承受重量之差不得大于 10 t。

55. 货检问题车的问题大类包括哪些？（《铁路货运检查管理规则》附件 2）

答：（1）装载加固；

（2）车门窗盖阀关闭；

（3）篷布苫盖；

（4）集装箱；

（5）施封；

（6）车辆技术状态；

（7）残留物；

（8）押运人；

（9）治安；

（10）设备检测报警；

（11）其他。

56. 货物损失等级如何划分？（《铁路货物损失处理规则》第 9 条）

答：货物损失分为四级：

(1)一级损失。货物损失款额(简称损失款额)10 万元以上的。

(2)二级损失。损失款额 1 万元以上未满 10 万元的。

(3)三级损失。损失款额 1 000 元以上未满 1 万元的。

(4)轻微损失。损失款额未满 1 000 元的。

57. 请指出图 1-8 中卷钢车的违章之处,并说明其违章依据及处理方法。(《铁路货物装载加固规则》附件 1 编号 070302;《铁路货运检查管理规则》第 25 条)

图 1-8　平车装运卷钢

答:存在问题:

(1)钢丝绳拉牵高度小于卷板宽的二分之一。

(2)未采取防止加固线下滑措施。违反方案中"每件卷钢上至少在对称的两处用挂钩将拉牵绳吊挂牢固"。

(3)加固线与货车棱角接触处未采取防磨措施。

(4)卷钢与木地板平车间不应铺垫稻草垫。

处理方法:根据《铁路货运检查管理规则》第 25 条"对危及行车安全,又不能在列整理的车辆,货检员应报告车站调度员(值班员)甩车整理"。并于列车到达后 120 min 内以电报通知上一货检站,抄知发到站,必要时抄知有关单位和部门。

58. 2023 年 2 月 20 日,甲货检站 11 时 20 分到达一列货车,货检员检查发现 P_{70} 3813871 A 站发 B 站玉米,两侧施封位置正确,但一侧车门施有 2 枚封,另一侧车门上的施封锁不用破封即可将车门打开,货检员于 13 时 30 分将情况电报通知上一货检站,抄知发到站,通知车站值班员作业完毕。分析上述处理存在的问题,说明正确的处理方法。(《铁路货物运输管理规则》第 44 条、第 46 条)

答:(1)存在的问题:

①发现问题未在列车到达后 120 min 内拍发电报;

②未按规定补施施封锁。

(2)正确的处理方法:

①不用破封即可打开车门的一侧：补施封锁一枚。

②施有两枚施封锁的一侧：核对站名，确认2枚施封锁站名是否与票据记载是否一致。若两枚均不一致，全部剪掉，补施封锁一枚；若其中一枚与票据记载一致，保留正确站名的施封锁，剪掉错误站名的另一枚。

(3)根据处理情况，在13时20分前(120 min内)将情况电报通知上一货检站，抄知发到站。

59. 根据以下材料分析加固是否存在问题，应如何处理？(《货车篷布管理规则》附件1；《铁路货运检查管理规则》第25条)

某货检站在接车时，有一车苫盖篷布的车辆，货检员检查篷布绳索捆绑加固情况为：

(1)苫盖的篷布靠货车人力制动机一端下垂200 mm，两端压绳斜拉在车侧牵引钩上。

(2)车辆运行左侧篷布绳索捆绑在绳栓上，余尾长度70 mm并在距绳尾60 mm处使用一个绳卡进行加固。

(3)角绳、端绳穿过提钩杆、手闸杆内侧，打蝴蝶套结拴结在绳栓上，并打死结3个。

答：以上3种加固方法中第3项符合规定，1、2两项不符合规定。

(1)依据《货车篷布苫盖技术条件》规定：

①货车人力制动机一端篷布下垂遮盖端墙部分高度300～500 mm；篷布每端的压绳分别捆绑在车辆侧部的第一个绳栓上，不得拴结在牵引钩上。

②绳索拴结后，绳头余尾长度不得超过300 mm、一般不短于100 mm。绳卡离绳尾部50 mm处加固。

(2)处理情况：在做好防护措施后，对上述问题进行在列整理，符合规定后放行。预计整理时间超过技术作业时间时，应及时向车站调度员(值班员)报告。电气化区段应将车辆送入无电区后整理。

60. 以下为某货检站拍发的一份站车交接电报，请指出存在的问题。(《铁路货物运输管理规则》第44条)

主送：发站

抄送：上一有货检作业的货检站

20001次6月18日到达我站，视频监控发现第6位空敞车(甲站发乙站)内有一块彩条布。

某货检站

答：(1)应主送上一货检站。

(2)应抄送发站(甲站)、到站(乙站)。

(3)未注明列车到达时分。

(4)未注明问题车车号。

(5)未说明简要处理情况。

(6)未注明拍发电报日期。

(7)未自编号码。

(8)未盖章。

61. 铁路篷布使用年限及报废条件有何规定?(《货车篷布管理规则》第49条)

答:篷布满足以下两个条件之一时,必须报废:

(1)修补面积达40%或修补处达200处;

(2)达到使用期限。篷布使用期限一般为48个月。

超过48个月需继续使用的,产权单位须每6个月进行一次安全风险评估。经评估可继续使用的,自备篷布由产权单位向铁路局集团公司提出申请,铁路局集团公司同意后方可继续使用;铁路篷布由集装箱公司通知铁路局集团公司继续使用,并抄送国铁集团货运部。

62. 未安装F-TR型锁的集装箱专用平车或共用平车装运空集装箱时有何要求?(《铁路集装箱运输规则》第48条)

答:未安装F-TR型锁的集装箱专用平车或共用平车装运空集装箱时,必须使用4股及以上8号镀锌铁线捆绑牢固。其中,使用共用平车时,将集装箱底部角件与车辆捆绑牢固;使用专用平车时,将相邻两箱底部角件捆绑在一起,仅装运一箱时,将集装箱底部角件与车辆底架捆绑牢固。卸车前,必须将铁线剪断并清除干净,防止损坏车辆和箱体。

63. 货检站应配备哪些主要工具和备品?(《铁路货运检查管理规则》第16条)

答:货检站应配备以下主要工具和备品:手持机、对讲机、工具包、钢尺、吊锤、电工刀、断线钳、铁锤、撬棍、照明灯具,8号、10号镀锌铁线,绳索、扒锔钉、钉子、绞棍以及施封锁、消防器材、危险货物检测仪、应急救援防毒面具等。

64. 哪些危险货物运输作业实行签认制度?(《铁路危险货物运输管理规则》第48条)

答:爆炸品、硝酸铵、剧毒品(非罐装、铁路危险货物品名表“特殊规定”栏有第67条特殊规定的)、气体类和其他另有规定的危险货物运输作业实行签认制度。作业应按规定程序和作业标准进行并签认。要对作业过程内容的完整性、真实性负责,严禁漏签、代签和补签。签认单保存期半年。

货检站未产生货检作业时,可不进行签认。

65. 货物列车在编组站、区段站发车前,货检和车统人员应做好哪些工作?(《铁路技术管理规程(普速铁路部分)》第277条)

答:货物列车在编组站、区段站发车前,货运检查人员应认真执行区段负责制,按规定检查列车中货物装载、加固、施封及篷布苫盖状态,以及车辆的门窗关闭情况,发现异状时,应及时处理。对无列检作业的车站,还应检查自动制动机的空重位置,不符合时应进行调整。

车号人员应按列车编组顺序表核对现车和货运票据，无误后，按规定与机车乘务员办理交接。

66. 货车超偏载分为几级？具体分级标准是如何划定的？（《铁路货运计量安全检测设备运用管理规则》第 56 条）

答：分为严重、一般两级。

(1)严重超载：大于货车容许载重量 10 t；一般超载：大于货车容许载重量 5 t 但未达到严重程度。

(2)严重偏载：货物总重心投影距车辆纵中心线距离大于 150 mm；一般偏载：货物总重心投影距车辆纵中心线距离大于 100 mm 但未达到严重程度。

(3)严重偏重：货车两转向架承受重量之差大于 15 t；一般偏重：货车两转向架承受重量之差大于 10 t 但未达到严重程度。

67. 货检人员应熟练掌握哪些规章？（《铁路货运检查管理规则》第 13 条）

答：货检人员应熟练掌握《铁路货物装载加固规则》《铁路超限超重货物运输规则》《铁路货物运输管理规则》《铁路鲜活货物运输规则》《铁路货物损失处理规则》《铁路集装箱运输规则》《货车篷布管理规则》《电气化铁路有关人员电气安全规则》等规章中有关装载加固、危险货物运输、超限超重、货运交接检查、超偏载问题车处理、货物损失处理等技术要求和人身安全规定。

68. 超限货物的等级是如何划分的？（《铁路超限超重货物运输规则》第 8 条）

答：根据货物的超限程度，超限货物分为三个等级：一级超限、二级超限和超级超限。

(1)一级超限：自轨面起高度在 1 250 mm 以上超限但未超出一级超限限界者；

(2)二级超限：超出一级超限限界而未超出二级超限限界者，以及自轨面起高度在 150 mm 至未满 230 mm 间超限但未超出二级超限限界者；

(3)超级超限：超出二级超限限界者，以及自轨面起高度在 230 mm 至 1 250 mm 间超限者。

69. 使用铁路货车装运集装箱时应符合哪些要求？（《铁路集装箱运输规则》第 50 条）

答：使用铁路货车装运集装箱时，全车集装箱总重不得超过货车标记载重，且应符合货车装载技术条件要求，保证货车不出现超载、偏载、偏重等问题。集装箱不得与其他货物装入同一辆货车内。集装箱宜使用集装箱专用平车或共用平车装运，禁止使用普通平车装运。需要使用敞车装运集装箱时，运行速度应执行有关规定。

70. 使用镀锌铁线拉牵捆绑应注意哪些事项？（《铁路货物装载加固规则》附件 5）

答：(1)拉牵用镀锌铁线直径不得小于 4 mm，捆绑用镀锌铁线直径不得小于 2.6 mm。

(2)镀锌铁线不得用作腰箍下压式加固,一般不用作整体捆绑。

(3)绞紧时不得损伤镀锌铁线。

(4)禁止使用两股以上镀锌铁线一次性缠绕的操作方法。

(5)禁止使用受损、使用过的镀锌铁线。

71. 车站货检人员发现装有剧毒品的车辆或集装箱无封、封印无效以及有异状时如何处理?(《铁路危险货物运输管理规则》第99条)

答:车站货检人员对剧毒品车辆应作重点检查,用数码相机或手持机两侧拍照(如车号、施封、门窗状况),并存档保管至少3个月;运输过程中发现装有剧毒品的车辆或集装箱无封、封印无效以及有异状时,应立即甩车,并报告铁路公安部门共同清点,按规定进行处理。如发生丢失被盗等问题,立即报告铁路局集团公司和国铁集团调度、货运部门及铁路公安部门。

72. 货物损失分为哪几类?(《铁路货物损失处理规则》第8条)

答:货物损失分为五类:

(1)火灾。

(2)被盗(有被盗痕迹)。

(3)丢失(全批未到或部分短少、漏失,没有被盗痕迹)。

(4)损坏(破裂、变形、磨伤、摔损、部件破损、湿损、冻损、腐烂、植物枯死、活动物死亡、变质、污染、染毒等)。

(5)其他(因办理差错及其他原因造成的货物损失)。

73. 货车如何进行施封?(《铁路货物运输规程》附件2)

答:施封的货车,应使用粗铁线将两侧车门上部门扣和门鼻拧固,并剪断燕尾,在每一车门下部门扣处各施施封锁一枚。施封后,须对施封锁的锁闭状态进行检查,确认落锁有效,车门不能拉开。在货物运单或者货车装载清单和货运票据封套上记注明F及其施封号码(如F 146355、146356)。

74. 超限货物装后如何测量货物尺寸?(《铁路超限超重货物运输规则》附件8)

答:装车后,按实际的装载加固状态测量(含装载加固材料或装置)货物尺寸。

(1)长度:

①跨装时,测量支距和两支点外方的长度;

②突出装载时,测量突出车辆端梁的长度;如两端突出不相等时,应分别测量。

(2)高度:自轨面起测量其中心高度和侧高度。

(3)宽度:自车辆纵中心线所在垂直平面起,分别测量中心高度和不同侧高度处在其左侧和右侧的宽度。

75. 货检作业时,如何确保货检人员的人身和作业安全?(《铁路货运检查管理规则》第28条)

答:货检作业时,应采取有效的防护措施,确保货检人员的人身和作业安全。

(1)相邻线路通过机车车辆时,作业人员应提前暂停作业。

(2)电气化区段作业时,应按有关规定办理。

(3)严格执行劳动安全的有关规定。

(4)在列整理时,应先确认货物装载加固状态及车门的关闭状态,确保安全后再进行作业。

(5)检查装有易燃易爆等危险货物的货车时,严禁明火接近、敲打罐体或进入车(罐)内。

76. 列车按运输性质如何分类?(《铁路技术管理规程(普速铁路部分)》第233条)

答:(1)旅客列车(动车组列车,特快、快速、普通旅客列车等);

(2)特快货物班列;

(3)军用列车;

(4)货物列车(快速货物班列、快运、重载、直达、直通、冷藏、自备车、区段、摘挂、超限及小运转列车等);

(5)路用列车。

77. 2022年6月5日15时27分甲货检站(运用"货检应用"、电气化区段)**接10008次列车,货检员通过视频监控检查发现NX17T 5265162乙站发丙站特二重2,存在以下问题**(图1-9)。**请指出存在的问题,应如何处理?**(《铁路货运检查管理规则》第25条)

图1-9　装运罐式集装箱

答:存在的问题:罐式集装箱顶部上盖脱落。

处理程序:

(1)货检值班员通知车站调度员(值班员)甩车整理。

(2)货检值班员应于列车到达后120 min内以电报通知上一货检站、抄知发到站,必要时抄知有关单位和部门。

(3)编制普通记录送指定线路整理。

(4)货检值班员还应通过"货检应用"通知整理点的货运员。

(5)填记相关货检电子化表报。

78. A 站某专用线装非均重货物一件(长 12 m、重 38 t、货物重心距一端 7 m),**使用 60 t N17AK 型平车装运,站企交接检查时车站发现货物载装加固的捆绑加固线部分断裂,货物一端垂直面与车端相齐,测量该端距货物重心 5 000 mm,货物重心距车辆纵中心线 60 mm。请问 A 站能否不用整理,直接加固后继运?**

(资料:$L_{车}=13\ 000$ mm,$l=9\ 000$ mm)(《铁路货物装载加固规则》第 12 条、附件 2)

答:(1)货物重心偏离车辆纵中心线的距离为 60 mm,小于 100 mm,符合规定。

(2)货物重心偏离车辆横中心线的容许距离。

$$P_{容}-Q=60-38=22(\text{t})>10\ \text{t}$$

$$a_{容}=\frac{5}{Q}l=\frac{5}{38}\times 9\ 000=1\ 184(\text{mm})$$

(3)货物重心偏离车辆横中心线的实际距离。

$$a_{实}=6\ 500-5\ 000=1\ 500(\text{mm})$$

即 $a_{实}>a_{容}$。

(4)结论:货物重心偏离车辆横中心线的实际距离大于容许距离,车站须整理后方可继运。

79. 某货检站在检查时发现以下问题,请逐一简要说明处理方法。(《铁路危险货物运输管理规则》第 55 条、第 99 条;《铁路货物运输管理规则》第 46 条;《货车篷布管理规则》第 21 条;《铁路双层集装箱运输管理办法》第 23 条)

(1)危险货物押运员漏乘。

(2)装有剧毒品的车辆封印无效。

(3)车门窗未按规定关闭。

(4)苫盖篷布未使用篷布绳网。

(5)双层集装箱运输发生箱门开启。

答:(1)及时甩车,做好登记,并通知发站或到站联系托运人、收货人补齐押运员,编制普通记录后方可继运。

(2)应立即甩车,并报告铁路公安部门共同清点,按规定进行处理。如发生丢失被盗等问题,立即报告铁路局集团公司和国铁集团调度、货运部门及铁路公安部门。

(3)由发现站关闭并拍发电报。

(4)发现站补苫后方可继续运输,相关费用向发站清算,并将漏苫和处理情况电告发站、发局并抄送所在局、国铁集团货运部。

(5)立即甩车处理。

80. 2019 年 6 月 9 日,济西站超偏载检测一般报警车一车,请判定该车(图 1-10)**是否为误报?为什么?简述车站货检人员应如何处理,并拟定电报内容。**(《铁路货运计量安全检测设备运用管理规则》第 57 条)

序号	车站	检测设备	车次	通过时间	车号	速度(km/h)	发局	发站	到局	到站	品名	净重(t)	偏载(mm)	偏重(t)
1	济西	超偏载	31607	2019-6-9·15:35	4835006	19	沈	A	上	B	卷钢	49	左10	前10.1
2	德州	超偏载	太30102	2019-6-9·12:48	4835006	46.1	沈	A	上	B	卷钢	50.1	左19	前0.8
3	衡水	超偏载	XX38103	2019-6-9·10:57	4835006	25.36	沈	A	上	B	卷钢	49	左14	前0.9
4	南仓	超偏载	27410	2019-6-9·1:44	4835006	19	沈	A	上	B	卷钢	48.8	右0	前0.1
5	唐山东	超偏载	27410	2019-6-6·21:34	4835006	20.41	沈	A	上	B	卷钢	48.9	左11	前0.8
6	山海关	超偏载	28606	2019-6-8·15:57	4835006	26.07	沈	A	上	B	卷钢	48.4	左18	前0.5
7	山海关	TPDS	26606	2019-6-8·15:45	4835006	35	沈	A	上	B	卷钢	50.6	左11	前1.0
8	裕国	超偏载	49018	2019-6-8·6:57	4835006	25.67	沈	A	上	B	卷钢	49.1	左11	后0.3窗体底端

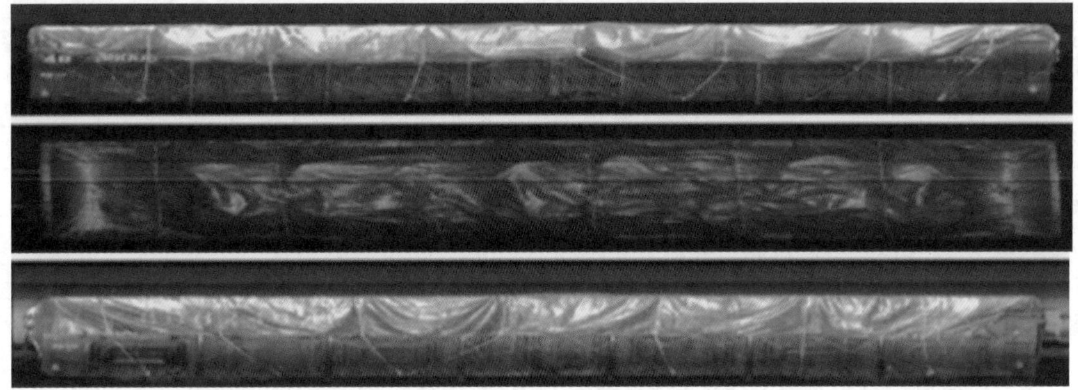

图 1-10　超偏载报警车

答：(1)不能判定为误报。

(2)卷钢货物属于易滚窜货物，且该车苫盖篷布，无法通过视频判断卷钢货物是否发生位移。

(3)卷钢货物超偏载一般报警，应比照严重报警处理，甩车进行确认，并向上一货检站拍发电报、抄送发到站、发局及本局集团公司货运部。

(4)电报内容：

主送：德州站

抄送：A 站，B 站，沈阳、济南局集团公司货运部

报文：2019 年 6 月 9 日 15 时 35 分，我站接 31607 次，经超偏载检测机后第×位车号 C_{64} 4835006(A 站发 B 站卷钢货物)前偏重 10.1 t，一般报警，我站甩车复测。

济西站
2019.6.9

81. 货检作业基本程序及标准中“现场检查”的内容有哪些？(《铁路货运检查管理规则》第 25 条)

答：(1)货检员应从车列一端逐车进行检查。

(2)货检员对车列首尾的车辆，应涂打检查标记。运用“货检应用”的车站，货检员通过手持机分别拍摄首、尾车照片，记录检查开始、完成时间。

(3)货检员对检查重点内容进行记录。运用“货检应用”的车站，通过手持机对问题车、押

运人证件等信息进行拍照或记录并反馈。

（4）车列检查、整理应在规定的技术作业时间内完成。

（5）车列检查、整理完毕后，货检员应及时报告。

运用“货检应用”的车站现场检查时，货检员应通过手持机及时报告检查情况；手持机故障时通过岗位终端补录信息。货检值班员核实无误后确认作业完成，记录作业完成时间。

（6）需拍发电报时，货检值班员应于列车到达后 120 min 内以电报通知上一货检站、抄知发到站，必要时抄知有关单位和部门。需编制记录的，按规定编制。

（7）需要甩车整理的，货检值班员应通知车站调度员（值班员）甩车处理。运用“货检应用”的车站，货检值班员还应通过“货检应用”通知整理点的货运员；货运员整理完毕后应通过“货检应用”登记处理信息并反馈。

（8）检查作业和在列整理完毕后，货检值班员及时通知车站调度员（值班员）作业完成情况。

82. 钢丝绳拉牵加固方法有哪些？（《铁路货物装载加固规则》附件 5）

答：（1）使用钢丝绳拉牵加固的方式主要有：八字形、倒八字形、交叉、又字形或反又字形等。各种拉牵方式可单独使用，也可两种或两种以上组合使用。拉牵应尽可能对称。

（2）应合理选择货物上的拉牵位置。用于防止货物水平移动时，拉牵位置应尽量低些；用于防止货物倾覆时，拉牵位置可适当高些。

（3）拉牵加固时，将钢丝绳穿过紧线器或绕过拴结点后，绳头折回与主绳并列，使用与之匹配的钢丝绳夹固定。

（4）钢丝绳还可用于腰箍下压式加固和整体捆绑。

83. 遇有哪些情况，须在当日按批（车）编制普通记录？（《铁路货物损失处理规则》第 19 条）

答：遇有下列情况之一，须在当日按批（车）编制普通记录：

（1）发生《铁路货物运输规程》《铁路货物运输管理规则》及其引申规则办法中所规定需要编制的情况时。

（2）货物损失涉及车辆技术状态时。

（3）货车发生换装整理时。

（4）集装箱封印失效、丢失或封印站名、号码与票据信息不一致或未按规定使用施封锁时。

（5）卸车（换装）发现货物件数或重量较票据记载信息多出时。

（6）依据其他有关规定，需要证明时。

在办理货运检查交接作业时发现问题，按规定拍发的交接电报应视为普通记录。

84.《铁路货运检查管理规则》规定，货检主要内容有哪些？（《铁路货运检查管理规则》第 23 条）

答：（1）货物列车中货物装载、加固状态；

(2)货车篷布及篷布绳网苫盖、捆绑状态；

(3)施封(罐车、集装箱、SQ 型或 JSQ 型车端门处施封除外)；

(4)货车门、窗、盖、阀关闭情况，以及罐式集装箱盖、阀关闭情况；

(5)《铁路超限超重货物运输规则》规定的事项(不检查军用超限货物的超限超重货物运输记录)；

(6)设备检测发现的超偏载问题；

(7)货车、货物、集装箱、篷布等顶部和敞车内货物等视频监控设备可视部位的情况；

(8)危险货物押运人押运情况；

(9)对无列检作业的车站，还应检查自动制动机的空重位置，不符合时应进行调整；

(10)国铁集团规定的其他事项。

85. 货检站应如何处理超偏载问题车？(《铁路货运计量安全检测设备运用管理规则》第57 条)

答：货检站应加强超偏载检测装置检测结果的核实确认和处理。对严重超偏载货车，应立即甩车，整理后方能挂运。对一般超偏载货车，货检站在确认不危及行车安全时可不甩车整理，应记录车种、车号、发到站、货物品名等，并将上述信息及时通知发到站，电报通知下一编组站，同时在 24 h 内将信息上报铁路局集团公司货运主管部门。

对装运卷钢和本局管内装车站装运，并发生一般超偏载问题的货车，应比照严重超偏载车进行处理。

86. 使用钢丝绳加固货物时，配套使用钢丝绳夹有何规定？(《铁路货物装载加固规则》附件 5)

答：(1)固定单股钢丝绳端头时，使用钢丝绳夹的数量不得少于 3 个；两根钢丝绳搭接时，并列绳头应拉紧，用不少于 4 个钢丝绳夹正反扣装并紧固，钢丝绳夹间的距离等于 6～7 倍钢丝绳直径，绳头余尾长度宜控制在 100～300 mm 间。

(2)应先紧固离拴结点最近的钢丝绳夹。

(3)加固时钢丝绳应松紧适度。

(4)钢丝绳夹的夹座必须扣装在主绳一侧。

87. 如何装载成件包装货物？(《铁路货物装载加固规则》第 21 条、第 25 条)

答：装载成件包装货物时，应排列紧密、整齐。当装载高度或宽度超出货车端侧墙(板)时，应层层压缝，梯形码放，四周货物倾向中间，两侧超出侧墙(板)的宽度应一致。袋装货物袋(扎)口应朝向车内。对超出货车端侧墙(板)高度的成件包装货物，应用绳网或绳索串联一起捆绑牢固，也可用挡板(壁)、支柱、镀锌铁线(盘条)等加固。

袋装货物起脊部分应使用上封式绳网等进行加固。

88. 货检作业遇哪些情况应甩车整理?(《铁路货运检查管理规则》第25条)

答:(1)篷布苫盖不整或缺少腰绳、篷布绳网;

(2)货物发生严重倾斜、偏载、移位、窜动、坠落、倒塌和渗漏;

(3)超限货物按普通货物办理;

(4)加固支柱折断,或装载加固材料(装置)超限;

(5)棚车车门脱槽,罐车上盖张开;

(6)罐车发生泄漏或溢出;

(7)危险货物运输押运或施封等问题需甩车处理的;

(8)货车、货物、集装箱、篷布等顶部或车体上有异物且无法在列处理;

(9)火灾;

(10)货物明显被盗丢失;

(11)发生其他危及行车安全情况不能在列整理时。

89. 货检站机检代替人工检查的规定是什么?(《铁路货运检查管理规则》第26条)

答:运用"货检应用"的货检站,在"货检应用"和相关检测监控设备状态良好的情况下,可以通过视频监控、超偏载检测等设备对到达列车进行预检,代替货检员出场立岗预检;或对到达列车以机检代替现场人工检查。机检代替人工预检或现场检查的具体范围和管理要求由铁路局集团公司根据本局实际自定,并报国铁集团货运部备案。

90. 跨装超长货物应遵守哪些规定?(《铁路货物装载加固规则》第30条)

答:跨装超长货物应遵守下列规定:

(1)只准两车负重。负重车车地板高度应相等,如高度不等时,需要垫平。

对未达到容许载重量的货车,可以加装货物,但不得加装在货物的两侧,与跨装货物端部间距不小于400 mm。

(2)在两辆负重车的中间只准加挂一辆游车。

(3)跨装货物应使用货物转向架。

货物转向架的支重面长度应遵守《铁路货物装载加固规则》第十六条的规定。货物转向架下架体的重心投影应位于货车纵、横中心线的交叉点上,必须纵向偏离时,应遵守《铁路货物装载加固规则》第十二条的有关规定。

(4)货物转向架上架体与跨装货物,下架体与车辆分别固定在一起。对货物及货物转向架的加固不得影响车辆通过曲线,并将提钩杆用镀锌铁线捆紧。

(5)中间加挂游车的跨装车组通过9号及以下道岔时不得推送调车。遇设备条件不容许或尽头线时,可以不超过5 km/h的速度匀速推进。

(6)跨装车组应使用车钩缓冲停止器,安装应在车钩自然状态下进行。

(7)跨装车组禁止溜放。

91. 运用“货检应用”的车站，货检作业基本程序“计划安排和作业准备”有何规定？（《铁路货运检查管理规则》第25条）

答：（1）货检值班员通过“货检应用”接收行车预告阶段计划，确定检查列车（“货检应用”自动标注重点车，自动匹配设备检测、视频监控、AEI等信息）。

（2）货检值班员通过实时监控列车到达视频（或及时通过录像回放查看列车到达视频）和查看设备报警信息，补充标注重点车和问题车，生成作业计划并发布。以机检代替对到达列车现场人工检查的，在确认安全无误后，直接记录作业完成时间。

（3）货检员通过手持机接收作业计划；手持机故障时通过岗位终端接收作业计划。发现列车编组和实际不符时，货检值班员通过“货检应用”、货检员通过手持机重新匹配编组信息。

（4）作业时，货检员应携带相关作业工具和备品。

92. 货检站应配置哪些设备设施？（《铁路货运检查管理规则》第15条）

答：货检作业路线应硬化或以细道碴铺平；作业现场需设灯桥等照明设施，照明范围应覆盖全部作业区域，照度符合相关规定，满足夜间和雨雪雾等特殊天气下的作业需要。

货检站应有甩车整理及换装设施，具有符合作业要求的装卸货物线路、场地，装卸机械和计量衡器等。

货检站应配齐超偏载检测装置、轨道衡、轮重测定仪等货运计量安全检测设备，以及视频监控设备。

93. 办理站受理危险货物时，应符合哪些规定？（《铁路危险货物运输管理规则》第31条）

答：办理站受理危险货物时，应符合下列规定：

（1）托运人名称与危险货物托运人名称表相统一。

（2）国家对生产、经营、储存、使用等实行许可管理的危险货物，发站还应查验收货人提供的相关证明材料并留存备查；必要时，到站应进行复查。

（3）经办人身份证与货物运单记载相统一。

（4）货物运单记载的品名、类项、编号等内容与铁路危险货物品名表的规定相统一，并核查铁路危险货物品名表“特殊规定”栏有无铁路危险货物运输特殊规定。

（5）发到站、办理品名、装运方式与办理限制相统一。

（6）货物品名、重量、件数与货物运单记载相统一。

（7）经办人具有培训合格证明。

（8）托运人具有包装检验合格证明文件。

（9）货物运单右上角用红色戳记标明编组隔离、禁止溜放或限速连挂等警示标记。

（10）其他有关规定。

94. 货物突出平车车端装载时，突出端的长度有何规定？（《铁路货物装载加固规则》第19条、第29条）

答：货物突出平车车端装载，突出端的半宽不大于车辆半宽时，允许突出端梁 300 mm；大于车辆半宽时，允许突出端梁 200 mm。超过此限时，应使用游车。当装载货物突出车端不加挂游车时，货物突出端不得与带风挡客车连挂。

共用游车时，两货物突出端间距不小于 500 mm；游车上装载的货物，与货物突出端间距不小于 350 mm。

95. 盘条使用方法有哪些？（《铁路货物装载加固规则》附件 5）

答：(1)使用盘条拉牵加固的方式主要有：八字形、倒八字形、交叉、又字形和反又字形等。各种拉牵方式可单独使用，也可两种或两种以上组合使用。拉牵应尽可能对称。

(2)拉牵加固时，将单股或双股盘条在货物和车辆的两拴结点间往返缠绕，并应拽紧盘条使各股松紧度尽量一致，剩余部分穿插缠绕于自身绳杆后，使用绞棍绞紧，余尾朝向车内。

(3)应合理选择货物上的拉牵位置。用于防止货物水平移动时，拉牵位置应尽量低些；用于防止货物倾覆时，拉牵位置可适当高些。

(4)盘条还可用于整体捆绑。

96. 篷布苫盖后检查应达到哪些基本技术要求？（《货车篷布管理规则》附件 1）

答：(1)篷布苫盖平坦，货物不外露，两端包角密贴，两侧线条流畅。各部位不超限。

(2)绳索拴结、捆绑位置正确，绳结牢固，无松弛脱落，捆绑在绳栓上的绳索呈蝶翅形结，绳头余尾长度 100～300 mm。

(3)货车人力制动机一端篷布下垂遮盖端板部分长度 300～500 mm 货车人力制动机闸盘外露，不影响人力制动机及提钩杆使用。另一端的下垂高 600 mm 左右，篷布过长时可超过此长度，但不得影响压绳使用。

(4)车辆两侧篷布下垂高度一致。

(5)篷布（包括篷布绳网）苫盖完毕后，装车单位对车辆两侧（包括篷布号码）、两端篷布苫盖状态各拍照一张，留存 3 个月。

97. 2022 年 12 月 30 日，甲货检站到达 23527 次列车，货检员接车时发现 JSQ 7531070 存在以下问题(图 1-11)**，试说明处理方法及依据。**（《铁路货运检查管理规则》第 23 条、第 25 条）

(1)请问该种车型重车时端门施封是否检查，依据是什么？

(2)请说明该车存在的问题、处理方法及依据。

答：(1)该车端门施封不需要检查。依据《铁路货运检查管理规则》第 23 条货检主要内容：(三)施封(罐车、集装箱、SQ 型或 JSQ 型车端门处施封除外)。

(2)存在的问题：

① JSQ 型小汽车运输专用车端门开放(或端门打开)。

② JSQ 型小汽车运输专用车卸后加固装置处置不当。

图 1-11　JSQ 型车装载

处理方法：在列整理加固装置、关闭端门并加固，若无法在列整理可甩车整理，甩车整理时要采取好安全防护措施防止开放的车门刮打行车设备。

(3)依据：《铁路货运检查管理规则》第 25 条整理。

①在列整理。

对发生装载加固、篷布苫盖、门窗盖阀等方面问题的，不需要甩车处理时，应采取有效防护措施后对车列内需整理货车进行整理。

预计整理时间超过技术作业时间时，货检员应及时向车站调度员(值班员)报告。

在列整理时，货检员应按有关规定进行作业，确保人身安全。

②甩车整理。

对危及行车安全，又不能在列整理的车辆，货检员应报告车站调度员(值班员)甩车整理。甩车整理时，应做好防护工作。不允许在挂有接触网的线路(设有隔离开关的线路除外)整理车辆。

98. 2022 年 6 月 25 日，25012 次到达 B 货检站，货检员检查发现：C_{70} 1618111 A 站发 C 站袋装玉米，货物规格：1 000 mm×400 mm×255 mm，超出端侧墙 4 层；使用 5733333 号铁路篷布进行苫盖加固货物；篷布有 7 根腰绳、4 根角绳、4 根端绳；货车两侧篷布下垂高度一致。货车人力制动机一端篷布下垂遮盖端墙部分高度 250 mm，另一端下垂遮盖端墙部分高度 650 mm 左右；货车两端篷布角绳分别拴结在车辆侧部的两绳栓上。货车两端篷布中间的两根端绳沿货车端墙交叉后分别采用链扣抽结法拴结在车辆端部的两绳栓上，余尾 90 mm。试问该车存在什么问题？(《货车篷布管理规则》附件 1、第 58 条)

答：(1)货物装载高度：255×4＝1 020(mm)，大于 1 m。货物装载高度超过端侧墙 1 m 以上或有押运人乘坐的敞车不得苫盖篷布。

(2)使用篷布编号 5733333,2015 年生产。篷布使用期限一般为 48 个月。

(3)篷布缺失 2 根压绳。

(4)货车两侧篷布下垂高度应一致。货车人力制动机一端篷布下垂遮盖端墙部分高度 300～500 mm,另一端下垂遮盖端墙部分高度 600 mm 左右。

(5)货车两端篷布角绳沿货车端墙交叉后分别拴结在车辆端部的两绳栓上。角绳经货车人力制动机闸台时,应从其上方通过;经闸杆、提钩杆时,应从其内侧穿过。

(6)货车两端篷布中间的两根端绳分别垂直向下拉紧拴结在车辆端部的两绳栓上,经提钩杆时,也应从其内侧穿过,篷布绳拴结采用蝴蝶套结法或回头花结法。

(7)绳头余尾长度 100～300 mm。

99. 2022 年 7 月 10 日,甲货检站到达一装载玉米的敞车(图 1-12)**,请指出其所违章之处,对此车应如何处理?**(《货车篷布管理规则》附件 1;《铁路货运检查管理规则》第 25 条;《铁路货物运输管理规则》第 44 条)

图 1-12　装载玉米的敞车

答:(1)存在的问题

①篷布苫盖不整,包角不严密。

依据《货车篷布管理规则》附件 1:"篷布苫盖平坦,货物不外露,两端包角密贴,两侧线条流畅。各部位不超限。"篷布包角应"将篷布角绳拉紧,使篷布角向内侧展开成三角形,布角两面压平后折向货车端墙,在车辆两端严密包角,使压绳压住包角"。

②货车人力制动机一端篷布下垂遮盖端板部分长度不足 300 mm。

依据《货车篷布管理规则》附件 1:"货车人力制动机一端篷布下垂遮盖端板部分长度 300～500 mm。"

③货车端部篷布一根角绳拴结位置不正确。

依据《货车篷布管理规则》附件 1:"货车两端篷布角绳沿货车端墙交叉后分别拴结在车辆端部的两绳栓上。"

(2)处理要点

①依据《铁路货运检查管理规则》第 25 条,甩车整理的主要范围:"篷布苫盖不整或缺少腰

绳、篷布绳网应甩车整理。”

②依据《铁路货物运输管理规则》向上一货检站拍发电报。

100. 途中货检站检查发现车辆存在图1-13所示情况，请指出违章之处，应如何处理？《铁路货物装载加固规则》对25 m钢轨装载有何规定？（《铁路货物装载加固规则》第30条、第50条、第23条；《铁路货物运输管理规则》第49条）

图1-13　25 m钢轨装载

答：（1）存在问题：加固线折断、脱落，转向架窜动，加固线与车辆棱角接触处无防磨垫。

依据《加规》第30条：“货物转向架下架体的重心投影应位于货车纵、横中心线的交叉点上”，《加规》第23条：“必要时，加固线与货物、车辆棱角接触处应采取防磨措施”的规定。

（2）处理方式：甩车，编制普通记录送货物线换装整理，并在列车到达后120 min内拍发电报通知上一货检站，抄知发到站。如2日内未换装整理完毕，应拍发电报通知到站。

（3）《加规》对25 m钢轨装载规定：25 m钢轨采用专用货物转向架两平车跨装方式，两平车地板面高度差超过20 mm时，必须垫平，可不安装车钩缓冲停止器。遇有涂打“㊋”的平车，允许放下端侧板进行装运，提钩杆和放下的端侧板要捆紧锁牢。

S1　卷钢发生窜滚

铁道行业职业技能认定货检员中级工操作技能考核准备通知单

考核时间:60 min

一、鉴定站准备

1. 材料准备

序　号	材料名称	规　格	数　量	备　注
1	《铁路货物运输管理规则》	本	1	
2	《铁路货物装载加固规则》	本	1	
3	《铁路货运检查管理规则》	本	1	

2. 考场准备

(1)工具、材料准备:鉴定站提供空白普通记录和电报用纸及墨水。

(2)供考试用教室1间。考场内须光线充足,空气良好,环境安静,卫生整洁。

二、考生准备

考生需自备考试工具。

铁道行业职业技能认定货检员中级工操作技能考核试卷(考评员用)

试题名称:卷钢发生窜滚

试题内容:甲站发乙站一车卷钢,经丙货检站作业后,编入11256次于2022年9月1日10时20分到达丁货检站。丁站货检员10时25分通过视频监控设备回看该车照片后,通知车站调度员甩车处理。车站调度员于11时10分将该车送到整理线,9月2日14点整理完毕后挂入列车继运。

1. 请问丁站最迟应于何时拍发电报?

2. 请草拟电报稿。

3. 卷钢的装载加固要求有哪些？

一、技术要求

1. 答题符合相关法律、法规、规章和标准的规定。

2. 技术用语规范。

3. 工具、设备使用应符合规定。

二、考核要求

1. 作业过程完整。

2. 本项技能认定属综合型考试。

3. 本项技能认定由被认定人独立完成。

三、考核时限

1. 准备时间：10 min。

2. 正式操作时间：60 min。

3. 在规定时间内全部完成，不加分，也不扣分。每超时 1 min，从总分扣 5 分，总超时 5 min 停止作业。

四、考核评分

1. 考评人员 3 名及以上。

2. 评分点见“考核评分记录表”。

3. 评分程序及规则：考评员各自根据考生作业程序在评分表上给予记录评分，取平均分为评定得分。

4. 算分方法：百分制计算，满分 100 分，60 分为及格。

五、否定项

若考生发生下列情况之一，则应及时终止其考试，考生该试题成绩记为零分。

1. 答卷时不能互借文具。

2. 严禁考试作弊。

3. 考试时保持安静不得交头接耳。

铁道行业职业技能认定货检员中级工操作技能考核试卷(考生用)

单位：　　　　　　　　　　　　　　姓名：　　　　　　　　　　　　　　准考证号：

甲站发乙站一车卷钢，经丙货检站作业后，编入 11256 次于 2022 年 9 月 1 日 10 时 20 分到达丁货检站。丁站货检员 10 时 25 分通过视频监控设备回看该车照片后，通知车站调度员甩车处理。车站调度员于 11 时 10 分将该车送到整理线，9 月 2 日 14 点整理完毕后挂入列车继运。

1. 请问丁站最迟应于何时拍发电报？
2. 请草拟电报稿。
3. 卷钢的装载加固要求有哪些？

铁道行业职业技能认定货检员中级工操作技能考核评分记录表

准考证号：　　　　　　　　姓名：　　　　　　　　性别：　　　　　　　　单位：

试题名称：卷钢发生窜滚　　　　　　　　　　　　　　　　　　　　　　　　考核时间：60 min

操作开始时间：　时　　分　　　　　　　　　　　操作结束时间：　时　　分

序号	考核内容	考核要点	配分	评分标准	扣分	得分
1	着装，标志佩戴	按规定着装，标志齐全	5			
2	人身安全	执行“一站、二看、三通过”、横越线路等人身安全的有关规定	5			
3	试卷质量	层次分明、清晰、整洁、文字流畅、无错别字	5			
4	何时拍发电报	拍发电报时机	5			
5	交接电报	主送、抄送内容正确	6			
		内容齐全、正确	10			
		站名、日期准确	4			
6	卷钢装运要求	卷钢装载方法	30			
		捆绑加固要求	10			
		卷钢装运要求	20			
合计			100			

否定项：若考生发生下列情况之一，则应及时终止其考试，该考生成绩记为零分。
1. 操作不当造成设备、工具、仪器和材料损坏。
2. 严重违反安全作业规程，违反考试纪律。

考评员：　　　　　　　　　　　　　　　总分人：　　　　　　　　　　　　　年　　月　　日

参考答案要点

一、着装及标志佩戴

按规定穿着带有反光标志的防护服，携带手持机（或对讲机）及作业工具备品。

二、人身安全

1. 横越线路时，眼看、手指、口呼，必须做到“一站、二看、三通过”，并注意左右机车、车辆动态及脚下有无障碍物，严禁来车时抢越线路。

2. 必须横越停有机车、车辆的线路时，应先确认机车、车辆暂不移动，然后在距机车、车辆 5 m 以外处绕行通过。

三、丁站最迟应于何时拍发电报

2022 年 9 月 1 日 12 点 20 分。

四、草拟电报稿

主送：丙站

抄送：甲站、乙站，国铁集团货运部、发送铁路局集团公司货运部

正文：2022 年 9 月 1 日 10 点 20 分，我站接 11256 列车，货检视频检查发现甲站发乙站的卷钢，车号 C_{70E} 1692746，卷钢发生窜滚，现在我站甩车整理。

丁站

2022 年 9 月 1 日

五、卷钢的装载加固要求

卷钢可立装、卧装或集束立装。立装时，卷钢的直径宜大于本身高度，不满足时应采取有效的防止倾覆和位移的措施。卧装时，可使用钢座架（座架须与车体固定）；用木地板平车卧装时，可将相邻卷钢用夹具或镀锌铁线（盘条等）捆在一起，并用三角挡掩紧钉固。集束立装时，集束端最短距离应大于集束高度，卷钢中部用镀锌铁线（盘条等）捆绑在一起，并采取防止镀锌铁线（盘条等）下滑措施。

卷钢无论立装、卧装或集束立装，卷钢（组）本身应用镀锌铁线、盘条或钢丝绳等与车体捆绑加固（装载在座架上，以及使用凹形草支垫（含凹形玉米秸秆支垫，下同）、稻草掩挡装运的可除外）。

卷钢使用敞车装运时，应采取有效的防滑措施。

禁止卷钢与其他货物混装。

S2 篷布苫盖捆绑存在的问题

铁道行业职业技能认定货检员中级工操作技能考核准备通知单

考核时间:60 min

一、鉴定站准备

1. 材料准备

序　号	材料名称	规　格	数　量	备　注
1	《铁路货运检查管理规则》	本	1	
2	《货车篷布管理规则》	本	1	

2. 考场准备

(1)工具、材料准备:鉴定站提供空白普通记录和电报用纸及墨水。

(2)供考试用教室1间。考场内须光线充足,空气良好,环境安静,卫生整洁。

二、考生准备

考生需自备考试工具。

铁道行业职业技能认定货检员中级工操作技能考核试卷(考评员用)

试题名称:篷布苫盖捆绑存在的问题

试题内容:2022年5月21日,甲货检站接25010次列车,货检发现南仓发拉萨西钢丝1车,车号C_{64} 4890574,货物使用篷布苫盖。请指出该车篷布捆绑苫盖存在的问题。苫盖篷布绳网的基本要求是什么?篷布苫盖后检查应达到什么基本技术要求?

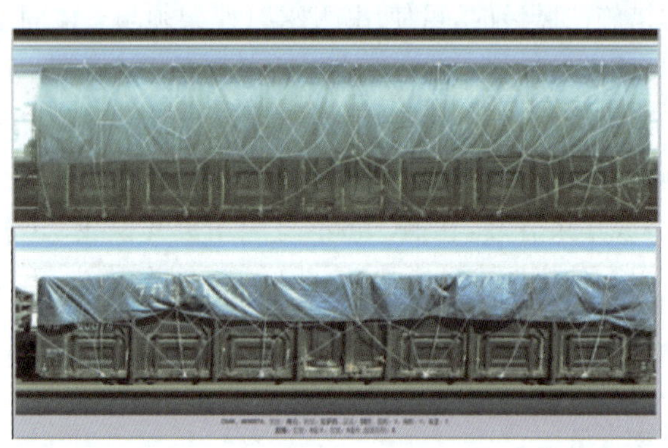

一、技术要求

1. 答题符合相关法律、法规、规章和标准的规定。
2. 技术用语规范。
3. 工具、设备使用应符合规定。

二、考核要求

1. 作业过程完整。
2. 本项技能认定属综合型考试。
3. 本项技能认定由被认定人独立完成。

三、考核时限

1. 准备时间:10 min。
2. 正式操作时间:60 min。
3. 在规定时间内全部完成,不加分,也不扣分。每超时 1 min,从总分扣 5 分,总超时 5 min 停止作业。

四、考核评分

1. 考评人员 3 名及以上。
2. 评分点见“考核评分记录表”。
3. 评分程序及规则:考评员各自根据考生作业程序在评分表上给予记录评分,取平均分为评定得分。
4. 算分方法:百分制计算,满分 100 分,60 分为及格。

五、否定项

若考生发生下列情况之一,则应及时终止其考试,考生该试题成绩记为零分。

1. 答卷时不能互借文具。
2. 严禁考试作弊。
3. 考试时保持安静不得交头接耳。

铁道行业职业技能认定货检员中级工操作技能考核试卷(考生用)

单位:　　　　　　　　　　　　　　　　姓名:　　　　　　　　　　　　　　　　准考证号:

试题内容:2022 年 5 月 21 日,甲货检站接 25010 次列车,货检发现南仓发拉萨西钢丝 1 车,车号 C_{64} 4890574,货物使用篷布苫盖。请指出该车篷布捆绑苫盖存在的问题,苫盖篷布绳网的基本要求是什么?篷布苫盖后检查应达到什么基本技术要求?

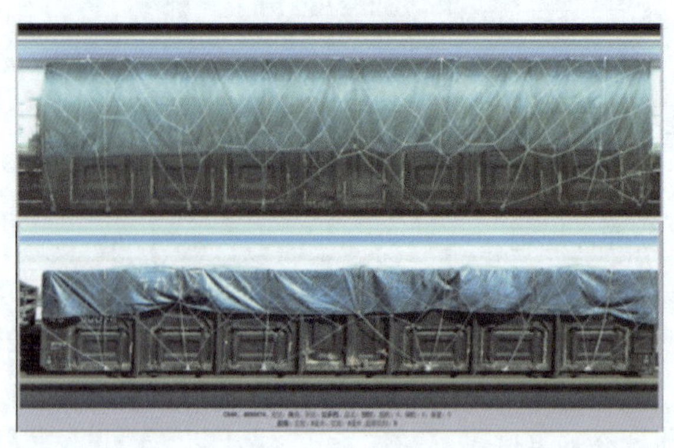

铁道行业职业技能认定货检员中级工操作技能考核评分记录表

准考证号：　　　　　　　　姓名：　　　　　　　　性别：　　　　　　　　单位：

试题名称：篷布苫盖捆绑存在的问题　　　　　　　　　　　　　　　　考核时间：60 min

操作开始时间：　　时　　分　　　　　　　　操作结束时间：　　时　　分

序号	考核内容	考 核 要 点	配分	评 分 标 准	扣分	得分
1	着装，标志佩戴	按规定着装，标志齐全	5			
2	人身安全	执行“一站、二看、三通过”、横越线路等人身安全的有关规定	5			
3	试卷质量	层次分明、清晰、整洁、文字流畅、无错别字	5			
4	存在的问题	捆绑位置	10			
		篷布下垂要求	5			
		绳网绳索捆	5			
5	苫盖篷布绳网的要求	苫盖捆绑要求	20			
6	篷布苫盖后检查	检查外观	10			
		绳索拴结	10			
		两端篷布下垂要求	15			
		两侧篷布下垂要求	10			
合计			100			

否定项：若考生发生下列情况之一，则应及时终止其考试，该考生成绩记为零分。
1. 操作不当造成设备、工具、仪器和材料损坏。
2. 严重违反安全作业规程，违反考试纪律。

考评员：　　　　　　　　　　　　　　　总分人：　　　　　　　　　　　　　　　年　　月　　日

参考答案要点

一、着装及标志佩戴

按规定穿着带有反光标志的防护服，携带手持机（或对讲机）及作业工具备品。

二、人身安全

1. 横越线路时，眼看、手指、口呼，必须做到“一站、二看、三通过”，并注意左右机车、车辆动态及脚下有无障碍物，严禁来车时抢越线路。

2. 必须横越停有机车、车辆的线路时，应先确认机车、车辆暂不移动，然后在距机车、车辆5 m以外处绕行通过。

三、篷布捆绑苫盖存在的问题

1. 端部压绳捆绑位置不正确，违反《货车篷布管理规则》附件1：“货车篷布苫盖方法”中“篷布每端的压绳应分别捆绑在车辆侧部的第一个绳栓上，不得拴结在牵引钩上”。

2. 车辆两侧篷布下垂高度不一致。

3. 篷布绳网下垂高度不一致，绳网绳索捆在牵引钩上。

四、苫盖篷布绳网的基本要求

苫盖篷布绳网时，网要盖正，网眼完全张开，与篷布密贴。先从车辆两侧拴结，使篷布绳网完全盖住篷布，最后拴结车辆两端的拴结点。篷布绳网与货车的捆绑按照篷布与货车的捆绑要求办理。

五、篷布苫盖后检查应达到的基本技术要求

1. 篷布苫盖平坦，货物不外露，两端包角密贴，两侧线条流畅。各部位不超限。

2. 绳索拴结、捆绑位置正确，绳结牢固，无松弛脱落，捆绑在绳栓上的绳索呈蝶翅形结，绳头余尾长度100～300 mm。

3. 货车人力制动机一端篷布下垂遮盖端板部分长度300～500 mm，货车人力制动机闸盘外露，不影响人力制动机及提钩杆使用。另一端的下垂高600 mm左右，篷布过长时可超过此长度，但不得影响压绳使用。

4. 车辆两侧篷布下垂高度一致。

S3　平车装运装载水泥桥板

铁道行业职业技能认定货检员中级工操作技能考核准备通知单

考核时间：60 min

一、鉴定站准备

1. 材料准备

序　号	材料名称	规　格	数　量	备　注
1	《铁路超限超重货物运输规则》	本	1	
2	《铁路货运检查管理规则》	本	1	

2. 考场准备

(1)工具、材料准备：鉴定站提供空白普通记录和电报用纸及墨水。

(2)供考试用教室 1 间。考场内须光线充足，空气良好，环境安静，卫生整洁。

二、考生准备

考生需自备考试工具。

铁道行业职业技能认定货检员中级工操作技能考核试卷(考评员用)

试题名称：平车装运装载水泥桥板

试题内容：使用车地板长 15.4 m 木地板平车一辆均衡装载水泥桥板 1 件，桥板长 13.8 m、宽 3.3 m、高 1 m，使用直径 12.5 mm 钢丝绳双股又字形下压捆绑 2 道。请回答：

1. 计算验证该货物装后是否超限，几级超限。
2. 何谓超限货物?
3. 根据货物超限部位所在的高度，超限货物分为哪几种类型?

一、技术要求

1. 答题符合相关法律、法规、规章和标准的规定。
2. 技术用语规范。
3. 工具、设备使用应符合规定。

二、考核要求

1. 作业过程完整。
2. 本项技能认定属综合型考试。
3. 本项技能认定由被认定人独立完成。

三、考核时限

1. 准备时间:10 min。

2. 正式操作时间:60 min。

3. 在规定时间内全部完成,不加分,也不扣分。每超时 1 min,从总分扣 5 分,总超时 5 min 停止作业。

四、考核评分

1. 考评人员 3 名及以上。

2. 评分点见"考核评分记录表"。

3. 评分程序及规则:考评员各自根据考生作业程序在评分表上给予记录评分,取平均分为评定得分。

4. 算分方法:百分制计算,满分 100 分,60 分为及格。

五、否定项

若考生发生下列情况之一,则应及时终止其考试,考生该试题成绩记为零分。

1. 答卷时不能互借文具。

2. 严禁考试作弊。

3. 考试时保持安静不得交头接耳。

铁道行业职业技能认定货检员中级工操作技能考核试卷(考生用)

单位:　　　　　　　　　　　　　　　姓名:　　　　　　　　　　　　　　　准考证号:

试题内容:使用车地板长 15.4 m 木地板平车一辆均衡装载水泥桥板 1 件,桥板长 13.8 m、宽 3.3 m、高 1 m,使用直径 12.5 mm 钢丝绳双股叉字形下压捆绑 2 道。请回答:

1. 计算验证该货物装后是否超限,几级超限。

2. 何谓超限货物?

3. 根据货物超限部位所在的高度,超限货物分为哪几种类型?

铁道行业职业技能认定货检员中级工操作技能考核评分记录表

准考证号:　　　　　　姓名:　　　　　　性别:　　　　　　单位:

试题名称:平车装运装载水泥桥板　　　　　　　　　　　　　　　　考核时间:60 min

操作开始时间:　　时　　分　　　　　　　　操作结束时间:　　时　　分

序号	考核内容	考 核 要 点	配分	评 分 标 准	扣分	得分
1	着装,标志佩戴	按规定着装,标志齐全	5			
2	人身安全	执行"一站、二看、三通过"、横越线路等人身安全的有关规定	5			
3	试卷质量	层次分明、清晰、整洁、文字流畅、无错别字	5			

续上表

序号	考核内容	考核要点	配分	评分标准	扣分	得分
4	超限等级计算	内偏差量计算	10			
		超限计算	10			
		超限等级确定	10			
5	何谓超限货物	超限货物	15			
6	超限货物分为哪几种类型	超限货物类型	10			
		上部超限	10			
		中部超限	10			
		下部超限	10			
合计			100			
否定项：若考生发生下列情况之一，则应及时终止其考试，该考生成绩记为零分。 1. 操作不当造成设备、工具、仪器和材料损坏。 2. 严重违反安全作业规程，违反考试纪律。						

考评员：　　　　　　　　　　　　总分人：　　　　　　　　　　　　年　　月　　日

参考答案要点

一、着装及标志佩戴

按规定穿着带有反光标志的防护服，携带手持机(或对讲机)及作业工具备品。

二、人身安全

1. 横越线路时，眼看、手指、口呼，必须做到“一站、二看、三通过”，并注意左右机车、车辆动态及脚下有无障碍物，严禁来车时抢越线路。

2. 必须横越停有机车、车辆的线路时，应先确认机车、车辆暂不移动，然后在距机车、车辆 5 m 以外处绕行通过。

三、计算验证该货物装后是否超限、几级超限

计算该车内偏差量$=\dfrac{l^2-(2x)^2}{8R}\times 1\ 000=\dfrac{10.92^2}{2.4}\approx 49.7$(mm)

使用直径 12.5 mm 钢丝绳双股又字形下压捆绑 2 道，装后货物计算宽度：1 650＋49.7－36＋12.5＝1 676.2(mm)。

木地板平车车地板高度小于 1 250 mm，该高度处机车车辆限界为1 675 mm，货物装后超级超限。

四、超限货物的定义

货物装车后，车辆停留在水平直线上，货物的任何部位超出机车车辆限界基本轮廓者或车辆行经半径为 300 m 的曲线时，货物的计算宽度超出机车车辆限界基本轮廓者，均为超限货物。

五、根据货物超限部位所在高度对超限货物分类

根据货物超限部位所在的高度，超限货物分为三种类型：上部超限、中部超限和下部超限。

1. 上部超限：自轨面起高度超过 3 600 mm，任何部位超限者；

2. 中部超限：自轨面起高度超过 1 250 mm 至 3 600 mm 之间，任何部位超限者；

3. 下部超限：自轨面起高度在 150 mm 至 1 250 mm 之间，任何部位超限者。

S4　平车装载推土机

铁道行业职业技能认定货检员中级工操作技能考核准备通知单

考核时间：60 min

一、鉴定站准备

1. 材料准备

序　　号	材料名称	规　　格	数　　量	备　　注
1	《铁路货物装载加固规则》	本	1	

2. 考场准备

(1)工具、材料准备：鉴定站提供空白普通记录和电报用纸及墨水。

(2)供考试用教室 1 间。考场内须光线充足，空气良好，环境安静，卫生整洁。

二、考生准备

考生需自备考试工具。

铁道行业职业技能认定货检员中级工操作技能考核试卷(考评员用)

试题名称：平车装载推土机

试题内容：2022 年 2 月 20 日 12 时 20 分，甲货检站接 25008 次货物列车，货检作业检查发现 A 站发 B 站平车装载的推土机如下图所示。请回答：从图片中看存在哪些问题？违反哪些规定？

一、技术要求

1. 答题符合相关法律、法规、规章和标准的规定。
2. 技术用语规范。
3. 工具、设备使用应符合规定。

二、考核要求

1. 作业过程完整。
2. 本项技能认定属综合型考试。
3. 本项技能认定由被认定人独立完成。

三、考核时限

1. 准备时间:10 min。
2. 正式操作时间:60 min。
3. 在规定时间内全部完成,不加分,也不扣分。每超时 1 min,从总分扣 5 分,总超时 5 min 停止作业。

四、考核评分

1. 考评人员 3 名及以上。
2. 评分点见“考核评分记录表”。
3. 评分程序及规则:考评员各自根据考生作业程序在评分表上给予记录评分,取平均分为评定得分。
4. 算分方法:百分制计算,满分 100 分,60 分为及格。

五、否定项

若考生发生下列情况之一,则应及时终止其考试,考生该试题成绩记为零分。
1. 答卷时不能互借文具。
2. 严禁考试作弊。
3. 考试时保持安静不得交头接耳。

铁道行业职业技能认定货检员中级工操作技能考核试卷(考生用)

单位: 姓名: 准考证号:

试题内容:2022 年 2 月 20 日 12 时 20 分,甲货检站接 25008 次货物列车,货检作业检查发现 A 站发 B 站平车装载的推土机如下图所示。请回答:从图片中看存在哪些问题?违反哪些规定?

铁道行业职业技能认定货检员中级工操作技能考核评分记录表

准考证号： 姓名： 性别： 单位：

试题名称：平车装载推土机 考核时间：60 min

操作开始时间： 时 分 操作结束时间： 时 分

序号	考核内容	考 核 要 点	配分	评 分 标 准	扣分	得分
1	着装，标志佩戴	按规定着装，标志齐全	5			
2	人身安全	执行“一站、二看、三通过”、横越线路等人身安全的有关规定	5			
3	试卷质量	层次分明、清晰、整洁、文字流畅、无错别字	5			
4	加固方法存在问题	加固材料的使用	25			
5	违反装载加固规定	钢丝绳使用问题	25			
6	违反钢丝绳及钢丝绳夹使用方法	拴结点不当	13			
		钢丝绳夹使用	10			
		钢丝绳余尾	12			
合计			100			
否定项：若考生发生下列情况之一，则应及时终止其考试，该考生成绩记为零分。 1. 操作不当造成设备、工具、仪器和材料损坏。 2. 严重违反安全作业规程，违反考试纪律。						

考评员： 总分人： 年 月 日

参考答案要点

一、着装及标志佩戴

按规定穿着带有反光标志的防护服，携带手持机（或对讲机）及作业工具备品。

二、人身安全

1. 横越线路时，眼看、手指、口呼，必须做到“一站、二看、三通过”，并注意左右机车、车辆

动态及脚下有无障碍物，严禁来车时抢越线路。

2. 必须横越停有机车、车辆的线路时，应先确认机车、车辆暂不移动，然后在距机车、车辆 5 m 以外处绕行通过。

三、违反定型方案加固方法

1. 该车所装货物的履带前后端未按规定放置 1 块方木，一端方木非《铁路货物装载加固规则》规定的 500 mm×220 mm×200 mm 标准规格，另一端放置的是三角挡，且两端加固材料均未使用扒锔钉与车地板钉固。

2. 该车货物未在履带两个托轮处各拉牵 2 个小八字形，捆绑在车侧丁字铁或支柱槽上。

四、违反《铁路货物装载加固规则》规定的加固一般要求

1. 一处钢丝绳与车辆棱角接触处未采取防磨措施。

2. 一处钢丝绳与货物接触处防磨材料为非橡胶垫，防磨材料不当。

五、违反《铁路货物装载加固规则》规定的钢丝绳及钢丝绳夹使用方法

1. 该车仅有的 2 道八字形拉牵其中一道选择拴结点不当，未进行对称拉牵。加固强度明显不够。

2. 其中一股钢丝绳绳头使用的钢丝绳夹离拴结点较远，且钢丝绳夹间的距离较大，不符合规定的“6～7 倍钢丝绳直径”距离。钢丝绳拉牵松弛。

3. 钢丝绳余尾明显过长，且未予以固定。不符合《铁路货物装载加固规则》规定的“加固货物时，所用绳索或加固线捆绑拴结后的余尾部分，长度一般不得超过 300 mm，不短于 100 mm；超过 300 mm 时应采取有效措施予以固定”的规定。

S5　超限货物的交接检查

铁道行业职业技能认定货检员中级工操作技能考核准备通知单

考核时间：60 min

一、鉴定站准备

1. 材料准备

序　号	材料名称	规　格	数　量	备　注
1	《铁路货物装载加固规则》	本	1	
2	《铁路货运检查管理规则》	本	1	
3	《铁路超限超重货物运输规则》	本	1	

2. 考场准备

(1)工具、材料准备：鉴定站提供空白普通记录和电报用纸及墨水。

(2)供考试用教室1间。考场内须光线充足,空气良好,环境安静,卫生整洁。

二、考生准备

考生需自备考试工具。

铁道行业职业技能认定货检员中级工操作技能考核试卷(考评员用)

试题名称:超限货物的交接检查

试题内容:某货检站检查超限货物一件,如下图所示,轮径大于1 m,电报批复使用一辆平车。请回答:

1. 检查货物装载加固存在哪些问题?
2. 途中检查站如何检查超限、超重车?

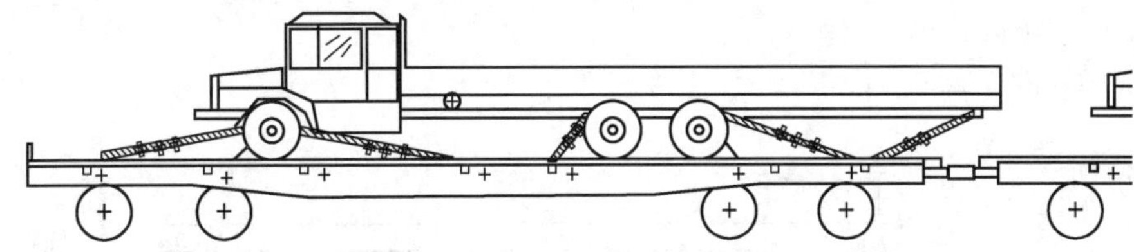

一、技术要求

1. 答题符合相关法律、法规、规章和标准的规定。
2. 技术用语规范。
3. 工具、设备使用应符合规定。

二、考核要求

1. 作业过程完整。
2. 本项技能认定属综合型考试。
3. 本项技能认定由被认定人独立完成。

三、考核时限

1. 准备时间:10 min。
2. 正式操作时间:60 min。
3. 在规定时间内全部完成,不加分,也不扣分。每超时1 min,从总分扣5分,总超时5 min停止作业。

四、考核评分

1. 考评人员3名及以上。
2. 评分点见“考核评分记录表”。
3. 评分程序及规则:考评员各自根据考生作业程序在评分表上给予记录评分,取平均分为评定得分。

4. 算分方法：百分制计算，满分 100 分，60 分为及格。

五、否定项

若考生发生下列情况之一，则应及时终止其考试，考生该试题成绩记为零分。

1. 答卷时不能互借文具。
2. 严禁考试作弊。
3. 考试时保持安静不得交头接耳。

铁道行业职业技能认定货检员中级工操作技能考核试卷（考生用）

单位：　　　　　　　　　　　　姓名：　　　　　　　　　　　　准考证号：

试题内容：某货检站检查超限货物一件，如下图所示，轮径大于 1 m，电报批复使用一辆平车。请回答：

1. 检查货物装载加固存在哪些问题？
2. 途中检查站如何检查超限、超重车？

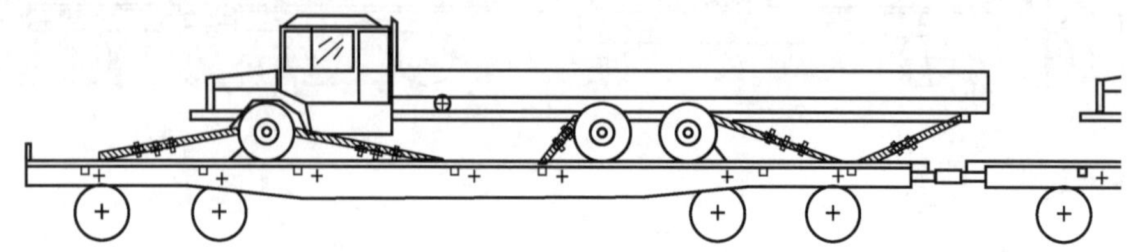

铁道行业职业技能认定货检员中级工操作技能考核评分记录表

准考证号：　　　　　姓名：　　　　　性别：　　　　　单位：

试题名称：超限货物的交接检查　　　　　　　　　　　　考核时间：60 min

操作开始时间：　时　分　　　　　　操作结束时间：　时　分

序号	考核内容	考核要点	配分	评分标准	扣分	得分
1	着装，标志佩戴	按规定着装，标志齐全	5			
2	人身安全	执行“一站、二看、三通过”、横越线路等人身安全的有关规定	5			
3	试卷质量	层次分明、清晰、整洁、文字流畅、无错别字	5			
4	货物装载加固存在问题	掩挡使用	10			
		拉牵加固	5			
		钢丝绳搭接加固	10			
		电报批复	10			
		平车端板	5			
		检查签认	5			

续上表

序号	考核内容	考 核 要 点	配分	评 分 标 准	扣分	得分
5	超限、超重车的途中检查	超限超重货物运输记录	10			
		等级标识	10			
		检查线	10			
		问题处理依据	10			
合计			100			
否定项：若考生发生下列情况之一，则应及时终止其考试，该考生成绩记为零分。 1. 操作不当造成设备、工具、仪器和材料损坏。 2. 严重违反安全作业规程，违反考试纪律。						

考评员：　　　　　　　　　　总分人：　　　　　　　　　　年　　月　　日

参考答案要点

一、着装及标志佩戴

按规定穿着带有反光标志的防护服，携带手持机（或对讲机）及作业工具备品。

二、人身安全

1. 横越线路时，眼看、手指、口呼，必须做到“一站、二看、三通过”，并注意左右机车、车辆动态及脚下有无障碍物，严禁来车时抢越线路。

2. 必须横越停有机车、车辆的线路时，应先确认机车、车辆暂不移动，然后在距机车、车辆 5 m 以外处绕行通过。

三、货物装载加固存在的问题

1. 顺装时，轮径 1 000 mm 及以上的前后轮（组）前后端，均应安放相应规格的掩挡，掩紧钉固。

2. 后轮组钢丝绳拉牵不对称。

3. 两根钢丝绳搭接时，并列绳头应拉紧，用不少于 4 个钢丝绳夹正反扣装并紧固。

4. 电报批复使用 1 辆平车，该车后端突出超过规定，使用游车，与电报不符。

5. 平车后端板未立起。

四、途中检查站检查超限、超重车方式

途中检查站应按下列内容检查超限、超重车，并在超限超重货物运输记录上记录、签认检查结果。

1. 有无超限超重货物运输记录及其填写是否完整。

2. 货物两侧明显位置，是否有超限、超重等级标识。

3. 是否标画有检查线，货物装载加固是否良好，加固材料是否有松动或损坏。

如发现问题，应按照《铁路货运检查管理规则》和《铁路货物运输管理规则》等文件中的有关规定处理。

S6 钢丝绳及钢丝绳夹的使用

铁道行业职业技能认定货检员中级工操作技能考核准备通知单

考核时间：60 min

一、鉴定站准备

1. 材料准备

序　号	材料名称	规　格	数　量	备　注
1	《铁路货物装载加固规则》	本	1	
2	《铁路货运检查管理规则》	本	1	

2. 考场准备

(1)工具、材料准备：鉴定站提供空白普通记录和电报用纸及墨水。

(2)供考试用教室 1 间。考场内须光线充足，空气良好，环境安静，卫生整洁。

二、考生准备

考生需自备考试工具。

铁道行业职业技能认定货检员中级工操作技能考核试卷(考评员用)

试题名称：钢丝绳及钢丝绳夹的使用

试题内容：指出下图中钢丝绳使用有什么问题。钢丝绳直径为 12.5 mm，A 值为多少？使用钢丝绳加固货物时，配套使用钢丝绳夹有何规定？

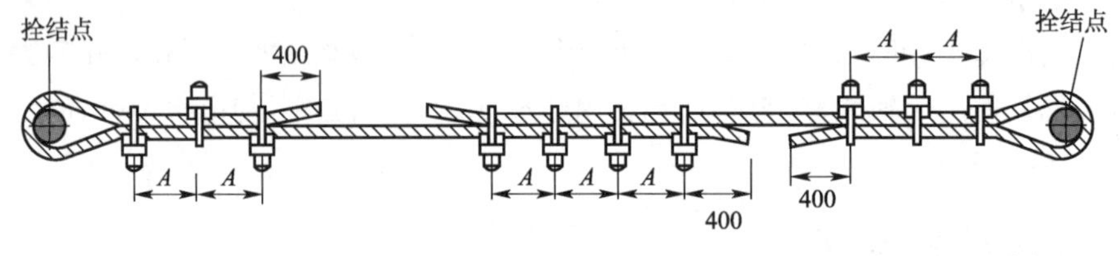

一、技术要求

1. 答题符合相关法律、法规、规章和标准的规定。

2. 技术用语规范。

3. 工具、设备使用应符合规定。

二、考核要求

1. 作业过程完整。
2. 本项技能认定属综合型考试。
3. 本项技能认定由被认定人独立完成。

三、考核时限

1. 准备时间：10 min。
2. 正式操作时间：60 min。
3. 在规定时间内全部完成，不加分，也不扣分。每超时 1 min，从总分扣 5 分，总超时 5 min 停止作业。

四、考核评分

1. 考评人员 3 名及以上。
2. 评分点见“考核评分记录表”。
3. 评分程序及规则：考评员各自根据考生作业程序在评分表上给予记录评分，取平均分为评定得分。
4. 算分方法：百分制计算，满分 100 分，60 分为及格。

五、否定项

若考生发生下列情况之一，则应及时终止其考试，考生该试题成绩记为零分。
1. 答卷时不能互借文具。
2. 严禁考试作弊。
3. 考试时保持安静不得交头接耳。

铁道行业职业技能认定货检员中级工操作技能考核试卷（考生用）

单位：　　　　　　　　　　　　　　　姓名：　　　　　　　　　　　　　　　准考证号：

试题内容：指出下图中钢丝绳使用有什么问题。钢丝绳直径为 12.5 mm，A 值为多少？使用钢丝绳加固货物时，配套使用钢丝绳夹有何规定？

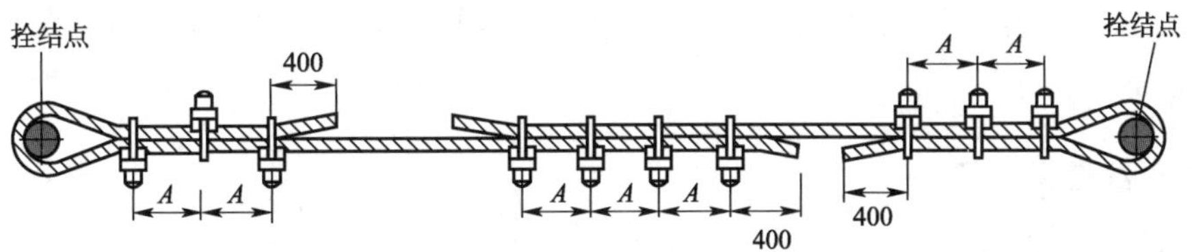

单位：mm

铁道行业职业技能认定货检员中级工操作技能考核评分记录表

准考证号：　　　　　　姓名：　　　　　　性别：　　　　　　单位：

试题名称：钢丝绳及钢丝绳夹的使用　　　　　　考核时间：60 min

操作开始时间：　时　分　　　　　　操作结束时间：　时　分

序号	考核内容	考 核 要 点	配分	评 分 标 准	扣分	得分
1	着装，标志佩戴	按规定着装，标志齐全	5			
2	人身安全	执行“一站、二看、三通过”、横越线路等人身安全的有关规定	5			
3	试卷质量	层次分明、清晰、整洁、文字流畅、无错别字	5			
4	钢丝绳使用存在问题	固定单股钢丝绳端头	10			
		两根钢丝绳搭接	10			
5	钢丝绳夹间距	A 值确定	15			
6	钢丝绳夹使用规定	钢丝绳夹数量	20			
		其他要求	30			
合计			100			

否定项：若考生发生下列情况之一，则应及时终止其考试，该考生成绩记为零分。
1. 操作不当造成设备、工具、仪器和材料损坏。
2. 严重违反安全作业规程，违反考试纪律。

考评员：　　　　　　总分人：　　　　　　年　月　日

参考答案要点

一、着装及标志佩戴

按规定穿着带有反光标志的防护服，携带手持机（或对讲机）及作业工具备品。

二、人身安全

1. 横越线路时，眼看、手指、口呼，必须做到“一站、二看、三通过”，并注意左右机车、车辆动态及脚下有无障碍物，严禁来车时抢越线路。

2. 必须横越停有机车、车辆的线路时，应先确认机车、车辆暂不移动，然后在距机车、车辆5 m以外处绕行通过。

三、钢丝绳使用问题

1. 固定单股钢丝绳端头时，使用钢丝绳夹的数量不得少于3个，图左侧钢丝绳夹方向不对，钢丝绳夹的夹座必须扣装在主绳一侧。

2. 两根钢丝绳搭接时，并列绳头应拉紧，用不少于4个钢丝绳夹正反扣装并紧固。

四、钢丝绳直径为 12.5 mm 时对应 A 值

绳头余尾长度宜控制在 100～300 mm 间。钢丝绳夹间的距离 A 等于 6～7 倍钢丝绳直径，A 值为 75～87.5 mm。

五、使用钢丝绳加固货物时，配套使用钢丝绳夹的规定

1. 固定单股钢丝绳端头时，使用钢丝绳夹的数量不得少于 3 个；两根钢丝绳搭接时，并列绳头应拉紧，用不少于 4 个钢丝绳夹正反扣装并紧固，钢丝绳夹间的距离等于 6～7 倍钢丝绳直径，绳头余尾长度宜控制在 100～300 mm 间。

2. 应先紧固离拴结点最近的钢丝绳夹。

3. 加固时钢丝绳应松紧适度。

4. 钢丝绳夹的夹座必须扣装在主绳一侧。

S7　装载加固处理

铁道行业职业技能认定货检员中级工操作技能考核准备通知单

考核时间：60 min

一、鉴定站准备

1. 材料准备

序　号	材料名称	规　格	数　量	备　注
1	《铁路货物装载加固规则》	本	1	

2. 考场准备

(1)工具、材料准备：鉴定站提供空白普通记录和电报用纸及墨水。

(2)供考试用教室 1 间。考场内须光线充足，空气良好，环境安静，卫生整洁。

二、考生准备

考生需自备考试工具。

铁道行业职业技能认定货检员中级工操作技能考核试卷(考评员用)

试题名称：装载加固处理

试题内容：甲站发丙站非均重箱型货物一件(长 12 m，重 38 t，货物重心距一端 7 m)，使用 N17AK 5213451 装运。运行至乙站时，货检员检查发现货物载装加固的捆绑加固线部分断裂，货物一端垂直面与车端相齐，测量该端距货物重心 7 000 mm，货物重心距车辆纵中心线 60 mm。请分析、判定乙站能否重新加固后继运。

一、技术要求

1. 答题符合相关法律、法规、规章和标准的规定。
2. 技术用语规范。
3. 工具、设备使用应符合规定。

二、考核要求

1. 作业过程完整。
2. 本项技能认定属综合型考试。
3. 本项技能认定由被认定人独立完成。

三、考核时限

1. 准备时间:10 min。
2. 正式操作时间:60 min。
3. 在规定时间内全部完成,不加分,也不扣分。每超时 1 min,从总分扣 5 分,总超时 5 min 停止作业。

四、考核评分

1. 考评人员 3 名及以上。
2. 评分点见“考核评分记录表”。
3. 评分程序及规则:考评员各自根据考生作业程序在评分表上给予记录评分,取平均分为评定得分。
4. 算分方法:百分制计算,满分 100 分,60 分为及格。

五、否定项

若考生发生下列情况之一,则应及时终止其考试,考生该试题成绩记为零分。

1. 答卷时不能互借文具。
2. 严禁考试作弊。
3. 考试时保持安静不得交头接耳。

铁道行业职业技能认定货检员中级工操作技能考核试卷(考生用)

单位: 姓名: 准考证号:

试题内容:甲站发丙站非均重箱型货物一件(长 12 m,重 38 t,货物重心距一端 7 m),使用 N_{17AK} 5213451 装运,运行至乙站时,货检员检查发现货物载装加固的捆绑加固线部分断裂,货物一端垂直面与车端相齐,测量该端距货物重心 7 000 mm,货物重心距车辆纵中心线 60 mm。请分析、判定乙站能否重新加固后继运。

铁道行业职业技能认定货检员中级工操作技能考核评分记录表

准考证号：　　　　姓名：　　　　性别：　　　　单位：

试题名称：装载加固处理　　　　考核时间：60 min

操作开始时间：　时　分　　　　操作结束时间：　时　分

序号	考核内容	考核要点	配分	评分标准	扣分	得分
1	着装，标志佩戴	按规定着装，标志齐全	5			
2	人身安全	执行“一站、二看、三通过”、横越线路等人身安全的有关规定	5			
3	试卷质量	层次分明、清晰、整洁、文字流畅、无错别字	5			
4	引用规章	规章条款引用正确	10			
5	确定货物总重心偏离车辆纵中心线的距离	横向偏移量小于 100 mm	15			
6	确定货物总重心偏离车辆横中心线的容许距离	确定运用公式	5			
		正确引用公式并计算	20			
7	确定货物重心偏离车辆横中心线的实际距离	计算过程完整、结果正确	15			
8	问题处理	对计算结果进行说明	5			
		重新进行捆绑加固	10			
合计			100			
否定项：若考生发生下列情况之一，则应及时终止其考试，该考生成绩记为零分。 1. 操作不当造成设备、工具、仪器和材料损坏。 2. 严重违反安全作业规程，违反考试纪律。						

考评员：　　　　总分人：　　　　年　月　日

参考答案要点

一、着装及标志佩戴

按规定穿着带有反光标志的防护服，携带手持机（或对讲机）及作业工具备品。

二、人身安全

1. 横越线路时，眼看、手指、口呼，必须做到“一站、二看、三通过”，并注意左右机车、车辆动态及脚下有无障碍物，严禁来车时抢越线路。

2. 必须横越停有机车、车辆的线路时，应先确认机车、车辆暂不移动，然后在距机车、车辆 5 m 以外处绕行通过。

三、引用规章

《铁路货物装载加固规则》第12条:装车后货物总重心的投影应位于货车纵、横中心线的交叉点上。必须偏离时,横向偏离量不得超过100 mm;纵向偏离时,每个车辆转向架所承受的货物重量不得超过货车容许载重量的二分之一,且两转向架承受重量之差不得大于10 t。

四、判定货物总重心偏离车辆纵中心线的距离

依题已知货物总重心偏离车辆纵中心线的距离为60 mm,小于100 mm。

五、确定货物总重心偏离车辆横中心线的容许距离

1. 确定运用公式 $P_{容}-Q \geqslant 10$ t,$60-38=22(\text{t})>10$ t。

2. 运用公式 $a_{容}=\dfrac{5}{Q}l=\dfrac{5}{38}\times 9\ 000 \approx 1\ 184.2(\text{mm})$。

六、确定货物重心偏离车辆横中心线的实际距离

$a_{实}=7\ 000-6\ 500=500(\text{mm})$。

即 $a_{容}>a_{实}$。

结论:

1. 不用整理。
2. 直接加固后即可继运。

S8　车门脱槽

铁道行业职业技能认定货检员中级工操作技能考核准备通知单

考核时间:60 min

一、鉴定站准备

1. 材料准备

序　　号	材料名称	规　　格	数　　量	备　　注
1	《铁路货运检查管理规则》	本	1	
2	《铁路货物运输管理规则》	本	1	

2. 考场准备

(1)工具、材料准备:鉴定站提供空白普通记录和电报用纸及墨水。

(2)供考试用教室1间。考场内须光线充足,空气良好,环境安静,卫生整洁。

二、考生准备

考生需自备考试工具。

铁道行业职业技能认定货检员中级工操作技能考核试卷(考评员用)

试题名称:车门脱槽

试题内容:2023 年 3 月 15 日 15 时 10 分,丁站接 23537 次列车时,货检员发现 P_{62T} 3130138,A 站发 B 站空棚车,运行左侧车门脱槽。货检站应如何处理?货检主要内容有哪些?货运交接检查发现问题时拍发电报的时间有何要求?内容包括哪些?

一、技术要求

1. 答题符合相关法律、法规、规章和标准的规定。
2. 技术用语规范。
3. 工具、设备使用应符合规定。

二、考核要求

1. 作业过程完整。
2. 本项技能认定属综合型考试。
3. 本项技能认定由被认定人独立完成。

三、考核时限

1. 准备时间:10 min。
2. 正式操作时间:60 min。
3. 在规定时间内全部完成,不加分,也不扣分。每超时 1 min,从总分扣 5 分,总超时 5 min 停止作业。

四、考核评分

1. 考评人员 3 名及以上。
2. 评分点见“考核评分记录表”。
3. 评分程序及规则:考评员各自根据考生作业程序在评分表上给予记录评分,取平均分为评定得分。
4. 算分方法:百分制计算,满分 100 分,60 分为及格。

五、否定项

若考生发生下列情况之一，则应及时终止其考试，考生该试题成绩记为零分。

1. 答卷时不能互借文具。
2. 严禁考试作弊。
3. 考试时保持安静不得交头接耳。

铁道行业职业技能认定货检员中级工操作技能考核试卷(考生用)

单位：　　　　　　　　　　　　　　　姓名：　　　　　　　　　　　　　　　准考证号：

试题内容：2023 年 3 月 15 日 15 时 10 分，丁站接 23537 次列车时，货检员发现 P_{62T} 3130138，A 站发 B 站空棚车，运行左侧车门脱槽。货检站应如何处理？货检主要内容有哪些？货运交接检查发现问题时拍发电报的时间有何要求？内容包括哪些？

铁道行业职业技能认定货检员中级工操作技能考核评分记录表

准考证号：　　　　　　　姓名：　　　　　　　性别：　　　　　　　单位：

试题名称：车门脱槽　　　　　　　　　　　　　　　　　　　　　　考核时间：60 min

操作开始时间：　时　分　　　　　　　　　操作结束时间：　时　分

序号	考核内容	考 核 要 点	配分	评 分 标 准	扣分	得分
1	着装，标志佩戴	按规定着装，标志齐全	5			
2	人身安全	执行“一站、二看、三通过”、横越线路等人身安全的有关规定	5			
3	试卷质量	层次分明、清晰、整洁、文字流畅、无错别字	5			
4	问题车处理	车门脱槽	5			
		电报拍发	5			
		编制普通记录	5			
		采取加固措施	5			

续上表

序号	考核内容	考核要点	配分	评分标准	扣分	得分
5	货检主要内容	装载、加固，篷布及篷布绳网	10			
		施封、门、窗、盖、阀	10			
		有关规定、设备检测	10			
		视频监控可视部位、押运人	10			
		自动制动机、其他事项	10			
6	发现问题时拍发电报的时间及内容	于列车到达后 120 min 内拍发电报	7			
		发现问题及简要处理情况	8			
合计			100			

否定项：若考生发生下列情况之一，则应及时终止其考试，该考生成绩记为零分。
1. 操作不当造成设备、工具、仪器和材料损坏。
2. 严重违反安全作业规程，违反考试纪律。

考评员：　　　　总分人：　　　　年　月　日

参考答案要点

一、着装及标志佩戴

按规定穿着带有反光标志的防护服，携带手持机（或对讲机）及作业工具备品。

二、人身安全

1. 横越线路时，眼看、手指、口呼，必须做到“一站、二看、三通过”，并注意左右机车、车辆动态及脚下有无障碍物，严禁来车时抢越线路。

2. 必须横越停有机车、车辆的线路时，应先确认机车、车辆暂不移动，然后在距机车、车辆 5 m 以外处绕行通过。

三、货检站处理

1. 该车车门脱槽，依据《铁路货运检查管理规则》规定，货检员应报告车站调度员（值班员）甩车整理。运用“货检应用”的车站，货检值班员还应通过“货检应用”通知整理点的货运员。

2. 于列车到达后 120 min 内电报通知上一货检站，抄知发到站。

3. 编制普通记录送货物线整理。

4. 依据《铁路货运检查管理规则》“甩车整理时，应做好防护工作”的规定。甩车前，可采取有效捆绑加固措施，防止调车过程中车门脱落。

四、货检主要内容

1. 货物列车中货物装载、加固状态；

2. 货车篷布及篷布绳网苫盖、捆绑状态；

3. 施封（罐车、集装箱、SQ 型或 JSQ 型车端门处施封除外）；

4. 货车门、窗、盖、阀关闭情况，以及罐式集装箱盖、阀关闭情况；

5.《铁路超限超重货物运输规则》规定的事项（不检查军用超限货物的超限超重货物运输记录）；

6. 设备检测发现的超偏载问题；

7. 货车、货物、集装箱、篷布等顶部和敞车内货物等视频监控设备可视部位的情况；

8. 危险货物押运人押运情况；

9. 对无列检作业的车站，还应检查自动制动机的空重位置，不符合时应进行调整；

10. 国铁集团规定的其他事项。

五、货运交接检查发现问题时拍发电报的时间及内容

交接检查时发现的问题应按有关规定进行处理，并应于列车到达后 120 min 内以电报通知上一货检站，同时抄知发到站。电报的内容应包括列车的车次、到达时分、车种、车号、发站、到站、品名、发现问题及简要处理情况，需编制记录时按规定要求编制。

S9　拍发货物损失速报

铁道行业职业技能认定货检员中级工操作技能考核准备通知单

考核时间：60 min

一、鉴定站准备

1. 材料准备

序　　号	材料名称	规　　格	数　　量	备　　注
1	《铁路货物运输规程》	本	1	
2	《铁路货物运输管理规则》	本	1	
3	《铁路货物损失处理规则》	本	1	

2. 考场准备

(1)工具、材料准备：鉴定站提供空白普通记录和电报用纸及墨水。

(2)供考试用教室 1 间。考场内须光线充足，空气良好，环境安静，卫生整洁。

二、考生准备

考生需自备考试工具。

铁道行业职业技能认定货检员中级工操作技能考核试卷(考评员用)

试题名称:拍发货物损失速报

试题内容:2022 年 4 月 18 日佳木斯站承运到自贡站锌锭一车,2 400 件,车号 P_{70} 3803051,票号 0055125,施封 F00257/00258 两枚,保价 240 万元。2022 年 4 月 29 日到达自贡站,货检发现该车一侧佳木斯 00257 号封,另一侧安康东补封,封号 12010(有安康东站 170 号电报证明以襄阳北站责任补封)。会同公安人员共同卸车清点,全车实卸 2 280 件,较票据记载 2 400 件短少 120 件。请按规定拍发货物损失速报。

一、技术要求

1. 答题符合相关法律、法规、规章和标准的规定。
2. 技术用语规范。
3. 工具、设备使用应符合规定。

二、考核要求

1. 作业过程完整。
2. 本项技能认定属综合型考试。
3. 本项技能认定由被认定人独立完成。

三、考核时限

1. 准备时间:10 min。
2. 正式操作时间:60 min。
3. 在规定时间内全部完成,不加分,也不扣分。每超时 1 min,从总分扣 5 分,总超时 5 min 停止作业。

四、考核评分

1. 考评人员 3 名及以上。
2. 评分点见“考核评分记录表”。
3. 评分程序及规则:考评员各自根据考生作业程序在评分表上给予记录评分,取平均分为评定得分。
4. 算分方法:百分制计算,满分 100 分,60 分为及格。

五、否定项

若考生发生下列情况之一,则应及时终止其考试,考生该试题成绩记为零分。

1. 答卷时不能互借文具。
2. 严禁考试作弊。
3. 考试时保持安静不得交头接耳。

铁道行业职业技能认定货检员中级工操作技能考核试卷(考生用)

单位： 姓名： 准考证号：

试题内容：2022 年 4 月 18 日佳木斯站承运到自贡站锌锭一车，2 400 件，车号 P_{70} 3803051，票号 0055125，施封 F00257/00258 两枚，保价 240 万元。2022 年 4 月 29 日到达自贡站，货检发现该车一侧佳木斯 00257 号封，另一侧安康东补封，封号 12010(有安康东站 170 号电报证明以襄阳北站责任补封)。会同公安人员共同卸车清点，全车实卸 2 280 件，较票据记载 2 400 件短少 120 件。请按规定拍发货物损失速报。

铁道行业职业技能认定货检员中级工操作技能考核评分记录表

准考证号： 姓名： 性别： 单位：

试题名称：拍发货物损失速报 考核时间：60 min

操作开始时间： 时 分 操作结束时间： 时 分

序号	考核内容	考核要点	配分	评分标准	扣分	得分
1	着装，标志佩戴	按规定着装，标志齐全	5			
2	人身安全	执行“一站、二看、三通过”、横越线路等人身安全的有关规定	5			
3	试卷质量	层次分明、清晰、整洁、文字流畅、无错别字	5			
4	货物损失速报	主送、抄送单位正确	10			
		电报格式正确，6 项齐全	12			
		损失等级、种类正确	6			
		发现损失时间、地点	4			
		发、到站、品名及承运日期	8			
		车种车型车号、货票号码、办理种别、保价金额	6			
		损失概要	30			
		对有关单位的要求	4			
		日期、站名	5			
合计			100			

否定项：若考生发生下列情况之一，则应及时终止其考试，该考生成绩记为零分。
1. 操作不当造成设备、工具、仪器和材料损坏。
2. 严重违反安全作业规程，违反考试纪律。

考评员： 总分人： 年 月 日

参考答案要点

一、着装及标志佩戴

按规定穿着带有反光标志的防护服，携带手持机(或对讲机)及作业工具备品。

二、人身安全

1. 横越线路时，眼看、手指、口呼，必须做到“一站、二看、三通过”，并注意左右机车、车辆

动态及脚下有无障碍物，严禁来车时抢越线路。

2. 必须横越停有机车、车辆的线路时，应先确认机车、车辆暂不移动，然后在距机车、车辆5 m以外处绕行通过。

三、货物损失速报

货物损失速报

主送：襄阳北站，襄阳北直属站，成都局集团公司货运部，哈尔滨局集团公司货运部，佳木斯站，武汉局集团公司货运部

抄送：国铁集团货运部

1. 一级损失，被盗。
2. 2022年4月29日，自贡站。
3. 佳木斯，自贡，锌锭，2022年4月18日。
4. P_{70} 3803051，0055125，整车，保价240万元。
5. 佳木斯站发自贡站整车锌锭2 400件，保价240万元，2022年4月29日到达自贡站，货检一侧佳木斯00257号封，另一侧安康东12010号封(有安康东站170号电报证明以襄阳北站责任补封)。会同公安人员共同卸车清点实卸2 280件，被盗120件，损失金额12万元。
6. 请佳木斯站查承装实际件数，请襄阳北站查站车交接情况并附处理意见。

2022年4月29日
自贡站
(公章)

S10　液化石油气罐车的检查及发现问题的处理

铁道行业职业技能认定货检员中级工操作技能考核准备通知单

考核时间：60 min

一、鉴定站准备

1. 材料准备

序　号	材料名称	规　格	数　量	备　注
1	《铁路危险货物运输管理规则》	本	1	
2	《铁路货运检查管理规则》	本	1	

2. 考场准备

(1)工具、材料准备：鉴定站提供空白普通记录和电报用纸及墨水。

(2)供考试用教室1间。考场内须光线充足，空气良好，环境安静，卫生整洁。

二、考生准备

考生需自备考试工具。

铁道行业职业技能认定货检员中级工操作技能考核试卷(考评员用)

试题名称:液化石油气罐车的检查及发现问题的处理

试题内容:2023年×月×日××站接20605次列车,列车挂有8辆液化石油气罐车,随车押运的2名押运员身穿印有蓝色“押运”字样的黄色马甲,请问有哪些问题?应如何处理?运输危险货物,同一托运人、同一到站押运方式、车辆及人数有哪些规定?

一、技术要求

1. 答题符合相关法律、法规、规章和标准的规定。
2. 技术用语规范。
3. 工具、设备使用应符合规定。

二、考核要求

1. 作业过程完整。
2. 本项技能认定属综合型考试。
3. 本项技能认定由被认定人独立完成。

三、考核时限

1. 准备时间:10 min。
2. 正式操作时间:60 min。
3. 在规定时间内全部完成,不加分,也不扣分。每超时1 min,从总分扣5分,总超时5 min停止作业。

四、考核评分

1. 考评人员3名及以上。
2. 评分点见“考核评分记录表”。
3. 评分程序及规则:考评员各自根据考生作业程序在评分表上给予记录评分,取平均分为评定得分。
4. 算分方法:百分制计算,满分100分,60分为及格。

五、否定项

若考生发生下列情况之一,则应及时终止其考试,考生该试题成绩记为零分。

1. 答卷时不能互借文具。

2. 严禁考试作弊。

3. 考试时保持安静不得交头接耳。

铁道行业职业技能认定货检员中级工操作技能考核试卷(考生用)

单位：　　　　　　　　　　　　　姓名：　　　　　　　　　　　　　准考证号：

试题内容：2023 年×月×日××站接 20605 次列车，列车挂有 8 辆液化石油气罐车，随车押运的 2 名押运员身穿印有蓝色“押运”字样的黄色马甲，请问有哪些问题？应如何处理？运输危险货物，同一托运人、同一到站押运方式、车辆及人数有哪些规定？

铁道行业职业技能认定货检员中级工操作技能考核评分记录表

准考证号：　　　　姓名：　　　　性别：　　　　单位：

试题名称：液化石油气罐车的检查及发现问题的处理　　　　　　　　考核时间：60 min

操作开始时间：　时　分　　　　　　操作结束时间：　时　分

序号	考核内容	考核要点	配分	评分标准	扣分	得分
1	着装，标志佩戴	按规定着装，标志齐全	5			
2	人身安全	执行“一站、二看、三通过”、横越线路等人身安全的有关规定	5			
3	试卷质量	层次分明、清晰、整洁、文字流畅、无错别字	5			
4	发现的问题	押运人数及着装	15			
5	问题的处理	甩车登记、编制普通记录	15			
6	押运方式、车辆及人数	气体类	15			
		剧毒品	15			
		硝酸铵	15			
		爆炸品	10			
合计			100			

否定项：若考生发生下列情况之一，则应及时终止其考试，该考生成绩记为零分。
1. 操作不当造成设备、工具、仪器和材料损坏。
2. 严重违反安全作业规程，违反考试纪律。

考评员：　　　　　　　　　　　　总分人：　　　　　　　　　　　　年　月　日

参考答案要点

一、着装及标志佩戴

按规定穿着带有反光标志的防护服，携带手持机(或对讲机)及作业工具备品。

二、人身安全

1. 横越线路时，眼看、手指、口呼，必须做到“一站、二看、三通过”，并注意左右机车、车辆动态及脚下有无障碍物，严禁来车时抢越线路。

2. 必须横越停有机车、车辆的线路时，应先确认机车、车辆暂不移动，然后在距机车、车辆5 m以外处绕行通过。

三、发现的问题

该列车挂有8辆液化气罐车，只有2名押运员与规定不符，7～12车应不少于4人。押运员穿着的黄色马甲上应是红色“押运”字样。

四、问题的处理

发现以上问题应及时甩车，做好登记，并通知发站或到站联系托运人、收货人补齐押运员(应按规定穿着印有红色“押运”字样的黄色马甲)，编制普通记录后方可继运。

五、同一托运人、同一到站押运方式、车辆及人数规定

1. 气体类6辆重(空)罐车(含带押运间车辆)以内编为1组，每组押运员不得少于2人。每列编挂不得超过3组。每组间的隔离车不得少于10辆(原则上需要用普通货物车辆隔离)。

2. 剧毒品(铁路危险货物品名表“特殊规定”栏有第67条特殊规定的)4辆(含带押运间车辆)以内编为1组，每组2人押运；2组以上押运人数由铁路局集团公司确定。

3. 硝酸铵4辆以内编为1组，每组2人押运；2组以上押运人数由铁路局集团公司确定。

4. 爆炸品(烟花爆竹除外)每车2人押运。

S11　货车施封失效处理

铁道行业职业技能认定货检员中级工操作技能考核准备通知单

考核时间：60 min

一、鉴定站准备

1. 材料准备

序　号	材料名称	规　格	数　量	备　注
1	《铁路货运检查管理规则》	本	1	
2	《铁路货物运输管理规则》	本	1	

2. 考场准备

(1)工具、材料准备：鉴定站提供空白普通记录和电报用纸及墨水。

(2)供考试用教室1间。考场内须光线充足，空气良好，环境安静，卫生整洁。

二、考生准备

考生需自备考试工具。

铁道行业职业技能认定货检员中级工操作技能考核试卷(考评员用)

试题名称:货车施封失效处理

试题内容:2023年4月10日19时20分,丙站接25001次列车,货检作业检查发现一棚车运行左侧施封失效,上部门扣捆绑良好,无被盗痕迹。货检站发现后如何处理?

一、技术要求

1. 答题符合相关法律、法规、规章和标准的规定。
2. 技术用语规范。
3. 工具、设备使用应符合规定。

二、考核要求

1. 作业过程完整。
2. 本项技能认定属综合型考试。
3. 本项技能认定由被认定人独立完成。

三、考核时限

1. 准备时间:10 min。
2. 正式操作时间:60 min。
3. 在规定时间内全部完成,不加分,也不扣分。每超时1 min,从总分扣5分,总超时5 min停止作业。

四、考核评分

1. 考评人员3名及以上。
2. 评分点见“考核评分记录表”。
3. 评分程序及规则:考评员各自根据考生作业程序在评分表上给予记录评分,取平均分为评定得分。
4. 算分方法:百分制计算,满分100分,60分为及格。

五、否定项

若考生发生下列情况之一，则应及时终止其考试，考生该试题成绩记为零分。

1. 答卷时不能互借文具。
2. 严禁考试作弊。
3. 考试时保持安静不得交头接耳。

铁道行业职业技能认定货检员中级工操作技能考核试卷(考生用)

单位： 姓名： 准考证号：

试题内容：2023 年 4 月 10 日 19 时 20 分，丙站接 25001 次列车，货检作业检查发现一棚车运行左侧施封失效，上部门扣捆绑良好，无被盗痕迹。货检站发现后如何处理?

铁道行业职业技能认定货检员中级工操作技能考核评分记录表

准考证号： 姓名： 性别： 单位：

试题名称：货车施封失效处理 考核时间：60 min

操作开始时间： 时 分 操作结束时间： 时 分

序号	考核内容	考核要点	配分	评分标准	扣分	得分
1	着装，标志佩戴	按规定着装，标志齐全	5			
2	人身安全	执行“一站、二看、三通过”、横越线路等人身安全的有关规定	5			
3	试卷质量	层次分明、清晰、整洁、文字流畅、无错别字	5			
4	施封失效	规章依据	20			
5	处理要点	拍发电报	20			
		补封	20			
		信息反馈	25			
合计			100			
否定项：若考生发生下列情况之一，则应及时终止其考试，该考生成绩记为零分。 1. 操作不当造成设备、工具、仪器和材料损坏。 2. 严重违反安全作业规程，违反考试纪律。						

考评员： 总分人： 年 月 日

参考答案要点

一、着装及标志佩戴

按规定穿着带有反光标志的防护服，携带手持机（或对讲机）及作业工具备品。

二、人身安全

1. 横越线路时，眼看、手指、口呼，必须做到“一站、二看、三通过”，并注意左右机车、车辆动态及脚下有无障碍物，严禁来车时抢越线路。

2. 必须横越停有机车、车辆的线路时，应先确认机车、车辆暂不移动，然后在距机车、车辆5 m以外处绕行通过。

三、存在问题

施封失效。

依据：(1)《铁路货运检查管理规则》第23条货检主要内容“施封（罐车、集装箱、SQ型或JSQ型车端门处施封除外）”。

(2)《铁路货物运输管理规则》第46条货物检查、交接的内容“封印失效、丢失、断开或不破坏封印即能开启车门”。

四、处理要点

1. 应于列车到达后120 min内拍发电报通知上一货检站，同时抄送发到站。

依据：《铁路货运检查管理规则》第25条“需拍发电报时，货检值班员应于列车到达后120 min内以电报通知上一货检站、抄知发到站，必要时抄知有关单位和部门”。

2. 补封。

依据：《铁路货物运输管理规则》第46条“货物检查、交接的内容，以及发现问题的处理方法，封印失效、丢失、断开或不破坏封印即能开启车门。应拍发电报并补封，是否清点货件由发现站确定”。

3. 通过手持机、货检应用拍照并反馈信息。

依据：《铁路货运检查管理规则》第25条，运用“货检应用”的车站，通过手持机对问题车、押运人证件等信息进行拍照或记录并反馈。

S12　20 英尺重集装箱检查

铁道行业职业技能认定货检员中级工操作技能考核准备通知单

考核时间:60 min

一、鉴定站准备

1. 材料准备

序　号	材料名称	规　格	数　量	备　注
1	《铁路集装箱运输规则》	本	1	

2. 考场准备

(1)工具、材料准备:鉴定站提供空白普通记录和电报用纸及墨水。

(2)供考试用教室1间。考场内须光线充足,空气良好,环境安静,卫生整洁。

二、考生准备

考生需自备考试工具。

铁道行业职业技能认定货检员中级工操作技能考核试卷(考评员用)

试题名称:20 英尺重集装箱检查

试题内容:某站使用 NX_{17} 型平车装运 2 个 20 英尺重集装箱,如下图所示,请指出照片中的违章之处。简述集装箱是指具备哪些条件的运输设备。

一、技术要求

1. 答题符合相关法律、法规、规章和标准的规定。
2. 技术用语规范。
3. 工具、设备使用应符合规定。

二、考核要求

1. 作业过程完整。
2. 本项技能认定属综合型考试。
3. 本项技能认定由被认定人独立完成。

三、考核时限

1. 准备时间：10 min。
2. 正式操作时间：60 min。
3. 在规定时间内全部完成，不加分，也不扣分。每超时 1 min，从总分扣 5 分，总超时 5 min 停止作业。

四、考核评分

1. 考评人员 3 名及以上。
2. 评分点见“考核评分记录表”。
3. 评分程序及规则：考评员各自根据考生作业程序在评分表上给予记录评分，取平均分为评定得分。
4. 算分方法：百分制计算，满分 100 分，60 分为及格。

五、否定项

若考生发生下列情况之一，则应及时终止其考试，考生该试题成绩记为零分。
1. 答卷时不能互借文具。
2. 严禁考试作弊。
3. 考试时保持安静不得交头接耳。

铁道行业职业技能认定货检员中级工操作技能考核试卷（考生用）

单位：　　　　　　　　　　　　　　　姓名：　　　　　　　　　　　　　　　准考证号：

试题内容：某站使用 NX_{17} 型平车装运 2 个 20 英尺重集装箱，如下图所示，请指出照片中的违章之处。简述集装箱是指具备哪些条件的运输设备。

铁道行业职业技能认定货检员中级工操作技能考核评分记录表

准考证号：　　　　姓名：　　　　性别：　　　　单位：

试题名称：20 英尺重集装箱检查　　　　考核时间：60 min

操作开始时间：　时　分　　　　操作结束时间：　时　分

序号	考核内容	考 核 要 点	配分	评 分 标 准	扣分	得分
1	着装，标志佩戴	按规定着装，标志齐全	5			
2	人身安全	执行“一站、二看、三通过”、横越线路等人身安全的有关规定	5			
3	试卷质量	层次分明、清晰、整洁、文字流畅、无错别字	5			
4	存在问题	箱门朝外，违反规定	20			
		锁舌和把手，违反规定	20			
5	集装箱运输	使用期限	10			
		运输方式	20			
		性质要求	15			
合计			100			

否定项：若考生发生下列情况之一，则应及时终止其考试，该考生成绩记为零分。
1. 操作不当造成设备、工具、仪器和材料损坏。
2. 严重违反安全作业规程，违反考试纪律。

考评员：　　　　总分人：　　　　年　月　日

参考答案要点

一、着装及标志佩戴

按规定穿着带有反光标志的防护服，携带手持机(或对讲机)及作业工具备品。

二、人身安全

1. 横越线路时，眼看、手指、口呼，必须做到“一站、二看、三通过”，并注意左右机车、车辆动态及脚下有无障碍物，严禁来车时抢越线路。

2. 必须横越停有机车、车辆的线路时，应先确认机车、车辆暂不移动，然后在距机车、车辆 5 m 以外处绕行通过。

三、存在问题

1. 存在使用共用平车装运箱门朝外的问题。违反《铁路集装箱运输规则》第 50 条“端部有门的 20 英尺集装箱使用集装箱专用平车或共用平车装运时，箱门应朝向相邻集装箱”的规定。

2. 集装箱箱门锁舌和把手未入座进行施封。违反《铁路集装箱运输规则》第 24 条“托运的重集装箱应当施封(结构上无法施封的除外);通用集装箱施封时,确认左右箱门锁舌和把手入座后,在右侧箱门把手锁件施封孔处施封一枚”。

四、集装箱是指具备哪些条件的运输设备

1. 具有足够的强度和刚度,在有效使用期内可以反复使用;
2. 适于一种或多种运输方式运送货物,途中无需倒装;
3. 设有供快速装卸的装置,便于从一种运输方式转到另一种运输方式;
4. 便于箱内货物装满和卸空;
5. 内容积不小于 1 m^3。

集装箱不包括车辆和一般包装。

S13 平车装载钢板的检查

铁道行业职业技能认定货检员中级工操作技能考核准备通知单

考核时间:60 min

一、鉴定站准备

1. 材料准备

序 号	材料名称	规 格	数 量	备 注
1	《铁路货物装载加固规则》	本	1	
2	《铁路货运检查管理规则》	本	1	

2. 考场准备

(1)工具、材料准备:鉴定站提供空白普通记录和电报用纸及墨水。

(2)供考试用教室 1 间。考场内须光线充足,空气良好,环境安静,卫生整洁。

二、考生准备

考生需自备考试工具。

铁道行业职业技能认定货检员中级工操作技能考核试卷(考评员用)

试题名称:平车装载钢板的检查

试题内容:23515 次列车到达某货检站,货检作业检查发现平车装载钢板规格为长 3 000～4 000 mm,宽 2 600～3 200 mm。请指出图中加固钢丝绳存在的问题及处理方法。请说明钢丝绳使用方法。

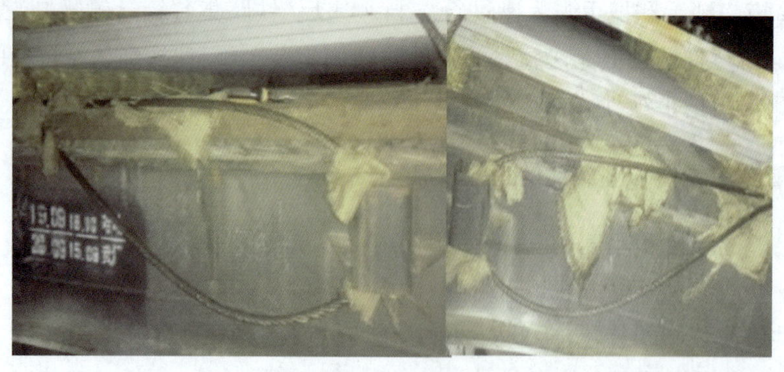

一、技术要求

1. 答题符合相关法律、法规、规章和标准的规定。
2. 技术用语规范。
3. 工具、设备使用应符合规定。

二、考核要求

1. 作业过程完整。
2. 本项技能认定属综合型考试。
3. 本项技能认定由被认定人独立完成。

三、考核时限

1. 准备时间:10 min。
2. 正式操作时间:60 min。
3. 在规定时间内全部完成,不加分,也不扣分。每超时 1 min,从总分扣 5 分,总超时 5 min 停止作业。

四、考核评分

1. 考评人员 3 名及以上。
2. 评分点见“考核评分记录表”。
3. 评分程序及规则:考评员各自根据考生作业程序在评分表上给予记录评分,取平均分为评定得分。
4. 算分方法:百分制计算,满分 100 分,60 分为及格。

五、否定项

若考生发生下列情况之一,则应及时终止其考试,考生该试题成绩记为零分。

1. 答卷时不能互借文具。

2. 严禁考试作弊。

3. 考试时保持安静不得交头接耳。

铁道行业职业技能认定货检员中级工操作技能考核试卷(考生用)

单位：　　　　　　　　　　　　　　姓名：　　　　　　　　　　　　　　准考证号：

试题内容：23515 次列车到达某货检站，货检作业检查发现平车装载钢板规格为长 3 000～4 000 mm，宽 2 600～3 200 mm。请指出图中加固钢丝绳存在的问题及处理方法。请说明钢丝绳使用方法。

铁道行业职业技能认定货检员中级工操作技能考核评分记录表

准考证号：　　　　　　姓名：　　　　　　性别：　　　　　　单位：

试题名称：平车装载钢板的检查　　　　　　　　　　　　　　　　考核时间：60 min

操作开始时间：　　时　　分　　　　　　　　操作结束时间：　　时　　分

序号	考核内容	考核要点	配分	评分标准	扣分	得分
1	着装，标志佩戴	按规定着装，标志齐全	5			
2	人身安全	执行“一站、二看、三通过”、横越线路等人身安全的有关规定	5			
3	试卷质量	层次分明、清晰、整洁、文字流畅、无错别字	5			
4	存在问题	问题及处理	15			
5	钢丝绳使用方法	拉牵加固的方式	10			
		拉牵位置	10			
		拴结点	10			
		钢丝绳使用方式	10			
		钢丝绳夹使用	15			
		紧固要求	15			
合计			100			

否定项：若考生发生下列情况之一，则应及时终止其考试，该考生成绩记为零分。
1. 操作不当造成设备、工具、仪器和材料损坏。
2. 严重违反安全作业规程，违反考试纪律。

考评员：　　　　　　　　　　　　　总分人：　　　　　　　　　　　　　年　　月　　日

参考答案要点

一、着装及标志佩戴

按规定穿着带有反光标志的防护服，携带手持机(或对讲机)及作业工具备品。

二、人身安全

1. 横越线路时，眼看、手指、口呼，必须做到“一站、二看、三通过”，并注意左右机车、车辆动态及脚下有无障碍物，严禁来车时抢越线路。

2. 必须横越停有机车、车辆的线路时，应先确认机车、车辆暂不移动，然后在距机车、车辆5 m以外处绕行通过。

三、存在问题

钢丝绳发生松动，防磨措施失效。处理方法：在列更换防磨垫，重新紧固钢丝绳，无法在列整理的应甩车整理。

四、使用方法

1. 使用钢丝绳拉牵加固的方式主要有：八字形、倒八字形、交叉、又字形和反又字形等。各种拉牵方式可单独使用，也可两种或两种以上组合使用。拉牵应尽可能对称。

2. 应合理选择货物上的拉牵位置。用于防止货物水平移动时，拉牵位置应尽量低些；用于防止货物倾覆时，拉牵位置可适当高些。

3. 拉牵加固时，将钢丝绳穿过紧线器或绕过拴结点后，绳头折回与主绳并列，使用与之匹配的钢丝绳夹固定。

4. 钢丝绳还可用于腰箍下压式加固和整体捆绑。

5. 固定单股钢丝绳端头时，使用钢丝绳夹的数量不得少于3个；两根钢丝绳搭接时，并列绳头应拉紧，用不少于4个钢丝绳夹正反扣装并紧固。钢丝绳夹间的距离A等于6～7倍钢丝绳直径，绳头余尾长度宜控制在100～300 mm间。

6. 应先紧固离拴结点最近的钢丝绳夹。

7. 加固时钢丝绳应松紧适度。

8. 钢丝绳夹的夹座必须扣装在主绳一侧。

S14　车门开启检查的处理

铁道行业职业技能认定货检员中级工操作技能考核准备通知单

考核时间:60 min

一、鉴定站准备

1. 材料准备

序　号	材料名称	规　格	数　量	备　注
1	《铁路货物运输管理规则》	本	1	
2	《铁路货运检查管理规则》	本	1	

2. 考场准备

(1)工具、材料准备:鉴定站提供空白普通记录和电报用纸及墨水。

(2)供考试用教室1间。考场内须光线充足,空气良好,环境安静,卫生整洁。

二、考生准备

考生需自备考试工具。

铁道行业职业技能认定货检员中级工操作技能考核试卷(考评员用)

试题名称:车门开启检查的处理

试题内容:某货检站外勤货检员现场检查发现空车车辆情况如下图所示,请指出存在的问题,应如何处理?货检作业基本程序及标准中"整理"的内容有哪些?

一、技术要求

1. 答题符合相关法律、法规、规章和标准的规定。
2. 技术用语规范。
3. 工具、设备使用应符合规定。

二、考核要求

1. 作业过程完整。
2. 本项技能认定属综合型考试。
3. 本项技能认定由被认定人独立完成。

三、考核时限

1. 准备时间:10 min。
2. 正式操作时间:60 min。
3. 在规定时间内全部完成,不加分,也不扣分。每超时 1 min,从总分扣 5 分,总超时 5 min 停止作业。

四、考核评分

1. 考评人员 3 名及以上。
2. 评分点见"考核评分记录表"。
3. 评分程序及规则:考评员各自根据考生作业程序在评分表上给予记录评分,取平均分为评定得分。
4. 算分方法:百分制计算,满分 100 分,60 分为及格。

五、否定项

若考生发生下列情况之一,则应及时终止其考试,考生该试题成绩记为零分。
1. 答卷时不能互借文具。
2. 严禁考试作弊。
3. 考试时保持安静不得交头接耳。

铁道行业职业技能认定货检员中级工操作技能考核试卷(考生用)

单位:　　　　　　　　　　姓名:　　　　　　　　　　准考证号:

试题内容:某货检站外勤货检员现场检查发现空车车辆情况如下图所示,请指出存在的问题,应如何处理?货检作业基本程序及标准中"整理"的内容有哪些?

铁道行业职业技能认定货检员中级工操作技能考核评分记录表

准考证号：　　　　　　　姓名：　　　　　　　性别：　　　　　　单位：

试题名称：车门开启检查的处理　　　　　　　　　　　　　　　　　考核时间：60 min

操作开始时间：　时　　分　　　　　　　　操作结束时间：　时　　分

序号	考核内容	考核要点	配分	评分标准	扣分	得分
1	着装，标志佩戴	按规定着装，标志齐全	5			
2	人身安全	执行“一站、二看、三通过”、横越线路等人身安全的有关规定	5			
3	试卷质量	层次分明、清晰、整洁、文字流畅、无错别字	5			
4	存在问题	车门打开	5			
5	处理方法	通知报告	5			
		采取防护措施	10			
		在列整理	10			
		拍发电报	10			
6	整理	在列整理	30			
		甩车整理	15			
合计			100			

否定项：若考生发生下列情况之一，则应及时终止其考试，该考生成绩记为零分。
1. 操作不当造成设备、工具、仪器和材料损坏。
2. 严重违反安全作业规程，违反考试纪律。

考评员：　　　　　　　　　　　　　总分人：　　　　　　　　　　　　年　　月　　日

参考答案要点

一、着装及标志佩戴

按规定穿着带有反光标志的防护服，携带手持机（或对讲机）及作业工具备品。

二、人身安全

1. 横越线路时，眼看、手指、口呼，必须做到“一站、二看、三通过”，并注意左右机车、车辆动态及脚下有无障碍物，严禁来车时抢越线路。

2. 必须横越停有机车、车辆的线路时，应先确认机车、车辆暂不移动，然后在距机车、车辆5 m以外处绕行通过。

三、存在问题

车门打开。

四、处理方法

1. 货检员应报告车站调度员(值班员)在列整理。

2. 采取有效防护措施后,在列关闭车门并加固。在列整理时,货检员应按有关规定进行作业,确保人身安全。

3. 若因车辆技术状态不良,无法在列关闭时,应甩车处理。

4. 应于列车到达后 120 min 内拍发电报通知上一货检站,同时抄送发到站。

五、货检作业基本程序及标准中“整理”的内容

1. 在列整理

对发生装载加固、篷布苫盖、门窗盖阀等方面问题的,不需要甩车处理时,应采取有效防护措施后对车列内需整理货车进行整理。

预计整理时间超过技术作业时间时,货检员应及时向车站调度员(值班员)报告。

在列整理时,货检员应按有关规定进行作业,确保人身安全。

2. 甩车整理

对危及行车安全,又不能在列整理的车辆,货检员应报告车站调度员(值班员)甩车整理。甩车整理时,应做好防护工作。不允许在挂有接触网的线路(设有隔离开关的线路除外)整理车辆。

S15 未苫盖篷布绳网

铁道行业职业技能认定货检员中级工操作技能考核准备通知单

考核时间:60 min

一、鉴定站准备

1. 材料准备

序　　号	材料名称	规　　格	数　　量	备　　注
1	《货车篷布管理规则》	本	1	
2	《铁路货物运输管理规则》	本	1	
3	《铁路货运检查管理规则》	本	1	

2. 考场准备

(1)工具、材料准备:鉴定站提供空白普通记录和电报用纸及墨水。

(2)供考试用教室 1 间。考场内须光线充足,空气良好,环境安静,卫生整洁。

二、考生准备

考生需自备考试工具。

铁道行业职业技能认定货检员中级工操作技能考核试卷(考评员用)

试题名称:未苫盖篷布绳网

试题内容:指出下图中存在的问题,货检站发现后如何处理?

一、技术要求

1. 答题符合相关法律、法规、规章和标准的规定。
2. 技术用语规范。
3. 工具、设备使用应符合规定。

二、考核要求

1. 作业过程完整。
2. 本项技能认定属综合型考试。
3. 本项技能认定由被认定人独立完成。

三、考核时限

1. 准备时间:10 min。
2. 正式操作时间:60 min。
3. 在规定时间内全部完成,不加分,也不扣分。每超时 1 min,从总分扣 5 分,总超时 5 min 停止作业。

四、考核评分

1. 考评人员 3 名及以上。
2. 评分点见“考核评分记录表”。
3. 评分程序及规则:考评员各自根据考生作业程序在评分表上给予记录评分,取平均分为评定得分。
4. 算分方法:百分制计算,满分 100 分,60 分为及格。

五、否定项

若考生发生下列情况之一,则应及时终止其考试,考生该试题成绩记为零分。

1. 答卷时不能互借文具。
2. 严禁考试作弊。
3. 考试时保持安静不得交头接耳。

铁道行业职业技能认定货检员中级工操作技能考核试卷(考生用)

单位：　　　　　　　　　　　　　　姓名：　　　　　　　　　　　　　　准考证号：

试题内容:指出下图中存在的问题,货检站发现后如何处理?

铁道行业职业技能认定货检员中级工操作技能考核评分记录表

准考证号：　　　　　　姓名：　　　　　　性别：　　　　　　单位：

试题名称:未苫盖篷布绳网　　　　　　　　　　　　　　　　考核时间:60 min

操作开始时间：　时　　分　　　　　　　　操作结束时间：　时　　分

序号	考核内容	考 核 要 点	配分	评 分 标 准	扣分	得分
1	着装,标志佩戴	按规定着装,标志齐全	5			
2	人身安全	执行“一站、二看、三通过”、横越线路等人身安全的有关规定	5			
3	试卷质量	层次分明、清晰、整洁、文字流畅、无错别字	5			
4	存在问题	问题和依据	10			
5	问题处理	处理和依据	10			
		信息反馈	15			
		拍发电报	15			
		补苫篷布绳网	15			
		整理完毕后反馈	20			
合计			100			

否定项:若考生发生下列情况之一,则应及时终止其考试,该考生成绩记为零分。
1. 操作不当造成设备、工具、仪器和材料损坏。
2. 严重违反安全作业规程,违反考试纪律。

考评员：　　　　　　　　　　　　　　总分人：　　　　　　　　　　　　　　年　　月　　日

参考答案要点

一、着装及标志佩戴

按规定穿着带有反光标志的防护服，携带手持机（或对讲机）及作业工具备品。

二、人身安全

1. 横越线路时，眼看、手指、口呼，必须做到“一站、二看、三通过”，并注意左右机车、车辆动态及脚下有无障碍物，严禁来车时抢越线路。

2. 必须横越停有机车、车辆的线路时，应先确认机车、车辆暂不移动，然后在距机车、车辆5 m以外处绕行通过。

三、存在问题

未苫盖篷布绳网。依据：《货车篷布管理规则》第15条“苫盖篷布的敞车必须在发站加盖篷布绳网，使用篷布绳卡”。

四、处理要点

1. 甩车处理

依据：《铁路货运检查管理规则》第25条甩车整理主要范围，篷布苫盖不整或缺少腰绳、篷布绳网。

2. 通过手持机、货检应用拍照并反馈信息

依据：《铁路货运检查管理规则》货检作业基本程序及标准，运用“货检应用”的车站，通过手持机对问题车、押运人证件等信息进行拍照或记录并反馈。

3. 拍发电报

依据：《铁路货物运输管理规则》第44条，交接检查时发现的问题应按有关规定进行处理，并应于列车到达后120 min内以电报通知上一货检站，同时抄知发到站。

4. 补苫篷布绳网

依据：《货车篷布管理规则》第21条，运输途中发现未按规定使用篷布绳网时，发现站补苫后方可继续运输，相关费用向发站清算，并将漏苫和处理情况电告发站、发局并抄所在局、国铁集团货运部。

5. 整理完毕，通过“货检应用”登记信息并反馈

依据：《铁路货运检查管理规则》第25条，需要甩车整理的，货检值班员应通知车站调度员（值班员）甩车处理。运用“货检应用”的车站，货检值班员还应通过“货检应用”通知整理点的货运员；货运员整理完毕后应通过“货检应用”登记处理信息并反馈。

S16　镀锌铁线捆绑的检查处理

铁道行业职业技能认定货检员中级工操作技能考核准备通知单

考核时间：60 min

一、鉴定站准备

1. 材料准备

序　　号	材料名称	规　　格	数　　量	备　　注
1	《铁路货物装载加固规则》	本	1	

2. 考场准备

(1)工具、材料准备：鉴定站提供空白普通记录和电报用纸及墨水。

(2)供考试用教室1间。考场内须光线充足，空气良好，环境安静，卫生整洁。

二、考生准备

考生需自备考试工具。

铁道行业职业技能认定货检员中级工操作技能考核试卷(考评员用)

试题名称：镀锌铁线捆绑的检查处理

试题内容：丁站货检员作业时发现一平车装载货物，镀锌铁线拉牵捆绑，请指出图中存在的问题。使用镀锌铁线拉牵捆绑应注意哪些事项？

一、技术要求

1. 答题符合相关法律、法规、规章和标准的规定。
2. 技术用语规范。
3. 工具、设备使用应符合规定。

二、考核要求

1. 作业过程完整。
2. 本项技能认定属综合型考试。
3. 本项技能认定由被认定人独立完成。

三、考核时限

1. 准备时间:10 min。
2. 正式操作时间:60 min。
3. 在规定时间内全部完成,不加分,也不扣分。每超时 1 min,从总分扣 5 分,总超时 5 min 停止作业。

四、考核评分

1. 考评人员 3 名及以上。
2. 评分点见“考核评分记录表”。
3. 评分程序及规则:考评员各自根据考生作业程序在评分表上给予记录评分,取平均分为评定得分。
4. 算分方法:百分制计算,满分 100 分,60 分为及格。

五、否定项

若考生发生下列情况之一,则应及时终止其考试,考生该试题成绩记为零分。
1. 答卷时不能互借文具。
2. 严禁考试作弊。
3. 考试时保持安静不得交头接耳。

铁道行业职业技能认定货检员中级工操作技能考核试卷(考生用)

单位:　　　　　　　　　　　　　　　　　　姓名:　　　　　　　　　　　　　　准考证号:

试题内容:丁站货检员作业时发现一平车装载货物,镀锌铁线拉牵捆绑,请指出图中存在的问题。使用镀锌铁线拉牵捆绑应注意哪些事项?

铁道行业职业技能认定货检员中级工操作技能考核评分记录表

准考证号：　　　　姓名：　　　　性别：　　　　单位：

试题名称：镀锌铁线捆绑的检查处理　　　　考核时间：60 min

操作开始时间：　时　分　　　　操作结束时间：　时　分

序号	考核内容	考核要点	配分	评分标准	扣分	得分
1	着装，标志佩戴	按规定着装，标志齐全	5			
2	人身安全	执行“一站、二看、三通过”、横越线路、横越列车车辆等人身安全的有关规定	5			
3	试卷质量	层次分明、清晰、整洁、文字流畅、无错别字	5			
4	存在问题	拉牵方式及违反规定	20			
		防磨措施及违反规定	15			
5	镀锌铁线拉牵捆绑注意事项	镀锌铁线使用要求	20			
		操作方法	30			
合计			100			

否定项：若考生发生下列情况之一，则应及时终止其考试，该考生成绩记为零分。
1. 操作不当造成设备、工具、仪器和材料损坏。
2. 严重违反安全作业规程，违反考试纪律。

考评员：　　　　总分人：　　　　年　月　日

参考答案要点

一、着装及标志佩戴

按规定穿着带有反光标志的防护服，携带手持机(或对讲机)及作业工具备品。

二、人身安全

1. 横越线路时，眼看、手指、口呼，必须做到“一站、二看、三通过”，并注意左右机车、车辆动态及脚下有无障碍物，严禁来车时抢越线路。

2. 必须横越停有机车、车辆的线路时，应先确认机车、车辆暂不移动，然后在距机车、车辆5 m以外处绕行通过。

三、存在问题

1. 镀锌铁线的拉牵方式错误。违反了《铁路货物装载加固规则》附件5“拉牵加固时，将单股或双股镀锌铁线在货物和车辆的两拴结点间往返缠绕，并应拽紧镀锌铁线使各股松紧度尽量一致，剩余部分穿插缠绕于自身绳杆后，使用绞棍绞紧，余尾朝向车内”。

2. 镀锌铁线未采取防磨措施。违反了《铁路货物装载加固规则》第23条“加固线与货物、车辆棱角接触处应采取防磨措施”的规定。

四、使用镀锌铁线拉牵捆绑应注意的事项

1. 拉牵用镀锌铁线直径不得小于 4 mm，捆绑用镀锌铁线直径不得小于 2.6 mm。
2. 镀锌铁线不得用作腰箍下压式加固，一般不用作整体捆绑。
3. 绞紧时不得损伤镀锌铁线。
4. 禁止使用两股以上镀锌铁线一次性缠绕的操作方法。
5. 禁止使用受损、使用过的镀锌铁线。

S17　车钩缓冲停止器折断

铁道行业职业技能认定货检员中级工操作技能考核准备通知单

考核时间：60 min

一、鉴定站准备

1. 材料准备

序　号	材料名称	规　格	数　量	备　注
1	《铁路货车维修运用规程》	本	1	
2	《铁路货物运输管理规则》	本	1	
3	《铁路货运检查管理规则》	本	1	
4	《铁路货物装载加固规则》	本	1	

2. 考场准备

(1)工具、材料准备：鉴定站提供空白普通记录和电报用纸及墨水。

(2)供考试用教室 1 间。考场内须光线充足，空气良好，环境安静，卫生整洁。

二、考生准备

考生需自备考试工具。

铁道行业职业技能认定货检员中级工操作技能考核试卷(考评员用)

试题名称：车钩缓冲停止器折断

试题内容：下图为装运 32.6 m 桥梁车辆连接处。请指出存在的问题，货检站发现后如何处理？

一、技术要求

1. 答题符合相关法律、法规、规章和标准的规定。
2. 技术用语规范。
3. 工具、设备使用应符合规定。

二、考核要求

1. 作业过程完整。
2. 本项技能认定属综合型考试。
3. 本项技能认定由被认定人独立完成。

三、考核时限

1. 准备时间:10 min。
2. 正式操作时间:60 min。
3. 在规定时间内全部完成,不加分,也不扣分。每超时 1 min,从总分扣 5 分,总超时 5 min 停止作业。

四、考核评分

1. 考评人员 3 名及以上。
2. 评分点见"考核评分记录表"。
3. 评分程序及规则:考评员各自根据考生作业程序在评分表上给予记录评分,取平均分为评定得分。
4. 算分方法:百分制计算,满分 100 分,60 分为及格。

五、否定项

若考生发生下列情况之一,则应及时终止其考试,考生该试题成绩记为零分。

1. 答卷时不能互借文具。
2. 严禁考试作弊。
3. 考试时保持安静不得交头接耳。

铁道行业职业技能认定货检员中级工操作技能考核试卷(考生用)

单位：　　　　　　　　　　　　　　　姓名：　　　　　　　　　　　　　　准考证号：

试题内容：下图为装运 32.6 m 桥梁车辆连接处。请指出存在的问题，货检站发现后如何处理？

铁道行业职业技能认定货检员中级工操作技能考核评分记录表

准考证号：　　　　　　　姓名：　　　　　　　性别：　　　　　　　单位：

试题名称：车钩缓冲停止器折断　　　　　　　　　　　　　　　　考核时间：60 min

操作开始时间：　　时　　分　　　　　　　　操作结束时间：　　时　　分

序号	考核内容	考 核 要 点	配分	评 分 标 准	扣分	得分
1	着装，标志佩戴	按规定着装，标志齐全	5			
2	人身安全	执行“一站、二看、三通过”、横越线路等人身安全的有关规定	5			
3	试卷质量	层次分明、清晰、整洁、文字流畅、无错别字	5			
4	存在问题	问题依据	10			
5	问题处理	甩车处理	15			
		信息反馈	20			
		拍发电报	15			
		通知车辆部门	25			
合计			100			

否定项：若考生发生下列情况之一，则应及时终止其考试，该考生成绩记为零分。
1. 操作不当造成设备、工具、仪器和材料损坏。
2. 严重违反安全作业规程，违反考试纪律。

考评员：　　　　　　　　　　　　　　总分人：　　　　　　　　　　　　　　年　　月　　日

参考答案要点

一、着装及标志佩戴

按规定穿着带有反光标志的防护服，携带手持机（或对讲机）及作业工具备品。

二、人身安全

1. 横越线路时，眼看、手指、口呼，必须做到“一站、二看、三通过”，并注意左右机车、车辆动态及脚下有无障碍物，严禁来车时抢越线路。

2. 必须横越停有机车、车辆的线路时，应先确认机车、车辆暂不移动，然后在距机车、车辆 5 m 以外处绕行通过。

三、存在问题

车钩缓冲停止器折断。依据：《铁路货物装载加固规则》第 30 条，跨装超长货物应遵守下列规定：跨装车组应使用车钩缓冲停止器，安装应在车钩自然状态下进行。

四、处理要点

1. 甩车处理（禁止移动车辆）

依据：《铁路货运检查管理规则》第 25 条甩车整理主要范围“发生其他危及行车安全情况不能在列整理时”。

2. 通过手持机、货检应用拍照并反馈信息

依据：《铁路货运检查管理规则》货检作业基本程序及标准，运用“货检应用”的车站，通过手持机对问题车、押运人证件等信息进行拍照或记录并反馈。

3. 拍发电报

依据：《铁路货物运输管理规则》第 44 条，交接检查时发现的问题应按有关规定进行处理，并应于列车到达后 120 min 内以电报通知上一货检站，同时抄知发到站。

4. 委托通知车辆部门制作、安装车钩缓冲停止器

依据：《铁路货车维修运用规程》第 191 条，车辆段还应根据货物托运人、车站或货运部门的委托，制作车钩缓冲停止器并负责安装工作，费用由货物托运人承担。卸车后，由卸车单位负责将车钩缓冲停止器拆除。

S18 货物窜出车端检查处理

铁道行业职业技能认定货检员中级工操作技能考核准备通知单

考核时间：60 min

一、鉴定站准备

1. 材料准备

序 号	材料名称	规 格	数 量	备 注
1	《铁路货物装载加固规则》	本	1	
2	《铁路货运检查管理规则》	本	1	

2. 考场准备

(1)工具、材料准备：鉴定站提供空白普通记录和电报用纸及墨水。

(2)供考试用教室1间。考场内须光线充足，空气良好，环境安静，卫生整洁。

二、考生准备

考生需自备考试工具。

铁道行业职业技能认定货检员中级工操作技能考核试卷(考评员用)

试题名称：货物窜出车端检查处理

试题内容：2023年1月20日，甲站接33015次列车，货检视频检查发现货物窜出车端。货检站应如何处理？货物装载加固的基本技术要求是什么？

一、技术要求

1. 答题符合相关法律、法规、规章和标准的规定。
2. 技术用语规范。
3. 工具、设备使用应符合规定。

二、考核要求

1. 作业过程完整。
2. 本项技能认定属综合型考试。
3. 本项技能认定由被认定人独立完成。

三、考核时限

1. 准备时间:10 min。
2. 正式操作时间:60 min。
3. 在规定时间内全部完成,不加分,也不扣分。每超时 1 min,从总分扣 5 分,总超时 5 min 停止作业。

四、考核评分

1. 考评人员 3 名及以上。
2. 评分点见“考核评分记录表”。
3. 评分程序及规则:考评员各自根据考生作业程序在评分表上给予记录评分,取平均分为评定得分。
4. 算分方法:百分制计算,满分 100 分,60 分为及格。

五、否定项

若考生发生下列情况之一,则应及时终止其考试,考生该试题成绩记为零分。
1. 答卷时不能互借文具。
2. 严禁考试作弊。
3. 考试时保持安静不得交头接耳。

铁道行业职业技能认定货检员中级工操作技能考核试卷(考生用)

单位: 姓名: 准考证号:

试题内容:2023 年 1 月 20 日,甲站接 33015 次列车,货检视频检查发现货物窜出车端。货检站应如何处理?货物装载加固的基本技术要求是什么?

铁道行业职业技能认定货检员中级工操作技能考核评分记录表

准考证号：　　　　　　　姓名：　　　　　　　性别：　　　　　　　单位：

试题名称：货物窜出车端检查处理　　　　　　　　　　　　　　　　　　　考核时间：60 min

操作开始时间：　　时　　分　　　　　　　　　操作结束时间：　　时　　分

序号	考核内容	考核要点	配分	评分标准	扣分	得分
1	着装，标志佩戴	按规定着装，标志齐全	5			
2	人身安全	执行“一站、二看、三通过”、横越线路、横越列车车辆等人身安全的有关规定	5			
3	试卷质量	层次分明、清晰、整洁、文字流畅、无错别字	5			
4	问题处理	信息反馈	15			
		甩车处理	10			
		通知处理	10			
		拍发电报	10			
		编制记录	5			
		通知整理	15			
		装载加固的技术要求	20			
合计			100			

否定项：若考生发生下列情况之一，则应及时终止其考试，该考生成绩记为零分。
1. 操作不当造成设备、工具、仪器和材料损坏。
2. 严重违反安全作业规程，违反考试纪律。

考评员：　　　　　　　　　　　　总分人：　　　　　　　　　　　　年　　月　　日

参考答案要点

一、着装及标志佩戴

按规定穿着带有反光标志的防护服，携带手持机（或对讲机）及作业工具备品。

二、人身安全

1. 横越线路时，眼看、手指、口呼，必须做到“一站、二看、三通过”，并注意左右机车、车辆动态及脚下有无障碍物，严禁来车时抢越线路。

2. 必须横越停有机车、车辆的线路时，应先确认机车、车辆暂不移动，然后在距机车、车辆5 m以外处绕行通过。

三、货检站处理

1. 货检员对检查重点内容进行记录。运用“货检应用”的车站，通过手持机对问题车、押运人证件等信息进行拍照或记录并反馈。

2. 货物发生严重倾斜、偏载、移位、窜动、坠落、倒塌和渗漏应甩车处理。

3. 货检值班员应通知车站调度员(值班员)甩车处理。

4. 货检值班员应于列车到达后120 min内以电报通知上一货检站、抄知发到站,必要时抄知有关单位和部门。

5. 按规定编制普通记录。

6. 运用"货检应用"的车站,货检值班员还应通过"货检应用"通知整理点的货运员;货运员整理完毕后应通过"货检应用"登记处理信息并反馈。

四、货物装载加固的基本技术要求

货物装载加固的基本技术要求是:使货物均衡、稳定、合理地分布在货车上,不超载,不偏载,不偏重,不集重;能够经受正常调车作业以及列车运行中所产生各种力的作用,在运输全过程中,不发生移动、滚动、倾覆、倒塌或坠落等情况。

S19 篷布、篷布绳网破损的检查处理

铁道行业职业技能认定货检员中级工操作技能考核准备通知单

考核时间:60 min

一、鉴定站准备

1. 材料准备

序　　号	材料名称	规　　格	数　　量	备　　注
1	《货车篷布管理规则》	本	1	
2	《铁路货物损失处理规则》	本	1	
3	《铁路货运检查管理规则》	本	1	

2. 考场准备

(1)工具、材料准备:鉴定站提供空白普通记录和电报用纸及墨水。

(2)供考试用教室1间。考场内须光线充足,空气良好,环境安静,卫生整洁。

二、考生准备

考生需自备考试工具。

铁道行业职业技能认定货检员中级工操作技能考核试卷(考评员用)

试题名称:篷布、篷布绳网破损的检查处理

试题内容:某货检站到达一列货车,货检员检查发现A站发B站的玉米苫盖篷布、篷布绳网破损。应如何处理?货车篷布苫盖的基本要求是什么?

一、技术要求

1. 答题符合相关法律、法规、规章和标准的规定。
2. 技术用语规范。
3. 工具、设备使用应符合规定。

二、考核要求

1. 作业过程完整。
2. 本项技能认定属综合型考试。
3. 本项技能认定由被认定人独立完成。

三、考核时限

1. 准备时间：10 min。
2. 正式操作时间：60 min。
3. 在规定时间内全部完成，不加分，也不扣分。每超时 1 min，从总分扣 5 分，总超时 5 min 停止作业。

四、考核评分

1. 考评人员 3 名及以上。
2. 评分点见“考核评分记录表”。
3. 评分程序及规则：考评员各自根据考生作业程序在评分表上给予记录评分，取平均分为评定得分。
4. 算分方法：百分制计算，满分 100 分，60 分为及格。

五、否定项

若考生发生下列情况之一，则应及时终止其考试，考生该试题成绩记为零分。
1. 答卷时不能互借文具。
2. 严禁考试作弊。
3. 考试时保持安静不得交头接耳。

铁道行业职业技能认定货检员中级工操作技能考核试卷(考生用)

单位： 姓名： 准考证号：

试题内容：某货检站到达一列货车，货检员检查发现A站发B站的玉米苫盖篷布、篷布绳网破损。应如何处理？货车篷布苫盖的基本要求是什么？

铁道行业职业技能认定货检员中级工操作技能考核评分记录表

准考证号： 姓名： 性别： 单位：

试题名称：篷布、篷布绳网破损的检查处理 考核时间：60 min

操作开始时间： 时 分 操作结束时间： 时 分

序号	考核内容	考核要点	配分	评分标准	扣分	得分
1	着装，标志佩戴	按规定着装，标志齐全	5			
2	人身安全	执行“一站、二看、三通过”、横越线路等人身安全的有关规定	5			
3	试卷质量	层次分明、清晰、整洁、文字流畅、无错别字	5			
4	问题处理	信息反馈	10			
		检查货物现状	10			
		甩车处理	10			
		拍发电报	10			
		补苫篷布	5			
		通知货运	10			
		装载高度	5			
5	货车篷布苫盖的基本要求	使用要求	5			
		苫盖前要求	5			
		货车绳栓	5			
		篷布支架	5			
		苫盖要求	5			
合计			100			

否定项：若考生发生下列情况之一，则应及时终止其考试，该考生成绩记为零分。

1. 操作不当造成设备、工具、仪器和材料损坏。
2. 严重违反安全作业规程，违反考试纪律。

考评员： 总分人： 年 月 日

参考答案要点

一、着装及标志佩戴

按规定穿着带有反光标志的防护服,携带手持机(或对讲机)及作业工具备品。

二、人身安全

1. 横越线路时,眼看、手指、口呼,必须做到“一站、二看、三通过”,并注意左右机车、车辆动态及脚下有无障碍物,严禁来车时抢越线路。

2. 必须横越停有机车、车辆的线路时,应先确认机车、车辆暂不移动,然后在距机车、车辆5 m以外处绕行通过。

三、处理过程

1. 货检员对检查重点内容进行记录。运用“货检应用”的车站,通过手持机对问题车、押运人证件等信息进行拍照或记录并反馈。

2. 检查车内货物现状,如发现有被盗、丢失痕迹应通知公安部门共同检查确认。

3. 货检值班员应通知车站调度员(值班员)甩车处理。

4. 货检值班员应于列车到达后120 min内以电报通知上一货检站、抄知发到站,必要时抄知有关单位和部门。

5. 送货物线补苫篷布、篷布绳网后继运。

6. 运用“货检应用”的车站,货检值班员还应通过“货检应用”通知整理点的货运员;货运员整理完毕后应通过“货检应用”登记处理信息并反馈。

四、货车篷布苫盖的基本要求

1. 货物装载高度超过端侧墙1 m以上或有押运人乘坐的敞车不得苫盖篷布。

2. 篷布、篷布绳网不得作为货物加固材料使用。

3. 需要加固的货物必须在苫盖篷布前捆绑加固完毕。

4. 货车绳栓上无残留的旧绳头、铁线等废弃物。

5. 货物装载高度低于车辆端侧墙时,可安置篷布支架,支架突出部位与篷布接触处应采取防磨措施。

6. 苫盖篷布不得遮盖侧墙车梯。

S20 超偏载货车处理

铁道行业职业技能认定货检员中级工操作技能考核准备通知单

考核时间:60 min

一、鉴定站准备

1. 材料准备

序　号	材料名称	规　格	数　量	备　注
1	《铁路货物运输规程》	本	1	
2	《铁路货运检查管理规则》	本	1	
3	《铁路货物运输管理规则》	本	1	
4	《铁路货物损失处理规则》	本	1	
5	《铁路货运计量安全检测设备运用管理规则》	本	1	

2. 考场准备

(1)工具、材料准备:鉴定站提供空白普通记录和电报用纸及墨水。

(2)供考试用教室1间。考场内须光线充足,空气良好,环境安静,卫生整洁。

二、考生准备

考生需自备考试工具。

铁道行业职业技能认定货检员中级工操作技能考核试卷(考评员用)

试题名称:超偏载货车处理

试题内容:2022年9月11日,某站接23575次货物列车,机后20位车号C_{64K} 4805051,甲站发乙站精煤一车,经超偏载检测发现超载12 t,对该车应如何处理?《铁路货运计量安全检测设备运用管理规则》规定货检站应如何处理超偏载问题车?

一、技术要求

1. 答题符合相关法律、法规、规章和标准的规定。
2. 技术用语规范。
3. 工具、设备使用应符合规定。

二、考核要求

1. 作业过程完整。
2. 本项技能认定属综合型考试。

3. 本项技能认定由被认定人独立完成。

三、考核时限

1. 准备时间:10 min。
2. 正式操作时间:60 min。
3. 在规定时间内全部完成,不加分,也不扣分。每超时 1 min,从总分扣 5 分,总超时 5 min 停止作业。

四、考核评分

1. 考评人员 3 名及以上。
2. 评分点见“考核评分记录表”。
3. 评分程序及规则:考评员各自根据考生作业程序在评分表上给予记录评分,取平均分为评定得分。
4. 算分方法:百分制计算,满分 100 分,60 分为及格。

五、否定项

若考生发生下列情况之一,则应及时终止其考试,考生该试题成绩记为零分。
1. 答卷时不能互借文具。
2. 严禁考试作弊。
3. 考试时保持安静不得交头接耳。

铁道行业职业技能认定货检员中级工操作技能考核试卷(考生用)

单位: 姓名: 准考证号:

试题内容:2022 年 9 月 11 日,某站接 23575 次货物列车,机后 20 位车号 C_{64K} 4805051,甲站发乙站精煤一车,经超偏载检测发现超载 12 t,对该车应如何处理?《铁路货运计量安全检测设备运用管理规则》规定货检站应如何处理超偏载问题车?

铁道行业职业技能认定货检员中级工操作技能考核评分记录表

准考证号: 姓名: 性别: 单位:

试题名称:超偏载货车处理 考核时间:60 min

操作开始时间: 时 分 操作结束时间: 时 分

序号	考核内容	考 核 要 点	配分	评 分 标 准	扣分	得分
1	着装,标志佩戴	按规定着装,标志齐全	5			
2	人身安全	执行“一站、二看、三通过”、横越线路等人身安全的有关规定	5			

续上表

序号	考核内容	考 核 要 点	配分	评 分 标 准	扣分	得分
3	试卷质量	层次分明、清晰、整洁、文字流畅、无错别字	5			
4	问题处理	超载等级确定	5			
		通知汇报	10			
		安排甩车	10			
		整理发报	10			
		卸载处理	10			
		费用及责任划分	10			
5	货检站超偏载问题车处理	严重、一般超偏载的处理要求	20			
		卷钢及管内一般超偏载处理要求	10			
合计			100			
否定项：若考生发生下列情况之一，则应及时终止其考试，该考生成绩记为零分。 1. 操作不当造成设备、工具、仪器和材料损坏。 2. 严重违反安全作业规程，违反考试纪律。						

考评员：　　　　总分人：　　　　年　月　日

参考答案要点

一、着装及标志佩戴

按规定穿着带有反光标志的防护服，携带手持机（或对讲机）及作业工具备品。

二、人身安全

1. 横越线路时，眼看、手指、口呼，必须做到“一站、二看、三通过”，并注意左右机车、车辆动态及脚下有无障碍物，严禁来车时抢越线路。

2. 必须横越停有机车、车辆的线路时，应先确认机车、车辆暂不移动，然后在距机车、车辆 5 m 以外处绕行通过。

三、对该车处理

1. 该车超载 12 t，属严重超载报警。

2. 车站货检人员应根据检测结果，核对现车无误后，及时向车站行车调度部门报告。

3. 车站行车调度部门接到货检人员报告后，值班人员及时安排甩车，并送入指定地点。

4. 车站对甩下的货车重新过衡或进行偏载偏重复核。确认超偏载后，按规定整理和拍发电报。

5. 车站对甩下的超载货车进行卸载处理，并确认货物重量不超过货车容许载重量且不偏载不偏重后，方可编入列车继续运行。

6. 换装整理和卸下的货物，以及换装整理发生的相关费用，按《铁路货物运输规程》《铁路货物运输管理规则》《铁路货物损失处理规则》等有关规定处理和划分责任。

四、货检站超偏载问题车处理

1. 货检站应加强超偏载检测装置检测结果的核实确认和处理。对严重超偏载货车，应立即甩车，整理后方能挂运。对一般超偏载货车，货检站在确认不危及行车安全时可不甩车整理，应记录车种、车号、发到站、货物品名等，并将上述信息及时通知发到站，电报通知下一编组站，同时在 24 h 内将信息上报铁路局集团公司货运主管部门。

2. 对装运卷钢和本局管内装车站装运，并发生一般超偏载问题的货车，应比照严重超偏载车进行处理。

第二部分 高 级 工

1. 铁路篷布应如何存放保管?(《货车篷布管理规则》第25条)

答:铁路篷布应固定存放地点,妥善保管,进行日常整理和晾晒,运用、待修、待报废篷布应分别码放。搬运过程中,严禁在地面拖拉篷布。

2. 列车编组顺序表中如何记载铁路篷布张数?(《货车篷布管理规则》第17条)

答:列车编组顺序表应根据货物运单或货运票据封套所记载的铁路篷布张数编制。向铁路局集团公司调度报告列车编组时,应同时报告铁路篷布张数。

3. 哪些货物不得混装于同一集装箱内?(《铁路集装箱运输规则》第21条)

答:下列货物不得混装于同一集装箱内:

(1)易腐货物与非易腐货物;

(2)危险货物与非危险货物;

(3)性质互抵的货物;

(4)运输条件不同的货物。

4. 危险货物运输包装分为哪几类?(《铁路危险货物运输管理规则》第32条)

答:根据其内装物的危险程度,包装划分为三种类别:

Ⅰ类包装:盛装具有较大危险性的货物,包装强度要求高;

Ⅱ类包装:盛装具有中等危险性的货物,包装强度要求较高;

Ⅲ类包装:盛装具有较小危险性的货物,包装强度要求一般。

5. 毒性物质限使用什么车型装运?(《铁路危险货物运输管理规则》第41条)

答:毒性物质限使用毒品专用车,如毒品专用车不足时,经铁路局集团公司批准可使用铁底棚车装运(剧毒品除外)。铁路局集团公司应指定毒品专用车保管(备用)站。

6. 计量安全检测设备配置目标是什么?(《铁路货运计量安全检测设备运用管理规则》第12条)

答:计量安全检测设备配置目标是满足承运人确定货物重量和安全风险防控需要,控制装车源头,强化途中监控,保证卸车质量,实现货运安全有序可控。

7. 何谓自轮运转特种设备？（《铁路技术管理规程(普速铁路部分)》第 193 条）

答：自轮运转特种设备是在铁路营业线上运行的铁路轨道车、救援起重机及铁路施工、维修专用车辆(包括架桥机、铺轨机、接触网作业车、大型养路机械等)。

8. 何谓耽误列车？（《铁路交通事故调查处理规则》附件 1）

答：耽误列车系指列车在区间内停车；通过列车在站内停车；列车在始发站或停车站晚开、在运行过程中超过图定的时间(局管内)或调度员指定的时间；列车停运、合并、保留。

9. 货检站对到达和出发的列车如何核对铁路篷布？（《货车篷布管理规则》第 18 条）

答：对到达和出发的列车，应根据列车编组顺序表所记载的铁路篷布张数与现车核对。编组站或区段站办理列车确报时，应将现车实际苫盖铁路篷布张数记入确报内。

10. 到达剧毒品车辆货检人员应如何检查？（《铁路危险货物运输管理规则》第 101 条）

答：货检人员对剧毒品车辆要重点进行检查。要认真检查剧毒品车辆等状态，没有押运员的应及时通知发站派人处理并采取监护措施，同时报告铁路公安部门。

11. 发站承运易腐货物后在运单内如何标注？（《铁路鲜活货物运输规则》第 42 条）

答：发站承运易腐货物后应在货物运单“承运人记事”上标注“△K”(△K表示装运易腐货物)。“△K”对应标记应转记在“列车编组顺序表”记事栏内。

12. 禁止使用哪些材料作为加固材料和制作装载加固装置？（《铁路货物装载加固规则》第 22 条）

答：禁止使用菱苦土(菱镁混凝土)、水泥、砖、石等材料作为装载加固材料和制作装载加固装置。

篷布、篷布绳网、篷布支架不能作为装载加固材料。

13. 装载加固方案包括哪些内容？（《铁路货物装载加固规则》第 61 条）

答：装载加固方案应包括货物规格、准用货车、装载加固材料(装置)、装载方法、加固方法、其他要求等内容。

14.《铁路货运票据电子化作业办法》对货检作业中普通记录编制和签认制度是如何规定的？（《铁路货运票据电子化作业办法》第 25 条）

答：车站检查现车发现问题，须在铁路货检安全监控与管理系统编制普通记录。按规定对超限超重货物、剧毒品(非罐装，实行运输跟踪管理的)、爆炸品、气体类、硝酸铵等进行签认。

15. 涂打“(关)”的平车在运行时，对端板状态有何要求？（《铁路货物装载加固规则》第 11 条）

答：涂打“(关)”的平车在运行时，端板应处于立起关闭状态。特殊情况下，在安装车钩缓冲停止器后允许将端板放倒运行;或将两平车相邻端的一辆平车的端板采取可靠吊起措施后,可将另一辆平车的端板放倒运行。

16. 哪些情况下禁止使用敞车装运集装箱?(《铁路集装箱运输规则》第 49 条)

答:经青藏线格拉段(不含格尔木站)运输的重集装箱禁止使用敞车装运。发往台州南站的集装箱不得使用敞车装运。

17. 图 2-1 存在什么问题?怎样处理?(《铁路货物装载加固规则》第 4 条;《铁路货运检查管理规则》第 25 条)

图 2-1　汽车苫布

答:(1)存在问题:军运汽车自带的苫布捆绑不良、脱落。

(2)违反《铁路货物装载加固规则》:货物自带的苫布、防护衣、伪装网及其捆绑绳索质量不良的,在由托运人改善并符合要求后方可办理运输。

(3)处理:通知押运人员处理。电气化铁路无法在列处理时,通知车站调度员(值班员)甩车至无电区处理。

18. 2022 年 8 月 10 日,甲货检站视频检查发现罐车上部注油口护栏走行部遗留残杂物(图 2-2)**,如何处理?**(《铁路货运检查管理规则》25 条)

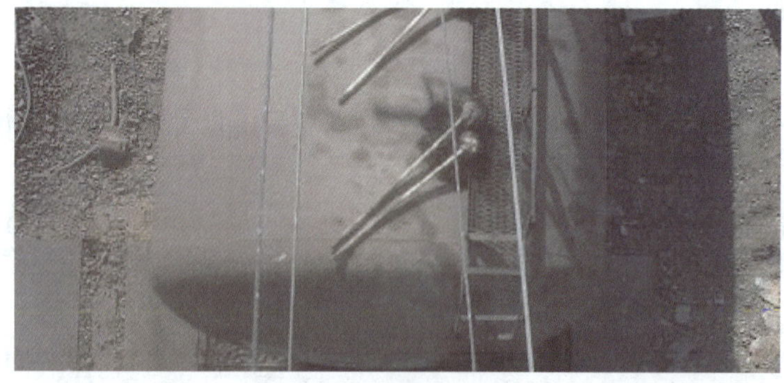

图 2-2　遗留残杂物

答：问题处理：

(1)无电区：组织人员做好安全防护，上车对残杂物进行清理。

(2)有电区：货检人员核对现车无误后，及时向车站调度员(值班员)联系安排甩车，并送入指定地点进行残杂物清理。

(3)电报拍发。车站货检人员根据问题及处理情况向发到站、上一货检站、发局和本局货运部拍发电报告知有关情况。

19. 图 2-3 显示的是超限桥梁到检情况，请说明存在什么问题。(《铁路超限超重货物运输规则》附件 8)

图 2-3　超限桥梁

答：存在问题：

(1)未使用颜色醒目的油漆标画易于判定货物是否移动的检查线。

(2)未在货物两侧明显处以油漆书写、刷印或粘贴"×级超限、×级超重"，或挂牌标识。货物侧部未标画重心位置。

依据：《铁路超限超重货物运输规则》附件 8 "用颜色醒目的油漆标画易于判定货物是否移动的检查线，在货物两侧明显处以油漆书写、刷印或粘贴'×级超限、×级超重'，或挂牌标识"。

20. 某货检站在货检作业时发现以下问题，请逐一简要说明处理方法。(《铁路货物运输管理规则》第 46 条)

(1)货车已施封，但未在运输票据或封套上记明封印号码。编组顺序表上无"F"字样。

(2)集装箱专用平车装运的重集装箱箱体的可见部位损坏。

(3)封印失效、丢失、断开或不破坏封印即能开启车门。

(4)装有货物的敞车车门插销不严、危及运输安全。

(5)篷布被割危及运输安全。

答：(1)编制记录证明现状继运。

(2)拍发电报，并由车站处理。

(3)拍发电报并补封，是否清点货件由发现站确定。

(4)由发现站按规定换装或整理并拍发电报。

(5)及时进行整理,补苫篷布时拍发电报并编制记录。

21. 20 英尺 35 t 敞顶铁路箱按用途如何分类?(《铁路集装箱运输规则》附件 3)

答:铁路箱按用途分为:通用敞顶箱、防湿专用箱和粮食专用箱。通用敞顶箱不配置篷布和支撑杆。防湿专用箱、粮食专用箱配置篷布和 5 根支撑杆;车站发现缺少篷布、支撑杆的,按损坏进行处理;回空时,不得将篷布和支撑杆拆解放在箱内。

22. 集装箱装车有哪些基本要求?(《铁路集装箱运输规则》第 47 条)

答:集装箱装车前,必须清扫干净车地板,确认箱体、车体上无杂物。使用集装箱专用平车或共用平车时,装车前必须确认锁头齐全、状态良好;装车后必须确认锁头完全入位,箱门处的集装箱专用平车门挡或共用平车端板立起。

23. 铁路运输中发现哪些情况须拍发货物损失速报?(《铁路货物损失处理规则》第 14 条)

答:发现火灾,罐车装运的压缩气体、液化气体泄漏,剧毒品、爆炸品、放射性物品被盗丢失以及估计损失款额达到一级损失等情况时,应在 1 h 内逐级报告,并在 24 h 内向有关车站、直属站段、铁路局集团公司和有关铁路公安部门以电报形式拍发"货物损失速报",抄送国铁集团货运部。

24. 棚车(含毒品车)、冷藏车装运的货物门窗关闭施封有效,发生被盗丢失,如何划责?(《铁路货物损失处理规则》附件 3)

答:门窗关闭施封有效,按以下规定列责:

(1)货物装载状态无异状时,列装车站责任;

(2)未使用规定的施封锁或未在车门下部施封,有记录或站车交接电报证明的,列封印站责任,赔款由封印站和上一责任货运检查站分摊;

(3)无记录或站车交接电报证明的,列封印站责任,赔款由封印站和到站分摊。

25. 集装箱的检验时间有何要求?(《铁路集装箱运输规则》第 9 条)

答:集装箱应按规定进行定期检验,保证质量满足铁路运输安全要求。集装箱从出厂到第一次检验的间隔期不得超过 5 年,以后检验的间隔期不得超过 2.5 年。检验时间可提前或延后 3 个月。

26. 对图定停车时间不足 35 min、但实际停车将超过 35 min 的货物列车,货检站应如何办理?(《铁路货运检查管理规则》第 24 条)

答:货检站应建立健全货检岗位与车站调度员(值班员)作业联系制度。

货检人员应根据信息系统列车到发计划安排或车站调度员(值班员)的通知,及时对货检站图定停车时间不足 35 min、但实际停车将超过 35 min 的货物列车进行货检作业,双方应做好确认记录。

货检作业完毕后应及时通知车站调度员(值班员)。

27. 哪些危险货物必须选用竹底棚车或木底棚车装运?(《铁路危险货物运输管理规则》第41条)

答:爆炸品、硝酸铵、氯酸钠、氯酸钾、黄磷和钢桶包装的一级易燃液体应选用P_{64}、P_{64A}、P_{64AK}、P_{64AT}、P_{64GK}、P_{64GT}、P_{70}等竹底棚车或木底棚车装运,并应对门口处金属磨耗板,端、侧墙的金属部分采用非破坏性措施进行衬垫隔离处理。如使用铁底棚车时,应经铁路局集团公司批准。

28. 掩挡的使用方法有哪些?(《铁路货物装载加固规则》附件5)

答:(1)加固圆柱形货物及轮式货物时,可使用三角挡或掩木、方木、凹木等加固材料,其规格应根据货物的重量、直径(或轮径)等确定。

(2)掩挡与车地板或垫木的联结强度必须足以防止其自身移动或倾覆。

(3)使用三角挡或掩木掩挡轮式货物时,其一侧斜面应与货物贴实,底面与车地板接触处应平整。

29. 运输时发现危险货物押运人未按规定押运时,应如何处理?(《铁路危险货物运输管理规则》第55条)

答:运输时发现押运备品不符合要求,押运员身份与携带证件不符或押运员缺乘、漏乘时应及时甩车,做好登记,并通知发站或到站联系托运人、收货人补齐押运员或押运备品,编制普通记录后方可继运。

30. 超限车在运行过程中,如超限货物的任何部位接近建筑物或设备时,应遵守哪些规定?(《铁路超限超重货物运输规则》第42条)

答:超限车在运行过程中,如超限货物的任何部位接近建筑物或设备时,应遵守下列规定:

(1)超限货物的任何超限部位与建筑物或设备之间的距离(简称限界距离),在100 mm至150 mm之间时,速度不得超过15 km/h;

(2)限界距离在超过150 mm至200 mm之间时,速度不得超过25 km/h;

(3)限界距离不足100 mm时,由铁路局集团公司根据实际情况制定办法。

31. 平车装运的集装箱箱体损坏造成货物被盗丢失,责任如何划分?(《铁路货物损失处理规则》附件3)

答:使用集装箱专用平车或共用平车装运的集装箱箱体损坏,按站车交接列责;有交方普通记录证明的,列交方责任;没有交方普通记录证明的,列接方责任;多次损坏、多次证明的,列第一责任站责任,赔款共同分摊。

32. 货物转向架活心盘中心销孔的长度有何要求？（《铁路货物装载加固规则》附件 5）

答：(1)跨装车组使用车钩缓冲停止器，不加挂中间游车时，不得小于 180 mm。

(2)跨装车组使用车钩缓冲停止器，加挂中间游车时，不得小于 300 mm。

(3)跨装车组不使用车钩缓冲停止器，也不加挂中间游车时，不得小于 300 mm。

33. 站内停放危险货物车辆时，应如何处理？（《铁路危险货物运输管理规则》第 47 条）

答：危险货物应快装、快卸、快取、快送、优先编组、优先挂运。站内停放危险货物车辆时，应采取安全防护措施，对需要看护的重点危险货物，由车站派员看守并报告铁路公安部门。

34. 易于旋转或有门窗等活动部位的货物装车要求？（《铁路货物装载加固规则》第 28 条）

答：易于旋转或有门窗等活动部位的货物装车时，托运人应将旋转和活动部位锁闭固牢；锁闭装置失效的，应采取有效的加固措施。货物自带的苫布、防护衣、伪装网及其捆绑绳索质量不良的，在由托运人改善并符合要求后方可办理运输。

35. 棚车货物发生火灾损失，责任如何划分？（《铁路货物损失处理规则》附件 3）

答：棚车车体完整、门窗关闭、施封良好，查不清原因时，列前一装卸站责任；货车发生补封查不清原因时，列补封站责任，如属委托补封的或以上一责任货运检查站责任补封的，列委托单位或上一责任货运检查站责任；装车站未施封，查不清原因时，列装车站责任，赔款由装车站和发生站（区间发生的为发生铁路局集团公司）分摊。

36. 发现牵引供电设备断线及其部件损坏时，应如何处理？（《电气化铁路有关人员电气安全规则》第 12 条）

答：发现牵引供电设备断线及其部件损坏，或发现牵引供电设备上挂有线头、绳索、塑料布或脱落搭接等异物，均不得与之接触，应立即通知附近车站，在牵引供电设备检修人员到达未采取措施以前，任何人员均应距已断线索或异物处所 10 m 以外。

37. 2022 年 5 月 20 日 9 时 30 分，某站 37081 次货检作业，其中 NX_{17K} 5267393 甲站发乙站通二重 2 如图 2-4 所示，请问存在哪些问题？应如何处理？（《铁路集装箱运输规则》第 23 条、第 50 条；《铁路货运检查管理规则》第 25 条；《铁路货物运输管理规则》第 49 条）

图 2-4　集装箱状态

答:(1)存在问题:

①箱门朝外。违反《铁路集装箱运输规则》“端部有门的 20 英尺集装箱使用集装箱专用平车或共用平车装运时,箱门应朝向相邻集装箱”的规定。

②货物倒塌、箱门开放。违反《铁路集装箱运输规则》“装箱时应码放稳固,装载均衡,不超载、不集重、不偏重、不偏载、不撞砸箱体,采取防止货物移动、滚动或开门时倒塌的措施,保证箱内货物和集装箱运输安全”的规定。

(2)处理:甩车整理,并于列车到达后 120 min 内拍发电报通知上一货运检查站,并抄知发、到站。如两天内未换装整理完毕时,应以电报通知到站,以便收货人查询。

38. 甲站发乙站一车货物,在××地点电子防盗锁破锁报警,甲站向列车运行前方下一货检站丙站拍发电报,请叙述丙站接到破锁电报后处理方法。(《铁路电子防盗锁使用管理办法(暂行)》第 19 条)

答:货检站接到破锁电报后,应对破锁车辆或集装箱进行重点检查,必要时应通知公安部门配合进行现场勘查。现场检查确认电子防盗锁破锁或失效时,应在列车到达 120 min 内拍发电报并按规定处理。电报中要记明电子防盗锁类型、站名(局名)、号码和状态。继运时,处理站应补封。

39. 某站发运立装卷钢一车(图 2-5)**,请指出存在哪些问题?**(《铁路货物装载加固规则》附件 5)

图 2-5　立装卷钢

答:(1)装车前未彻底清扫车地板,车地板有末煤,从而降低了摩擦系数。

(2)紧固装置摆放的位置不正确。违反《铁路货物装载加固规则》附件 5“钢丝绳紧固器”中“紧固装置不得与货物直接接触”的规定。

(3)钢丝绳与货物棱角接触处没有采取防磨措施。

(4)钢丝绳余尾过长,大于 300 mm。

40. 某站使用平车装载型钢 2 车,货物与车地板间铺垫稻草绳把 2 根,车辆两端板上均涂打有“㊇”标记(图 2-6)**,请指出该车装载存在什么问题。**(《铁路货物装载加固规则》第 11 条、附件五)

图 2-6　平车装载型钢

答：(1)根据《铁路货物装载加固规则》附件 5，稻草绳把主要性能指标：单根稻草绳把允许承载 150 kN，且压实后高度不得小于 40 mm。该车货物与车地板间铺垫稻草绳把 2 根防滑，不符合要求，稻草绳把高度也不足 40 mm。

(2)依据《铁路货物装载加固规则》第 11 条，涂打“㊝”的平车在运行时，端板应处于立起关闭状态。特殊情况下，在安装车钩缓冲停止器后允许将端板放倒运行；或将两平车相邻端的一辆平车的端板采取可靠吊起措施后，可将另一辆平车的端板放倒运行。

41. 货车装载的货物重量有何规定？(《铁路货物装载加固规则》第 15 条)

答：(1)货车装载的货物重量(包括货物包装、防护物、装载加固材料及装置)不得超过其容许载重量。

(2)允许增载货车车型、适于增载货物品类及允许增载重量按《铁路货车增载规定》办理。

(3)涂打禁增标记的货车不准增载。

(4)国铁集团未批准增载的各型货车不得增载。

42. 集装箱应如何存放？(《铁路集装箱运输规则》第 40 条)

答：集装箱应固定作业场地，分区码放，与其他货物分开存放。集装箱货场应使用集装箱运输信息系统实行精确的箱位管理，通过电子终端设备实时采集、录入作业信息；堆场应划分箱区箱位，在地面作出明显标识，留有检查作业通道。

43. 集装箱装箱工作有何要求？(《铁路集装箱运输规则》第 23 条)

答：集装箱装箱由托运人负责。装箱时应码放稳固，装载均衡，不超载、不集重、不偏重、不偏载、不撞砸箱体，采取防止货物移动、滚动或开门时倒塌的措施，保证箱内货物和集装箱运输安全。

44. 货检作业基本程序及标准中“计划安排和作业准备”的内容有哪些？(《铁路货运检查管理规则》第 25 条)

答：(1)货检值班员应及时收取班计划、阶段计划、变更计划，以及到发车次、股道、时刻、编组辆数等有关信息。

(2)货检值班员根据计划，将工作内容、检查重点、安全事项及要求等向货检员传达、布置。

(3)货检员接收作业任务,应掌握到达(出发)列车车次、股道、时刻、编组内容及施封、重点车等情况。

(4)作业时,货检员应携带相关作业工具和备品。

45. 超限、超重货物变更到站时,除按普通货物变更有关规定办理外,还应遵守哪些规定?(《铁路超限超重货物运输规则》第29条)

答:(1)受理变更的车站应为超限超重货物办理站。

(2)受理变更的车站应对货物的装载加固状况进行检查,确认状态良好后以电报向铁路局集团公司重新申请,并注明原确认电报发布单位、电报号码、新到站及车号。

(3)受理变更的铁路局集团公司按规定确认或申请,变更后的运输要求按新确认电报执行。

(4)受理变更的车站应在"超限超重货物运输记录"中签认。

46. 货检站对货车的施封状态如何进行交接、检查?(《铁路货物运输管理规则》第43条)

答:货物列车无改编作业时,货检站对货车的施封状态,仅凭列车编组顺序表的有关记载检查施封是否有效,不核对站名、号码。货物列车有改编作业时,货检站对货车的施封状态,交接时只核对站名,不核对号码。

47. 铁路运输中对气体类危险货物押运间有何规定?(《铁路危险货物运输管理规则》第51条)

答:押运间仅限押运员乘坐,不允许闲杂人员随乘。运行时,押运间的门不得开启。押运间内应保持清洁,严禁存放易燃易爆物品及其他与押运无关的物品。对未乘坐押运员的押运间应锁闭,车辆在沿途作业站停留时,押运员应对不用的押运间进行巡检,发现问题,及时处理。

48. 货物装载加固材料及装置的技术性能应符合哪些要求?(《铁路货物装载加固规则》第8条)

答:货物装载加固材料及装置的技术性能应符合国家标准、行业标准和《铁路货物装载加固规则》有关要求,以及国铁集团公布的有关技术条件。铁路局集团公司应制定装载加固材料及装置管理办法。

涉及专利权的货物装载加固材料及装置,其专利保护、使用、转让及纠纷处理等应严格遵守《中华人民共和国专利法》和相关规定。不得使用经专利管理部门认定或人民法院判决侵犯专利权的货物装载加固材料及装置。

49. 铁路货物损失处理工作应贯彻什么方针?(《铁路货物损失处理规则》第3条)

答:铁路货物损失处理工作应贯彻预防为主、及时处置、优质服务的方针,分层管理、逐级负责。货物发生损失时，应本着对托运人和收货人高度负责的原则，积极采取保护措施，尽量减少损失。对货物损失发生的原因和责任认定，应调查研究，查清事实，根据国家法律、行政法规及国铁集团的有关规定进行处理。

对于承运人责任明确的货物损失，应先对外赔付，后划分铁路内部责任，做到主动、及时、真实、合理。

50. 500 m 长钢轨普通平车运输时货检人员应检查确认哪些重点内容？（《中国铁路总公司关于加强 500 m 长钢轨普通平车运输安全管理的通知》铁总工电〔2019〕49 号）

答：货检人员要掌握装载加固方案内容和检查确认重点事项，加强装车源头交接检查和途中货检作业，重点确认长钢轨端部对齐情况、锁定座架处钢轨锁定情况、端车座架和锁定座架是否严重变形或明显开焊、座架隔梁锁定状态等，发现安全隐患要立即处理和报告。

51. 运输过程中，车站得知有活动物染疫、疑似染疫、病死或死因不明的情况时，应怎样处理？（《铁路鲜活货物运输规则》第 63 条）

答：运输过程中发现活动物染疫、疑似染疫、病死或死因不明时，押运人应及时通知车站。车站发现上述情况时，应及时向当地兽医主管部门、动物卫生监督机构或者动物疫病预防控制机构报告，同时拍发电报通知发、到站和上级主管部门，并采取隔离等控制措施，防止动物疫情扩散。严禁乱扔染疫、疑似染疫的活动物，病死或死因不明的活动物尸体。

52. 超限、超长货物装车后应做哪些工作？（《铁路货物装载加固规则》第 33 条、第 34 条）

答：(1)超限、超长货物装车后，应标画颜色醒目的易于判定货物是否移动的检查线。

(2)限速运行时，发站应在货物运单、票据封套、编组顺序表及货车表示牌上注明"限速××公里"字样。

装运超限、超长货物，发站还应在货物运单、票据封套、编组顺序表及货车表示牌上注明"超限货物"或"超长货物"字样；以连挂车组装运时，应注明"连挂车组不得分摘"字样。

53. 途中有监控设备的货运检查站检查发现敞车篷布顶部被割或棚车(集装箱)顶部被破坏等问题，按规定处理并拍发电报的，如何划分责任？（《铁路货物损失处理规则》附件 3）

答：(1)如上一货运检查站有监控设备，列上一有监控设备的货运检查站责任，赔款由责任货运检查站和装车站分摊。

(2)如前方途经站无监控设备，列装车站责任，赔款由发站、发现铁路局集团公司及前方沿途各铁路局集团公司(不含装车铁路局集团公司)分摊。

54. 超限、超重货物装车前，发站应做哪些工作？（《铁路超限超重货物运输规则》附件 8）

答：(1)通知车辆部门检查车辆技术状态；

(2)确认拟使用的车种、车型、车数符合确认电报和装车要求，装载加固材料和装置的规格、数量及质量符合装载加固方案规定；

(3)测量车地板的长度和宽度，在负重车上标划车辆纵横中心线；

(4)在货物上标明重心位置(投影)、索点；

(5)开好车前会，向装车人员布置装车事项。

55. 运输途中发现车内货物被盗丢失编制货运记录时，应重点勘查并记明哪些内容？(《铁路货物损失处理规则》附件 2)

答：车内货物被盗丢失：重点勘查并记明列车车次、到达时间、开始作业和卸车完了时间、编挂位置及上一责任货检站检查情况；车(箱)体状态、施封状态；车内货物装载现状，车(箱)内货物装载状态，是否装满(能否容下少件)，有无明显被盗痕迹，包装破损内货短少时，记明破损货件装载位置，破口尺寸，短少货物的具体品名、数量(无法判明短少数量时，应记明现有数量或现状)，涉及重量时应检斤，并记明现有重量。

56. 请说明稻草绳把的使用方法。(《铁路货物装载加固规则》附件 5)

答：(1)稻草绳把用于支承货物并起防滑作用，既可置于车地板之上，也可置于货物层间。同层货物下衬垫的稻草绳把规格应相同。

(2)稻草绳把的长度可根据实际需要确定，装车后每端露出货物边缘不小于 100 mm(货物装载宽度与货车内宽接近时除外)。

(3)稻草绳把的规格，如不能适应所装货物需要，应在具体装载加固方案中明确。

57. 2021 年 7 月 18 日，某铁路局集团公司甲站装运的敞顶集装箱(NX70A 5725864)**装载大米，经过乙货检站**(路网性货检站)**时监控人员因吃午饭未对列车进行监控，该车解编后，在到达丙货检站**(路网性货检站)**进站时，监控人员通过视频发现敞顶箱篷布破口约 2 m，到站经货检员和公安人员现场确认，大米被盗，该站按规定处理并拍发电报。经调取乙货检站进站视频监控，发现敞顶箱篷布破口约 2 m。问：(1)简述丙货检站如何处理。(2)如何划责和赔款？**(《铁路货运检查管理规则》第 25 条；《铁路货物运输管理规则》第 46 条；《铁路货物损失处理规则》附件 3)

答：(1)依据《铁路货运检查管理规则》第二十五条，货物明显被盗丢失时应甩车处理，因此，丙货检站甩车处理；依据《铁路货物运输管理规则》第四十六条，货物损坏、被盗时，丙货检站拍发电报、编制记录进行处理，同时按规定更换敞顶箱篷布。

(2)依据《铁路货物损失处理规则》附件 3“铁路内部货物损失责任划分办法”“二、被盗丢失 (十)如上一货运检查站有监控设备，列上一有监控设备的货运检查站责任，赔款由责任货运检查站和装车站分摊”。因此，列乙货检站责任，赔款由乙货检站和甲站分摊。

58. 图 2-7 中存在哪些问题？规章依据是什么？如何处理？(《铁路集装箱运输规则》第 29 条、第 30 条；《铁路货运检查管理规则》第 25 条)

图 2-7 集装箱货物状态

答:(1)存在问题:侧壁板外胀且下方与侧梁接缝处断裂,破烂,货物撒漏。

(2)违反《铁路集装箱运输规则》:车站与托运人或收货人交接集装箱时,施封的凭箱号、封印和箱体外状,不施封的凭箱号和箱体外状交接;发站在接收集装箱时,箱体损坏危及货物和运输安全的不得接收。

(3)处理方式:按规定向上一货检站拍发电报,同时抄送发到站,编制普通记录,及时通知车站调度员(值班员)甩车处理。

59. 一辆自重 21.6 t 的 C62AK 型运煤敞车在通过某货检站的超偏载检测装置时,系统检测该车总重为 94.13 t,车辆前端转向架承受载荷为 29.08 t,后端转向架承受载荷为 43.45 t。请问该站对该车应如何处理?(《铁路货物装载加固规则》附件 6;《铁路货运计量安全检测设备运用管理规则》第 56 条、第 57 条)

答:(1)该车存在的问题:

①超载:该车装载净重=总重-自重=94.13-21.6=72.53(t)。

因为 C62AK 型货车装运煤炭允许装载的重量为:60+2+1.2=63.2(t),实际超载 9.33 t。小于 10 t,属于一般超载。

②偏重:两转向架负重差=43.45-29.08=14.37(t),小于 15 t,属于一般偏重。

(2)对该车的处理:依据《铁路货运计量安全检测设备运用管理规则》规定,对一般超偏载货车,货检站在确认不危及行车安全时可不甩车整理,应记录车种、车号、发到站、货物品名等,并将上述信息及时通知发到站,电报通知下一编组站。同时在 24 h 内,将信息上报铁路局集团公司货运主管部门。

60. 指出图 2-8 中存在的问题并简要分析原因。(《铁路货物装载加固规则》第 21 条、第 25 条)

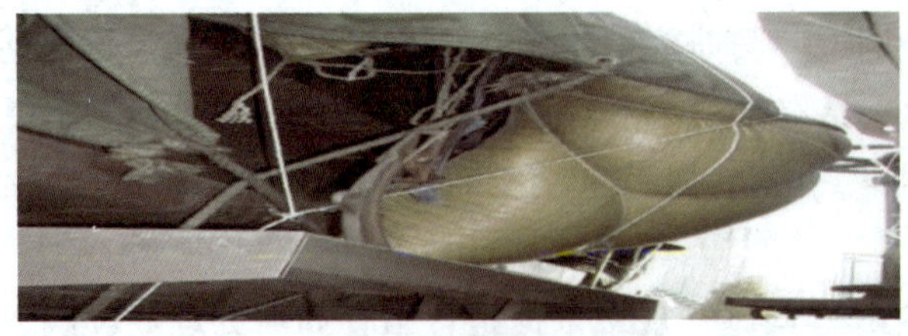

图 2-8 成件货物装载

答：(1)存在问题：成件货物装载加固不良，顶部货件脱落，危及货物和行车安全。

(2)原因分析：违反《铁路货物装载加固规则》第21条、第25条，关于成件包装货物装载高度或宽度超出端侧墙时的装载和加固的要求。

①装载高度或宽度超出端侧墙时，应层层压缝，逐层向内收缩，码放成梯形，四周货物倾向中间，两侧超出侧墙(板)的宽度应一致，袋装货物袋(扎)口应朝向车内。

②对超出货车端侧墙(板)高度的成件包装货物，应用绳网或绳索串联一起捆绑牢固。袋装货物起脊部分应使用上封式绳网等进行加固。

遵守以上要求，超出端侧墙的成件货物就不会坠落。

61. 集装箱施封有何要求？(《铁路集装箱运输规则》第24条)

答：集装箱施封由托运人负责。托运的重集装箱当施封(结构上无法施封的除外)；通用集装箱施封时，确认左右箱门锁舌和把手入座后，在右侧箱门把手锁件施封孔处施封一枚；其他类型集装箱根据实际情况采取适合的施封方法。铁路局集团公司应与托运人明确约定：托运的空集装箱可不施封；托运人应关闭箱门，确认左右箱门锁舌和把手入座。

62. 标准化货检站建设发生哪些情况"一票否决"？(《铁路货运检查管理规则》附件1)

答：(1)发生货检全部、主要、重要或次要责任一般C类及以上铁路交通事故。发生货检全部、主要或重要责任一般D类铁路交通事故。

(2)路网性货检站未设立货检车间、区域性货检站未设立货检车间或货检班组进行货检专业管理。

(3)到达解体列车入口方向未实现高清视频监控设备全覆盖。

(4)年度内发生经本站改编的卷钢问题车出站运行且核实为货检责任。

(5)隐瞒事故或在重大问题上弄虚作假，货检人员在履职期间存在违法行为。

63. 电子防盗锁按失效处理的情形有哪些？(《铁路电子防盗锁使用管理办法(暂行)》第15条)

答：(1)锁杆可以自由拔出，锁芯可以从锁体中自由拔出；

(2)锁体上无标识或标识不清晰；

(3)有源电子防盗锁加锁后，红色指示灯不亮或者常亮不灭；

(4)有源电子防盗锁加锁后，加锁人员未收到加锁成功短信，也未在系统中查询到相关轨迹及短信信息；

(5)电子防盗锁不能使用的其他情形。

64. 计量安全检测设备和货运计量系统发生故障后应如何报告？(《铁路货运计量安全检测设备运用管理规则》第101条)

答：(1)使用单位应及时通知铁路局集团公司检修单位、货运计量系统维护单位，并向铁路局集团公司货运主管部门和信息化主管部门报告，报告内容包括：车站、地点、故障发生时间、概况、原因初步判断、处置情况等。铁路局集团公司检修单位、货运计量系统维护单位在发现或接到故障报告后应立即进行故障分析和处理，确保在最短时间内恢复正常使用。一般故障应在 24 h 内修复，如设备损坏严重，应及时启动小修或大修程序，确保在最短时间内恢复正常使用。

(2)故障原因、故障及其修复时间应予记录。

(3)对影响计量检测性能的故障，修复后应对计量安全检测设备进行检定、校准或期间核查，以符合计量检测要求。

65. 危险货物发生泄漏、火灾及其他行车事故时如何处理？(《铁路危险货物运输管理规则》第 124 条)

答：危险货物发生泄漏、火灾及其他行车事故时，车站应立即启动应急预案，迅速向铁路有关部门、地方政府及公安、消防、环保、卫生防疫部门报告，并速请熟悉货物性质及罐体构造的部门协助处置。要设立警戒区，组织人员向逆风方向疏散，防止危险货物流入水域。易燃、有毒液体发生泄漏时，应及时阻断火源。对标有“禁水”标记的罐车，严禁用水施救。对有毒气体施救时应站在上风方向，防止中毒事故发生。

66. 超限超重货物装车符合确认电报条件后应做好哪些工作？(《铁路超限超重货物运输规则》附件 8)

答：确认符合确认电报条件后，用颜色醒目的油漆标画易于判定货物是否移动的检查线，在货物两侧明显处以油漆书写、刷印或粘贴“×级超限、×级超重”，或挂牌标识，并按规定在车辆上插挂货车表示牌。发站应按规定会同有关单位(部门)填写“超限超重货物运输记录”，在货物运单、货票、票据封套、编组顺序表上注明“超限货物”或“超重货物”或“超限超重货物”；以连挂车组装运时，应注明“连挂车组，不得分摘”；限速运行时，应注明“限速×× km/h”。

67. 施封锁管理有哪些规定？(《铁路货物损失处理规则》第 47 条)

答：车站对施封锁(包括在专用线、专用铁路)应建立保管、请领、发放、使用、销毁或回收制度，严格做好去向登记。编有记录的施封锁，卸车站均自卸车之日起保管 180 日后方可销毁。未编有记录的施封锁保管 30 日后，方可销毁或回收。有源电子施封锁还应按时返厂。

遇车站更名时，自更名之日起，原站名的施封锁可继续使用半年。

68. 货检电子化表报有哪些？(《铁路货运检查管理规则》附件 2)

答：(1)货检工作日志；

(2)货检工作量统计表；

(3)货检作业检查处理情况登记表；

(4)货检问题车统计表；

(5)货运换装整理分析表；

(6)剧毒品、爆炸品、液化气体罐车运输检查登记表；

(7)超限货物检查登记表；

(8)货检拍发电报登记表。

69. 货检站应配置哪些设备设施？(《铁路货运检查管理规则》第15条)

答：货检作业路线应硬化或以细道碴铺平；作业现场需设灯桥等照明设施，照明范围应覆盖全部作业区域，照度符合相关规定，满足夜间和雨雪雾等特殊天气下的作业需要。

货检站应有甩车整理及换装设施，具有符合作业要求的装卸货物线路、场地，装卸机械和计量衡器等。

货检站应配齐超偏载检测装置、轨道衡、轮重测定仪等货运计量安全检测设备，以及视频监控设备。

70. 货车在途中发生补封，棚车(含毒品车)**、冷藏车装运的货物发生被盗丢失，如何划责？**(《铁路货物损失处理规则》附件3)

答：棚车(含毒品车)、冷藏车装运的货物发生被盗丢失，货车在途中发生补封，按规定拍发电报的，列上一责任货运检查站责任；未按规定拍发电报，列补封站责任；拍发电报漏抄送发、到站的，列上一责任货运检查站责任，赔款由责任单位和补封单位分摊。连续补封，列第一责任站责任，赔款共同分摊；自站责任补封的，列补封站责任；如属委托补封的，列委托单位责任。

71. 装运货物应如何选择车辆？(《铁路货物运输管理规则》第13条)

答：装运货物要合理使用货车，车种要适合货种，除规定必须使用棚车装运的货物外，对怕湿或易于被盗、丢失的货物，也应使用棚车装运。发生车种代用时，应按《铁路货物运输规程》的要求报批，批准代用的命令号码要记载在货物运单和货票“记事”栏内；装车时，应采取保证货物安全的相应措施。毒品专用车不得用于装运普通货物。冷藏车严禁用于装运可能污染和损坏车辆的非易腐货物。

72. 托运人组织装车的货物，发站发现有哪些情况应由托运人改善后接收？(《铁路货物运输规程》第48条)

答：(1)凭封印交接的货物，发现封印脱落、损坏、不符、印文不清或未按施封技术要求进行施封；

(2)凭现状交接的货物，发现货物装载状态或所作的标记有异状或有灭失、损坏痕迹；

(3)规定应苫盖篷布的货物而未苫盖、苫盖不严、使用破损篷布或篷布绳索捆绑不牢固；

(4)车门、车窗未关严(需要通风运输的货物除外)、车门插销未插牢固；

(5)使用敞车、平车或砂石车装载的货物，违反《铁路货物装载加固规则》规定的货物装载要求；

(6)违反铁路规定的货车使用限制或特定区段装载限制。

73. 货物在运输过程中发现货物重量超过使用的货车容许载重量时应如何处理?(《铁路货物运输规程》第50条)

答:货物重量超过使用的货车容许载重量时,应进行换装或将超载部分卸下。对卸下的货物,处理站应编制货运记录,凭记录将货物补送到站。但对超载卸下的不易计算件数的货物,按零担运输有困难时,应电告发站转告托运人提出处理办法,如从发站发出通知的次日起,经过10日,未接到答复时,该项货物可按无法交付货物处理。

74. 铁路运输重点物资的范围包括哪些?(《铁路重点物资运输管理办法》第6条)

答:国家抢险救灾、应急、救援等指令性物资;军事运输物资;国家调运储备物资;国家有关部门、地方政府、企业提出的需紧急运输的煤炭、粮食、棉花、化肥等关系国计民生的物资。重点物资按照重要性和紧急程度实行等级管理,抢险救灾、应急救援等指令性物资运输优先等级高于其他重点物资。

75. 货检站的基本要求有哪些?(《铁路货运检查管理规则》第11条、第12条)

答:(1)货检站应根据货检工作需要设置相应的生产机构,并配齐管理及生产作业人员。

(2)货检站应按班组设置货检值班员岗位,负责货检的现场组织和协调工作。

(3)货检站应结合货物列车数量和作业均衡性、场站布局、安全检测监控设备和信息系统应用及其技术状态、货检作业内容等实际情况,按照“货检作业量适量、保证作业质量和效率”的原则,动态确定每班货运检查员配置。

(4)货检人员应保持相对稳定。

76. 使用镀锌铁线拉牵加固的方法有哪些?(《铁路货物装载加固规则》附件5)

答:(1)使用镀锌铁线拉牵加固的方式主要有:八字形、倒八字形、交叉、又字形或反又字形等。各种拉牵方式可单独使用,也可两种或两种以上组合使用。拉牵应尽可能对称。

(2)拉牵加固时,将单股或双股镀锌铁线在货物和车辆的两拴结点间往返缠绕,并应拽紧镀锌铁线使各股松紧度尽量一致,剩余部分穿插缠绕于自身绳杆后,使用绞棍绞紧,余尾朝向车内。

(3)应合理选择货物上的拉牵位置。用于防止货物水平移动时,拉牵位置应尽量低些;用于防止货物倾覆时,拉牵位置可适当高些。

77. 丙货检站接29208次列车,货检员现场检查确认情况(图2-9)**,请指出存在的问题,应如何处理?**(《铁路货运检查管理规则》第25条)

答:存在的问题:集装箱箱门开启,货物撒漏。

处理过程:

图 2-9　集装箱装运

(1)货检员通过手持机对问题车拍照并反馈信息。

(2)货检值班员通知车站调度员(值班员)甩车整理。

(3)应于列车到达后 120 min 内以电报通知上一货检站、抄知发到站,必要时抄知有关单位和部门。

(4)编制普通记录送指定线路整理。

(5)运用"货检应用"的车站,货检值班员还应通过"货检应用"通知整理点的货运员。

(6)填记相关货检电子化表报。

78. 图 2-10 中存在什么问题?规章依据是什么?怎样处理?(《铁路货物运输管理规则》第 15 条;《铁路货运检查管理规则》第 23 条、第 25 条)

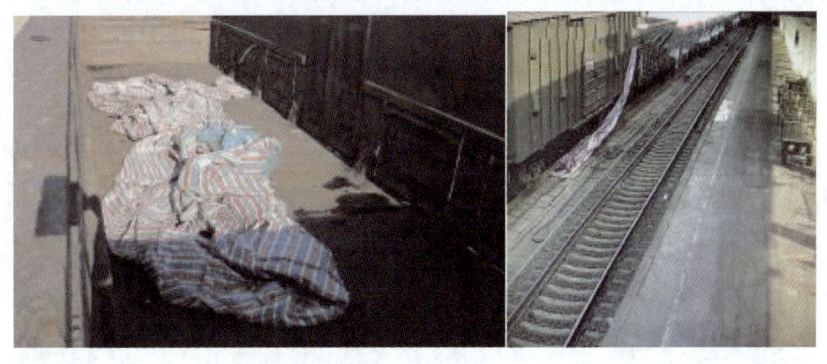

图 2-10　空敞车

答:存在问题:

(1)空敞车内残存长彩条布。

(2)运行中彩条布受风力作用一头飞出车外。

规章依据:

依据《铁路货物运输管理规则》:卸车后,应将车辆清扫干净。依据《铁路货运检查管理规则》:货检主要内容中,货车、货物、集装箱、篷布等顶部和敞车内货物等视频监控设备可视部位的情况。依据《铁路货运检查管理规则》第 25 条:"甩车整理的主要范围中,货车、货物、集装箱、篷布等顶部或车体上有异物且无法在列处理"。

处理过程:按规定向上一货检站拍发电报,同时抄送发到站,设置好防护后及时在列整理。电气化铁路无法在列整理时,通知车站调度员(值班员)甩至无电区处理。

79. 图 2-11 中存在什么问题？怎样处理？(《铁路货物装载加固规则》第 4 条；《铁路货运检查管理规则》第 25 条)

图 2-11　平车装运水泥轨枕

答：(1)存在问题：水泥轨枕无加固措施，发生窜动、倒塌、坠落。

(2)依据《铁路货物装载加固规则》：货物装载加固的基本技术要求是"使货物均衡、稳定、合理地分布在货车上，不超载，不偏载，不偏重，不集重；能够经受正常调车作业以及列车运行中所产生各种力的作用，在运输全过程中，不发生移动、滚动、倾覆、倒塌或坠落等情况"。依据《铁路货运检查管理规则》"货物发生严重倾斜、偏载、移位、窜动、坠落、倒塌和渗漏应甩车处理"。

(3)处理：按规定向上一货检站拍发电报，同时抄送发到站。编制普通记录，及时通知车站调度员(值班员)甩车处理。

80. 某站使用敞车装运钢绞线(图 2-12)**，请指出其违章之处。对该车应如何处理？**《铁路货运检查管理规则》第 25 条、第 29 条)

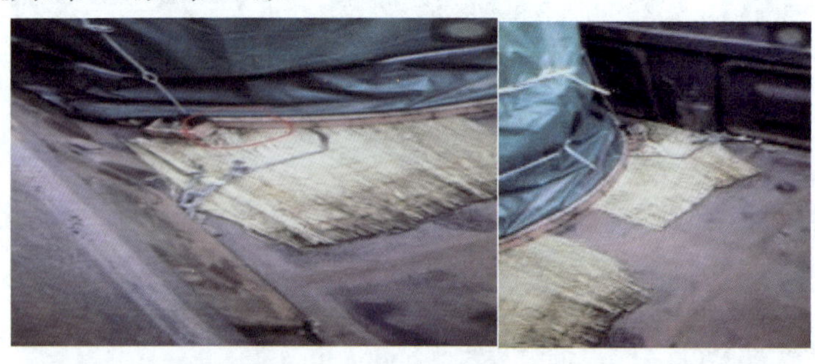

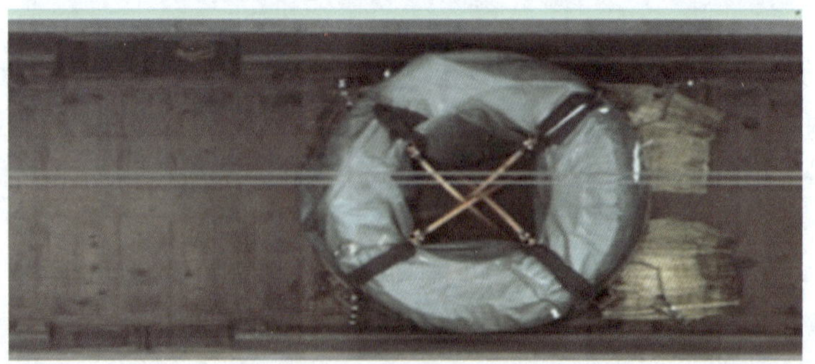

图 2-12　敞车装运钢绞线

答:发现问题:

(1)现车一端固定单件钢绞线拉牵钢丝绳断裂。

(2)货物发生位移,防滑稻草垫失效。

处理过程:

(1)货检通知车站值班员、车站调度员甩车,送整装线整理。

(2)使用"货检应用"登记问题车信息,在列车到达后 120 min 内拍发电报,主送上一货检站,抄知发到站和有关部门。货检值班员还应通过"货检应用"通知整理点的货运员;货运员整理完毕后应通过"货检应用"登记处理信息并反馈。

(3)对甩下的问题车进行整理,更换断裂的钢丝绳,将货物复位后紧固钢丝绳。

(4)整理产生费用按《铁路货物运输管理规则》执行。

81. 货车篷布苫盖的基本要求是什么?(《货车篷布管理规则》附件 1)

答:(1)货物装载高度超过端侧墙 1 m 以上或有押运人乘坐的敞车不得苫盖篷布。

(2)篷布、篷布绳网不得作为货物加固材料使用。

(3)需要加固的货物必须在苫盖篷布前捆绑加固完毕。

(4)货车绳栓上无残留的旧绳头、铁线等废弃物。

(5)货物装载高度低于车辆端侧墙时,可安置篷布支架,支架突出部位与篷布接触处应采取防磨措施。

(6)苫盖篷布不得遮盖侧墙车梯。

82. 篷布绳、篷布绳网系绳余尾的加固方法有哪些规定?(《货车篷布管理规则》附件 1)

答:篷布绳、篷布绳网系绳余尾均须使用绳卡进行加固。使用时,将拴结后的绳尾拉紧贴在自身绳杆上,绳卡头印有标记面及齿面朝向外侧,离绳尾部 50 mm 处,将锁绳绕过绳尾和绳杆后从锁绳插槽底部向上穿出,并沿锁绳插槽方向拉紧,将卡绳端锁紧齿与压块上的齿啮合,此时,绳卡进入锁紧工作状态。打开时,沿插槽反方向用力拉锁绳,绳头沿断裂槽处破坏,绳卡即可打开。

83. 货检人员应具备哪些条件?(《铁路货运检查管理规则》第 13 条)

答:(1)热爱本职工作,责任心强,具有良好的职业道德,身体健康、符合岗位职务要求。

(2)经职业技能鉴定机构鉴定合格,取得相应职业资格证书。上岗前和任职期间,还须依据有关岗位标准,经培训考核合格取得"铁路岗位培训合格证书"后方可上岗。

(3)熟练掌握《铁路货物装载加固规则》《铁路超限超重货物运输规则》《铁路货物运输管理规则》《铁路鲜活货物运输规则》《铁路货物损失处理规则》《铁路集装箱运输规则》《货车篷布管理规则》《电气化铁路有关人员电气安全规则》等规章中有关装载加固、危险货物运输、超限超重、货运交接检查、超偏载问题车处理、货物损失处理等技术要求和人身安全规定。

(4)熟悉《铁路技术管理规程》《铁路交通事故调查处理规则》《普速铁路行车组织规则》《车

站行车工作细则》等行车组织的有关规定。

(5)熟悉有关货车的技术参数和使用要求。

(6)熟悉本站内线路、设备、建筑物和列车到发、通过情况,以及调车作业情况。

(7)熟悉有关安全预案。

(8)熟悉相关安全检测监控系统和货检手持机等工具备品的操作应用。

84. 货检作业基本程序及标准中“整理”的内容有哪些?(《铁路货运检查管理规则》第 25 条)

答:(1)在列整理。

对发生装载加固、篷布苫盖、门窗盖阀等方面问题的,不需要甩车处理时,应采取有效防护措施后对车列内需整理货车进行整理。

预计整理时间超过技术作业时间时,货检员应及时向车站调度员(值班员)报告。

在列整理时,货检员应按有关规定进行作业,确保人身安全。

(2)甩车整理。

对危及行车安全,又不能在列整理的车辆,货检员应报告车站调度员(值班员)甩车整理。甩车整理时,应做好防护工作。不允许在挂有接触网的线路(设有隔离开关的线路除外)整理车辆。

85. 危险货物如何分类?(《铁路危险货物运输管理规则》第 6 条)

答:铁路危险货物按其具有的危险性或主要危险性划入 9 类中的一类;有些类别再分成项别。这些类别和项别分列如下:

第 1 类　爆炸品。

第 2 类　气体。

第 3 类　易燃液体。

第 4 类　易燃固体、易于自燃的物质、遇水放出易燃气体的物质。

第 5 类　氧化性物质和有机过氧化物。

第 6 类　毒性物质和感染性物质。

第 7 类　放射性物质(物品)。

第 8 类　腐蚀性物质。

第 9 类　杂项危险物质和物品。

86. 运输危险货物,同一托运人、同一到站押运方式、车辆及人数有哪些规定?(《铁路危险货物运输管理规则》第 56 条)

答:同一托运人、同一到站押运方式、车辆及人数规定:

(1)气体类 6 辆重(空)罐车(含带押运间车辆)以内编为 1 组,每组押运员不得少于 2 人。每列编挂不得超过 3 组。每组间的隔离车不得少于 10 辆(原则上需要用普通货物车辆隔离)。

(2)剧毒品(铁路危险货物品名表"特殊规定"栏有第 67 条特殊规定的)4 辆(含带押运间车辆)以内编为 1 组,每组 2 人押运;2 组以上押运人数由铁路局集团公司确定。

(3)硝酸铵 4 辆以内编为 1 组,每组 2 人押运;2 组以上押运人数由铁路局集团公司确定。

(4)爆炸品(烟花爆竹除外)每车 2 人押运。

87. 挂有剧毒品车辆的列车到达作业,对车统和货检作业有哪些要求?(《铁路危险货物运输管理规则》第 101 条)

答:车号员严格执行核对现车制度,发现列车编组、货运票据和列车编组顺序表(运统 1)内容不一致时,及时记录并向车站调度员(调车区长)汇报。对剧毒品车辆要进行标记。

货检人员对剧毒品车辆要重点进行检查。要认真检查剧毒品车辆等状态,没有押运员的应及时通知发站派人处理并采取监护措施,同时报告铁路公安部门。

完成上述工作后应将有关情况及时报告车站调度员(调车区长)。

88. 超限货物装车前如何测量货物尺寸?(《铁路超限超重货物运输规则》附件 8)

答:装车前,按批准的装载加固方案测量货物尺寸:

(1)长度:测量其最大长度、支重面长度、重心至端部的距离、检定断面至重心的距离。

(2)高度:自支重面起,测量其中心高度、侧高度和重心高度。

①中心高度:自支重面起至最大高度处的高度为中心高度;

②侧高度:中心高度以下各测点至支重面的高度。如有数个不同侧高度时,应由上至下测出每一个不同的侧高度。

(3)宽度:测量中心高度处的宽度和不同侧高度处的宽度。

①中心高度处的宽度:中心高度处,在货物重心所在纵向垂直平面左侧和右侧的最大宽度;

②侧高度处的宽度:每一侧高度处,在货物重心所在纵向垂直平面左侧和右侧的最大宽度。

89. 普通记录编制的重点要求有哪些?(《铁路货物损失处理规则》附件 2)

答:应记明交接时货车车体、门窗、施封或篷布、绳网的现状,货物包装及装载加固状态。

(1)货车封印失效、丢失、封印站名或号码无法辨认时,应记明失效、丢失和无法辨认的具体情况。

(2)封印的站名或号码与货运票据信息或补封记录记载不符时,应记明封印实际站名或号码。

(3)施封的货车未在货运票据信息上记明施封号码时,应记明现车施封状况。

(4)车辆技术状态不良时,应记明车种、车型、车号和车辆不良的具体情况,检修单位名称及年月。

(5)发现货车两侧或一侧上部施封时,应记明下部门扣是否损坏。

(6)棚车车体及集装箱专用车、平车装运的集装箱箱体发生损坏时,应记明损坏位置、尺寸、新痕旧痕和箱号。

站车交接中发现的问题按规定拍发电报。其内容除包括普通记录反映的情况外,还应记明列车的车次及到达时间,货车的车种、车号,发现问题的简要处理情况。

90. 货物装载加固状态途中发现哪些情形应立即停车处理、前方站停车处理及前方停车站处理?(《铁路货物装载加固规则》第78条)

答:(1)发现下列问题,应立即停车处理:

①卧装卷钢,发生滚动。

②货物活动部件发生旋转、开放,会刮打行车设备或影响邻线机车车辆。

③存在直接危及行车安全的其他情形。

(2)发现下列问题,应在前方站停车处理:

①焦炭围挡倒塌。

②存在危及行车安全的其他情形。

(3)发现下列问题,应在前方停车站处理(若途经货检站,应在货检站停车处理):

①加固材料松动,但不会发生货物活动部件旋转、开放。

②存在行车安全隐患的其他情形。

91. 加固货物的一般要求是什么?(《铁路货物装载加固规则》第23条)

答:加固的一般要求:

(1)拉牵可采用八字形、倒八字形、交叉、又字形、反又字形或兜头等方式。

(2)使用多股镀锌铁线、盘条加固时,需用绞棍绞紧,绞紧程度不能损伤铁线、盘条。

(3)使用钢丝绳加固时,应采用配套的钢丝绳夹。使用紧线器或钢丝绳紧固器作连接装置时,紧线器或钢丝绳紧固器中的紧固装置与钢丝绳的强度应匹配。

(4)使用挡木或钢挡加固时,其高度不宜过大,与车地板之间要有足够的联结强度。

(5)掩挡的有效高度应符合要求,掩挡与车地板的联结强度必须足以保证掩挡自身不发生移动或倾覆。

(6)使用腰箍下压式加固时,每道腰箍的预紧力必须达到设计要求。

(7)必要时,加固线与货物、车辆棱角接触处应采取防磨措施。

92. 跨装超长货物应遵守哪些规定?(《铁路货物装载加固规则》第30条)

答:跨装超长货物应遵守下列规定:

(1)只准两车负重。负重车车地板高度应相等,如高度不等时,需要垫平。

对未达到容许载重量的货车,可以加装货物,但不得加装在货物的两侧,与跨装货物端部间距不小于400 mm。

(2)在两辆负重车的中间只准加挂一辆游车。

(3)跨装货物应使用货物转向架。

货物转向架的支重面长度应遵守《铁路货物装载加固规则》第十六条的规定。货物转向架下架体的重心投影应位于货车纵、横中心线的交叉点上,必须纵向偏离时,应遵守《铁路货物装载加固规则》第十二条的有关规定。

(4)货物转向架上架体与跨装货物,下架体与车辆分别固定在一起。对货物及货物转向架的加固不得影响车辆通过曲线,并将提钩杆用镀锌铁线捆紧。

(5)中间加挂游车的跨装车组通过9号及以下道岔时不得推送调车。遇设备条件不容许或尽头线时,可以不超过5 km/h的速度匀速推进。

(6)跨装车组应使用车钩缓冲停止器,安装应在车钩自然状态下进行。

(7)跨装车组禁止溜放。

93. 鲜活货物是如何分类的?(《铁路鲜活货物运输规则》第6条)

答:鲜活货物分为易腐货物和活动物两大类:

(1)易腐货物包括肉、蛋、乳制品、速冻食品、冻水产品、鲜蔬菜、鲜水果、花卉植物等,按其热状态分为冻结货物、冷却货物和未冷却货物。常见品名见"易腐货物机械冷藏车运输条件表"。冻结货物是指经过冷冻加工成为冻结状态的易腐货物。冷却货物是指经过冷却处理,温度在冻结点以上的易腐货物。未冷却货物是指未经过任何冷处理,完全处于自然状态的易腐货物。

(2)活动物包括禽、畜、兽、蜜蜂、水产品等。

94. 货检站严重超偏载货车整理作业流程有哪些?(《铁路货运计量安全检测设备运用管理规则》第58条)

答:(1)车站货检人员应根据检测结果,核对现车无误后,及时向车站行车调度部门报告。

(2)车站行车调度部门接到货检人员报告后,值班人员及时安排甩车,并送入指定地点。

(3)车站对甩下的货车重新过衡或进行偏载偏重复核。确认超偏载后,按规定整理和拍发电报。对超载报警车,应留存复衡单;对偏载报警车拍照不少于2张,一张为带车号的整体照片,其他为能反映核实偏载情况的整体或局部照片;偏重报警车拍照不少于3张,一张为带车号的整体照片,其他为能反映车辆两端装载情况或整体的照片。

(4)车站对甩下的超载货车进行卸载处理,并确认货物重量不超过货车容许载重量且不偏载不偏重后,方可编入列车继续运行。对甩下的偏载偏重货车进行处理,并确认不偏载不偏重后方可放行。

95. 铁路线路如何分类?(《铁路技术管理规程(普速铁路部分)》第32条)

答:铁路线路分为正线、站线、段管线、岔线、安全线及避难线。

正线是指连接车站并贯穿或直股伸入车站的线路。

站线是指到发线、调车线、牵出线、货物线及站内指定用途的其他线路。

段管线是指机务、车辆、工务、电务、供电等段专用并由其管理的线路。

岔线是指在区间或站内接轨，通向路内外单位的专用线路。

安全线是为防止列车或机车车辆从一进路进入另一列车或机车车辆占用的进路而发生冲突的一种安全隔开设备。

避难线是在长大下坡道上能使失控列车安全进入的线路。

96. 哪些机车车辆禁止编入列车？（《铁路技术管理规程(普速铁路部分)》第 249 条）

答：(1)插有扣修、倒装色票的及车体倾斜超过规定限度的；

(2)曾经发生冲突、脱轨、火灾、爆炸或曾编入发生特别重大、重大、较大事故列车内以及在自然灾害中损坏，未经检查确认可以运行的；

(3)装载货物超出机车车辆限界，无挂运命令的；

(4)装载跨装货物(跨及两平车的汽车除外)的平车，无跨装特殊装置的；

(5)平车及敞车装载货物违反装载和加固技术条件的；

(6)未关闭侧开门、底开门以及平车未关闭端、侧板的(有特殊规定者除外)；

(7)由于装载的货物需停止自动制动机的作用，而未停止的；

(8)企业自备机车、车辆、自轮运转特种设备和城市轨道车辆、进出口机车车辆过轨时，未经铁路机车车辆人员检查确认的；

(9)缺少车门的(检修回送车除外)；

(10)超过定期检修期限的客车车辆(经车辆部门鉴定的回送客车除外)禁止编入旅客列车。

97. 2022 年 5 月 20 日 11 时 20 分，丙站接 38810 次列车，编挂 2 组液化气罐车，分别编挂在机后 4～9 位和 19～24 位，其中第一组液化气有 1 人押运，第二组有 2 人押运。请依题回答问题。（《铁路危险货物运输管理规则》第 50 条、第 55 条、第 56 条）

(1)存在哪些问题，如何处理？

(2)货检员对液化气罐车检查哪些内容？

答：(1)存在问题：

编组存在问题。第一组液化气罐车与牵引的机车隔离不足 4 辆；两组液化气罐车隔离不足 10 辆。第一组液化气罐车押运人数不足。

依据：《铁路危险货物运输管理规则》第 56 条，气体类 6 辆重(空)罐车(含带押运间车辆)以内编为 1 组，每组押运员不得少于 2 人。每组间的隔离车不得少于 10 辆。《铁路技术管理规程(普速铁路部分)》：液化气罐车与牵引的机车隔离不少于 4 辆的规定。

问题处理：该站应重新编组，满足编组隔离要求。并依据《铁路危险货物运输管理规则》第 55 条，及时甩车，做好登记，并通知发站或到站联系托运人、收货人补齐押运员，编制普通记录后方可继运。

(2)检查内容：

①液化气罐车罐体有无漏裂，货物有无外泄、渗漏。

②液化气罐车上盖是否关闭良好，阀件是否拧紧，配件是否齐全。

③液化气罐车押运检查：包括检查押运人数是否符合要求；押运人携带证件是否齐全，押运人姓名、身份证号码是否与票据记载相符，有无冒名顶替；押运员着装是否符合规定；携带的工具、备品是否齐全，是否携带危险货物等违禁品；押运间状态是否良好等。

④车辆编组隔离是否符合规定要求。

⑤货检人员与押运人在所押运的车辆前签认。

98. 下表为某货检站超偏载检测装置的检测并核实后情况（图 2-13），请依据规章处理。（《铁路货运计量安全检测设备运用管理规则》第 56 条、第 57 条、第 60 条、第 64 条）

序号	车次	车号	发站	品名	超偏载检测情况	列车性质
1	21102	D_{22} 5630900	本局	定子	偏载 161 mm	到达货物列车
2	13022	C_{70} 1405678	外局	卷钢	偏载 121 mm	出发货物列车
3	13051	T_{11} 8056321	本局	长轨	偏重 11 t	到达货物列车
4	21101	P_{65} 3102564	外局	快运	超载 10 t	到达货物列车

图 2-13　超偏载检测情况

答：(1)由于是 D 型车，检测数据不作为判定超偏载的依据。可以放行继运。

依据：《铁路货运计量安全检测设备运用管理规则》第 64 条“装载液态货物的罐车超载判定以轨道衡或罐车容积计量为准。对 D 型车和自轮运转货物的检测数据，不作为判定超偏载的依据”。

(2)出发货物列车内挂运的卷钢车一般偏载，应通知车站值班员、铁路局集团公司调度所甩车处理。

依据：《铁路货运计量安全检测设备运用管理规则》第 57 条“对严重超偏载货车，应立即甩车，整理后方能挂运。对装运卷钢和本局管内装车站装运，并发生一般超偏载问题的货车，应比照严重超偏载车进行处理”。

(3)T_{11} 型车为长钢轨运输列车，发生超偏载应通知随车人员。

依据：《铁路货运计量安全检测设备运用管理规则》第 60 条“当通过超偏载检测装置检测发现长钢轨运输列车（指同时具备运、收、卸长钢轨作业能力的专用设备，适用于 50 m 及以上长钢轨运输）超偏载情况时，检测站应及时通知随车人员检查处理，必要时出具书面通知”。

(4)超载 10 t 为一般超载，外局一般超载不扣车，但需拍发电报，并在 24 h 内报告铁路局集团公司货运部。

依据：《铁路货运计量安全检测设备运用管理规则》第 56 条“作为货检站整理、换装的依据时，货车超偏载分严重、一般两级，具体分级标准如下：大于货车容许载重量 10 t 为严重超载”。

依据：《铁路货运计量安全检测设备运用管理规则》第 57 条“对一般超偏载货车，货检站在确认不危及行车安全时可不甩车整理,应记录车种、车号、发到站、货物品名等,并将上述信息及时通知发到站,电报通知下一编组站,同时在 24 h 内将信息上报铁路局集团公司货运主管部门”。

99. 2022 年 9 月 20 日 27007 次列车到达电气化区段货检站,视频监控系统检查发现敞车装载大米一车,苫盖 D 型篷布 1 张(图 2-14)**。请指出图中存在哪些问题,如何处理?**(《货车篷布管理规则》第 10 条、附件 1;《铁路货物损失处理规则》第 10 条、第 13 条;《铁路货运检查管理规则》第 25 条)

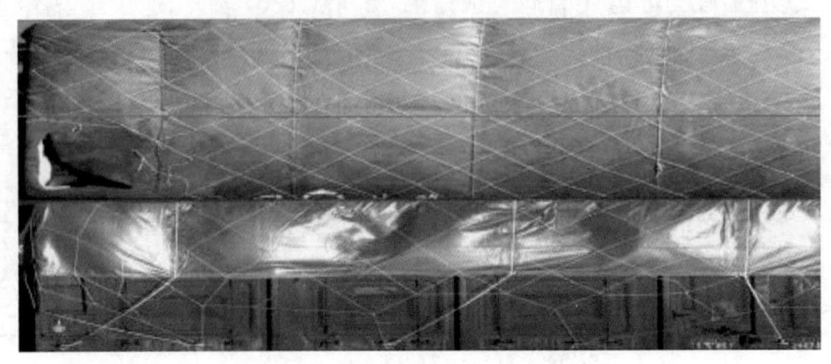

图 2-14 苫盖篷布敞车

答:(1)存在问题:

①篷布、篷布绳网破损,内货外露。

依据:《货车篷布管理规则》“装车使用的篷布必须质量良好,篷布绳齐全,标记、号码完整清晰”。

②腰绳有接头。

依据:《货车篷布管理规则》附件 1 苫盖前质量检查“布体完整,无破损,眼圈完好,标记、号码完整清晰。绳索齐全、完整、无接头、插接牢固,与篷布连接正确”。

(2)处理要点:

①通知车站调度员(值班员)甩车处理。

②发现有被盗、丢失痕迹,通知公安部门共同检查确认。

③现场检查作业人员应保护现场,同时向车站负责人和货物损失处理人员报告。

④于列车到达后 120 min 内以电报通知上一货检站、抄知发到站,必要时抄知有关单位和部门。

⑤编制普通记录送指定地点补苫篷布及篷布绳网后继运。

100. 2022 年 6 月 11 日 13 时 26 分,23515 次列车由乙站通过,经超偏载检测装置检测发现机后 8 位车号 C_{64} 4857666,甲站发丙站卷板,前偏重 15.6 t,同时视频监控发现该车装载的卷板向前滚动(图 2-15)**。该站应如何处理?存在哪些问题?规章依据是什么?**(《铁路货运计量安全检测设备运用管理规则》第 56 条、第 58 条)

图 2-15　卷板滚动

答:(1)存在问题:加固措施失效,货物滚动,偏重。

依据《铁路货运计量安全检测设备运用管理规则》:超偏载检测偏重 15.6 t,大于 15 t,属于严重偏重,对严重超偏载货车,应立即甩车,整理后方能挂运。依据《铁路货物装载加固规则》:视频监控卧装卷板滚动,应立即停车处理。

(2)处理:立即通知车站值班员拦停列车。如列车已通过,由车站值班员报告列车调度员及时拦停列车,并应根据货物装载的实际情况,采取必要的安全防护措施,以免扩大损失或者造成行车事故。

(3)对拦停的列车,按严重超偏载货车整理作业流程:

①车站货检人员应根据检测结果,核对现车无误后,及时向车站行车调度部门报告。

②车站行车调度部门接到货检人员报告后,值班人员及时安排甩车,并送入指定地点。

③车站对甩下的货车重新进行偏重复核。确认偏重后,按规定整理和拍发电报。对超载报警车,应留存复衡单;对偏重报警车拍照不少于 3 张,一张为带车号的整体照片,其他为能反映车辆两端装载情况或整体的照片。

④对甩下的偏载偏重货车进行处理,并确认不偏载不偏重后方可放行。

S1　视频监控问题车检查处理

铁道行业职业技能认定货检员高级工操作技能考核准备通知单

考核时间:60 min

一、鉴定站准备

1. 材料准备

序　　号	材料名称	规　　格	数　　量	备　　注
1	《铁路货物运输规程》	本	1	
2	《铁路货运检查管理规则》	本	1	
3	《铁路危险货物运输管理规则》	本	1	

2. 考场准备

(1)工具、材料准备:鉴定站提供空白普通记录和电报用纸及墨水。

(2)供模拟考试用教室1间,考场内须光线充足,空气良好,环境安静,卫生整洁。

二、考生准备

考生需自备考试用具。

铁道行业职业技能认定货检员高级工操作技能考核试卷(考评员用)

试题名称:视频监控问题车检查处理

试题内容:某站视频监控检查发现到达列车 P_{64}3824278 一车装载硝酸铵,现场检查只有一名押运人。请回答:

1. 货检站可以运用机检代替人工检查的规定是什么?

2. 存在什么问题?规章依据是什么?应如何处理?

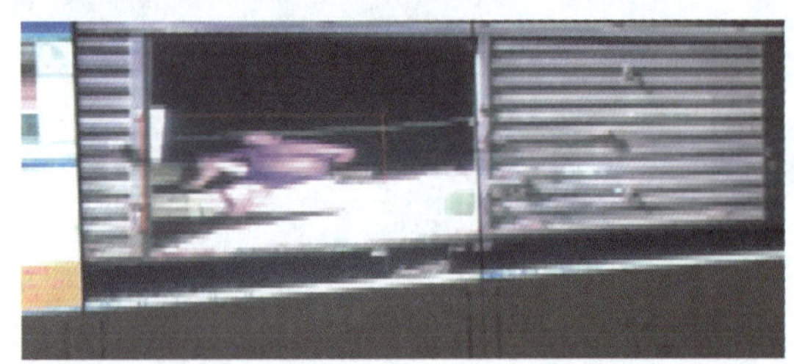

一、技术要求

1. 答题符合相关法律、法规、规章和标准的规定。

2. 技术用语规范。

3. 工具、设备使用应符合规定。

二、考核要求

1. 作业过程完整。
2. 本项技能认定属综合型考试。
3. 本项技能认定由被认定人独立完成。

三、考核时限

1. 准备时间：10 min。
2. 正式操作时间：60 min。
3. 在规定时间内全部完成，不加分，也不扣分。每超时 1 min，从总分扣 5 分，总超时 5 min 停止作业。

四、考核评分

1. 考评人员 3 名及以上。
2. 评分点见"考核评分记录表"。
3. 评分程序及规则：考评员各自根据考生作业程序在评分表上给予记录评分，取平均分为评定得分。
4. 算分方法：百分制计算，满分 100 分，60 分为及格。

五、否定项

若考生发生下列情况之一，则应及时终止其考试，该考生成绩记为零分。

1. 操作不当造成设备、工具、仪器和材料损坏。
2. 严重违反安全作业规程，违反考试纪律。

铁道行业职业技能认定货检员高级工操作技能考核试卷(考生用)

单位：　　　　　　　　　　　　　　姓名：　　　　　　　　　　　　　　准考证号：

试题内容：某站视频监控检查发现到达列车 P_{64}3824278 一车装载硝酸铵，现场检查只有一名押运人。请回答：

1. 货检站可以运用机检代替人工检查的规定是什么？
2. 存在什么问题？规章依据是什么？应如何处理？

铁道行业职业技能认定货检员高级工操作技能考核评分记录表

准考证号：　　　　　　姓名：　　　　　　性别：　　　　　　单位：

试题名称：视频监控问题车检查处理　　　　　　　　　　　　　　　　　　考核时间：60 min

操作开始时间：　　时　　分　　　　　　　　操作结束时间：　　时　　分

序号	考核内容	考核要点	配分	评分标准	扣分	得分
1	着装，标志佩戴	按规定着装，标志齐全	5			
2	人身安全	执行“一站、二看、三通过”、横越线路等人身安全的有关规定	5			
3	试卷质量	层次分明、清晰、整洁、文字流畅、无错别字	5			
4	运用机检代替人工检查的规定	以机检代替人工检查规定	15			
		机检代替人工预检或现场检查的具体范围规定	15			
5	存在问题，规章依据，如何处理	两侧车门大开	10			
		押运人数及押运行为	20			
		甩车，做好登记	5			
		通知发站或到站联系托运人、收货人补齐押运员	5			
		编制普通记录	5			
		关闭车门进行加固，教育押运人规范押运行为	10			
合计			100			

否定项：若考生发生下列情况之一，则应及时终止其考试，考生该试题成绩记为零分。
1. 答卷时不能互借文具。
2. 严禁考试作弊。
3. 考试时保持安静不得交头接耳。

考评员：　　　　　　　　　　　　总分人：　　　　　　　　　　　　年　　月　　日

参考答案要点

一、着装及标志佩戴

按规定穿着带有反光标志的防护服，携带手持机(或对讲机)及作业工具备品。

二、人身安全

1. 横越线路时，眼看、手指、口呼，必须做到“一站、二看、三通过”，并注意左右机车、车辆动态及脚下有无障碍物，严禁来车时抢越线路。

2. 必须横越停有机车、车辆的线路时，应先确认机车、车辆暂不移动，然后在距机车、车辆5 m以外处绕行通过。

三、货检站可以运用机检代替人工检查的规定

运用“货检应用”的货检站，在“货检应用”和相关检测监控设备状态良好的情况下，可以通

过视频监控、超偏载检测等设备对到达列车进行预检,代替货检员出场立岗预检;或对到达列车以机检代替现场人工检查。机检代替人工预检或现场检查的具体范围和管理要求由铁路局集团公司根据本局实际自定,并报国铁集团货运部备案。

四、存在问题、规章依据及处理流程

1. 存在问题:两侧车门大开;押运人员不足 2 人,且押运人未按规定着装;押运人携带火种吸烟。

2. 违反《铁路危险货物运输管理规则》:运行时押运的车门不得开启;硝酸铵 4 车以内编为一组,每组 2 人押运。违反《铁路货物运输规程》押运人须知:严禁携带危险品,不准在货车内吸烟、生火,违反规定造成后果要负经济或法律责任。

3. 处理:发现以上问题应及时甩车,做好登记,并通知发站或到站联系托运人、收货人补齐押运员(应按规定穿着印有红色"押运"字样的黄色马甲),编制普通记录后方可继运。同时对押运人进行安全教育,收缴火种,关闭运行右侧车门进行加固,要求押运人车辆在运行时从车内关闭左侧车门,采取车门不能开启措施。

S2 施封货车的检查和处理

铁道行业职业技能认定货检员高级工操作技能考核准备通知单

考核时间:60 min

一、鉴定站准备

1. 材料准备

序　号	材料名称	规　格	数　量	备　注
1	《铁路货物运输规程》	本	1	
2	《铁路货物运输管理规则》	本	1	
3	《铁路货物损失处理规则》	本	1	
4	《铁路货运检查管理规则》	本	1	

2. 考场准备

(1)工具、材料准备:鉴定站提供空白普通记录和电报用纸及墨水。

(2)供考试用教室 1 间。考场内须光线充足,空气良好,环境安静,卫生整洁。

二、考生准备

考生需自备考试工具。

铁道行业职业技能认定货检员高级工操作技能考核试卷(考评员用)

试题名称:施封货车的检查和处理

试题内容:A站发B站百货一车,票号:086324,车号 P_{61} 3164852,票记施封2枚"F384567/384568",保价68万元。该车编85840次18位,于×月××日××时××分到达C站(上一货检站为D站),监控人员通过到达视频发现该车车门打开,经货检员检车发现该车可视表层货零乱,车容不满。请回答下列问题。

1. 简述对施封货车的检查内容。
2. 货检员对该车如何处理?
3. 拍发电报内容。
4. 机检代替人工预检的具体要求是什么?

一、技术要求

1. 答题符合相关法律、法规、规章和标准的规定。
2. 技术用语规范。
3. 工具、设备使用应符合规定。

二、考核要求

1. 作业过程完整。
2. 本项技能认定属综合型考试。
3. 本项技能认定由被认定人独立完成。

三、考核时限

1. 准备时间:10 min。
2. 正式操作时间:60 min。
3. 在规定时间内全部完成,不加分,也不扣分。每超时1 min,从总分扣5分,总超时5 min停止作业。

四、考核评分

1. 考评人员3名及以上。
2. 评分点见"考核评分记录表"。
3. 评分程序及规则:考评员各自根据考生作业程序在评分表上给予记录评分,取平均分为评定得分。
4. 算分方法:百分制计算,满分100分,60分为及格。

五、否定项

若考生发生下列情况之一,则应及时终止其考试,考生该试题成绩记为零分。

1. 答卷时不能互借文具。

2. 严禁考试作弊。

3. 考试时保持安静不得交头接耳。

铁道行业职业技能认定货检员高级工操作技能考核试卷(考生用)

单位： 姓名： 准考证号：

试题内容：A站发B站百货一车，票号：086324，车号P_{61} 3164852，票记施封2枚“F384567/384568”，保价68万元。该车编85840次18位，于×月××日××时××分到达C站(上一货检站为D站)，监控人员通过到达视频发现该车车门打开，经货检员检车发现该车可视表层货零乱，车容不满。请回答下列问题。

1. 简述对施封货车的检查内容。
2. 货检员对该车如何处理?
3. 拍发电报内容。
4. 机检代替人工预检的具体要求是什么?

铁道行业职业技能认定货检员高级工操作技能考核评分记录表

准考证号： 姓名： 性别： 单位：

试题名称：施封货车的检查和处理 考核时间：60 min

操作开始时间： 时 分 操作结束时间： 时 分

序号	考核内容	考 核 要 点	配分	评 分 标 准	扣分	得分
1	着装，标志佩戴	按规定着装，标志齐全	5			
2	人身安全	执行“一站、二看、三通过”、横越线路等人身安全的有关规定	5			
3	试卷质量	层次分明、清晰、整洁、文字流畅、无错别字	5			
4	检查内容	有无打开及被盗痕迹	4			
		检查车门施封状况	14			
5	处理过程	通知车站调度员(值班员)甩车处理	9			
		电报通知上一货检站				
		会同公安检查现车	9			
		拍发“货物损失速报”				
		编制普通记录	9			
		填记货检电子报表				
6	交接电报	主送、抄送内容正确	6			
		一般情况内容齐全、正确	14			
		站名、日期准确	5			
7	预检要求	运用“货检应用”	15			
合计			100			

否定项：若考生发生下列情况之一，则应及时终止其考试，该考生成绩记为零分。

1. 操作不当造成设备、工具、仪器和材料损坏。
2. 严重违反安全作业规程，违反考试纪律。

考评员： 总分人： 年 月 日

参考答案要点

一、着装及标志佩戴

按规定穿着带有反光标志的防护服，携带手持机（或对讲机）及作业工具备品。

二、人身安全

1. 横越线路时，眼看、手指、口呼，必须做到“一站、二看、三通过”，并注意左右机车、车辆动态及脚下有无障碍物，严禁来车时抢越线路。

2. 必须横越停有机车、车辆的线路时，应先确认机车、车辆暂不移动，然后在距机车、车辆5 m以外处绕行通过。

三、自述对施封货车的检查内容

1. 检查车门、车窗的关闭状态，有无打开及被盗痕迹。

2. 检查车门施封状况：

(1)封印是否失效、丢失、断开或不破坏封印就能开启车门。

(2)货车已施封，但未在运输票据上记明封印号码。编组顺序表无“F”字样。

(3)未使用施封锁施封（罐车和朝鲜进口货车除外）。

(4)在同一车门上使用两个以上封串联施封。

(5)货车两侧或一侧在车门上部施封。

(6)施封货车的上部门扣未以铁线拧固（车门构造只有一个门扣或上部门扣损坏的除外）。

(7)是否下部施封。

四、货检员对该车的处理过程

1. 货检值班员应通知车站调度员（值班员）甩车处理。运用“货检运用”的车站，货检值班员还应通过“货检应用”通知整理点的货运员。

2. 货检值班员应于列车到达后120 min内以电报通知上一货检站并抄知发、到站。

3. 会同公安检查现车，并倒装清点货物损失情况。

4. 发生被盗丢失时应编制货运记录，若损失款额在10万元以上时，应在1 h内逐级报告，并在24 h内拍发“货物损失速报”。

5. 清点倒装完毕，应正确及时关闭车门、窗，按施封技术要求施封。

6. 原封留站存查，并保管180日以上。

7. 更改货物运单和货票上的施封号码，并加盖损失处理专用章。

8. 编制普通记录。

9. 及时填记各种货检电子报表（货检作业检查处理情况登记表、货检问题车统计报、货运换装整理分析表、货检拍发电报登记表）。

五、拍发电报

主送:(上一货检站)D站

抄送:A、B站

×月××日××时××分85840次列车到达,检查发现A站发B站P_{61} 3164852百货一车,该车经监控人员通过进站视频发现车门打开,经货检员检车发现该车可视表层货零乱,车容不满,我站编记甩车清点。

特电
C站
××××年×月××日
(公章)

六、机检代替人工预检的具体要求

运用"货检应用"的货检站,在"货检应用"和相关检测监控设备状态良好的情况下,可以通过视频监控、超偏载检测等设备对到达列车进行预检,代替货检员出场立岗预检;机检代替人工预检具体范围和管理要求由铁路局集团公司根据本局实际自定,并报国铁集团货运部备案。

S3 检查超限货物装载质量

铁道行业职业技能认定货检员高级工操作技能考核准备通知单

考核时间:60 min

一、鉴定站准备

1. 材料准备

序　号	材料名称	规　格	数　量	备　注
1	《铁路货物装载加固规则》	本	1	
2	《铁路超限超重货物运输规则》	本	1	

2. 考场准备

(1)工具、材料准备:鉴定站提供空白普通记录和电报用纸及墨水。

(2)供考试用教室1间。考场内须光线充足,空气良好,环境安静,卫生整洁。

二、考生准备

考生需自备考试工具。

铁道行业职业技能认定货检员高级工操作技能考核试卷(考评员用)

试题名称:检查超限货物装载质量

试题内容:西安西站发格尔木站桥梁构件1件,货物尺寸:长16 m,宽3 m,高2.8 m,重10 t,拟用N_{17AK}型平车两辆装运,一车负重,突出装载,垫木高度210 mm,西超限超重(2017)036

号电报批示装运，西安西站经安口窑站、海石湾站(经宝中、包兰、干武、兰新、兰青线)到格尔木站，超级超限。请按规定检查装载质量。

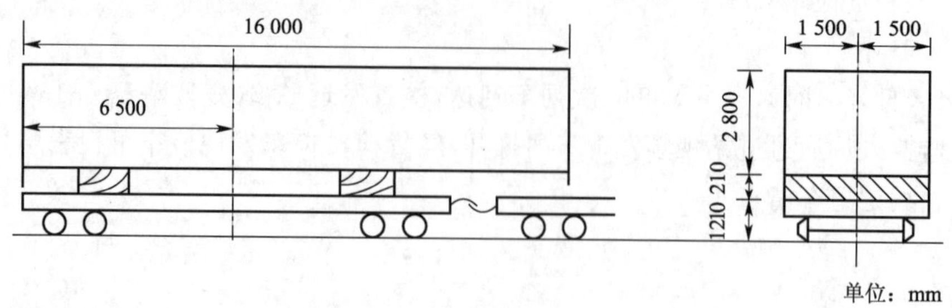

一、技术要求

1. 答题符合相关法律、法规、规章和标准的规定。

2. 技术用语规范。

3. 工具、设备使用应符合规定。

二、考核要求

1. 作业过程完整。

2. 本项技能认定属综合型考试。

3. 本项技能认定由被认定人独立完成。

三、考核时限

1. 准备时间:10 min。

2. 正式操作时间:60 min。

3. 在规定时间内全部完成,不加分,也不扣分。每超时 1 min,从总分扣 5 分,总超时 5 min 停止作业。

四、考核评分

1. 考评人员 3 名及以上。

2. 评分点见“考核评分记录表”。

3. 评分程序及规则:考评员各自根据考生作业程序在评分表上给予记录评分,取平均分为评定得分。

4. 算分方法:百分制计算,满分 100 分,60 分为及格。

五、否定项

若考生发生下列情况之一,则应及时终止其考试,考生该试题成绩记为零分。

1. 答卷时不能互借文具。

2. 严禁考试作弊。

3. 考试时保持安静不得交头接耳。

铁道行业职业技能认定货检员高级工操作技能考核试卷(考生用)

单位：　　　　　　　　　　　　　　　　　　姓名：　　　　　　　　　　　　　　　　　　准考证号：

试题内容：西安西站发格尔木站桥梁构件 1 件，货物尺寸：长 16 m，宽 3 m，高 2.8 m，重 10 t，拟用 N_{17AK} 型平车两辆装运，一车负重，突出装载，垫木高度 210 mm，西超限超重(2017)036 号电报批示装运，西安西站经安口窑站、海石湾站(经宝中、包兰、干武、兰新、兰青线)到格尔木站，超级超限。请按规定检查装载质量。

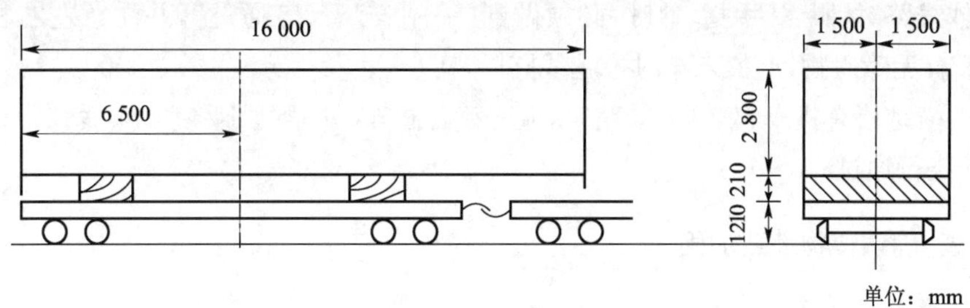

铁道行业职业技能认定货检员高级工操作技能考核评分记录表

准考证号：　　　　　　　姓名：　　　　　　　性别：　　　　　　　单位：

试题名称：检查超限货物装载质量　　　　　　　　　　　　　　　　　　　　　　考核时间：60 min

操作开始时间：　　时　　分　　　　　　　　　　操作结束时间：　　时　　分

序号	考核内容	考核要点	配分	评分标准	扣分	得分
1	着装，标志佩戴	按规定着装，标志齐全	5			
2	人身安全	执行“一站、二看、三通过”、横越线路等人身安全的有关规定	5			
3	试卷质量	层次分明、清晰、整洁、文字流畅、无错别字	5			
4	检查装车质量	按方案装车	10			
		检查旁承游间状态	10			
		检查加固材料和装置	10			
		检查垫木状态	5			
		检查加固状态	10			
		复核货物突出车端的尺寸	5			
		复核各部位的尺寸	10			
		复核重车重心高	5			
		检查支重面长度	5			
		检查线及货车标识牌	15			
合计			100			
否定项：若考生发生下列情况之一，则应及时终止其考试，该考生成绩记为零分。 1. 操作不当造成设备、工具、仪器和材料损坏。 2. 严重违反安全作业规程，违反考试纪律。						

考评员：　　　　　　　　　　　　　　　　总分人：　　　　　　　　　　　　　　年　　月　　日

参考答案要点

一、着装及标志佩戴

按规定穿着带有反光标志的防护服，携带手持机（或对讲机）及作业工具备品。

二、人身安全

1. 横越线路时，眼看、手指、口呼，必须做到“一站、二看、三通过”，并注意左右机车、车辆动态及脚下有无障碍物，严禁来车时抢越线路。

2. 必须横越停有机车、车辆的线路时，应先确认机车、车辆暂不移动，然后在距机车、车辆 5 m 以外处绕行通过。

三、检查、确认货物装载加固

1. 货物实际装载位置符合装载加固方案。

2. 装车后，车辆转向架任何一侧旁承游间不得为零（结构规定为常接触式旁承的货车除外）。遇球形心盘货车一侧旁承游间为零时，可用千斤顶将压死一侧顶起，落顶后出现游间，表明货物装载符合要求。

3. 使用的加固材料和装置规格、数量、质量和加固方法、措施、质量符合装载加固方案。

4. 垫木状态良好，完好无损坏。

5. 加固线已采取防磨措施，捆绑拴结牢固，拴结点无损坏。

四、确认货物装载加固符合规定要求后，须对照确认电报重点复核、确认内容

1. 货物突出车端的尺寸符合要求。

2. 超限货物装后各部位的尺寸（高度和宽度）未超出确认电报范围。

3. 重车重心高未超出确认电报范围。

3. 货物支重面长度符合要求。

4. 其他各有关数据符合要求。

确认符合确认电报条件后：用颜色醒目的油漆标画易于判定货物是否移动的检查线，在货物两侧明显处以油漆书写、刷印或粘贴“超级超限”，或挂牌标识，并按规定在车辆上插挂“禁止溜放”货车表示牌。

S4　计量安全检测类问题车的处理

铁道行业职业技能认定货检员高级工操作技能考核准备通知单

考核时间：60 min

一、鉴定站准备

1. 材料准备

序　号	材料名称	规　格	数　量	备　注
1	《铁路货运计量安全检测设备运用管理规则》	本	1	
2	《铁路货运检查管理规则》	本	1	

2. 考场准备

(1)工具、材料准备：鉴定站提供空白普通记录和电报用纸及墨水。

(2)供考试用教室1间。考场内须光线充足，空气良好，环境安静，卫生整洁。

二、考生准备

考生需自备考试工具。

铁道行业职业技能认定货检员高级工操作技能考核试卷(考评员用)

试题名称：计量安全检测类问题车的处理

试题内容：一辆自重21.4 t的C_{62AK}型运煤敞车在通过某货检站的超偏载检测装置时，系统检测该车总重为93.92 t，车辆前端转向架承受载荷为30.08 t，后端转向架承受载荷为42.44 t。请回答：

1. 简述严重超偏载货车作业整理流程。
2. 该站对此车应如何处理？

一、技术要求

1. 答题符合相关法律、法规、规章和标准的规定。
2. 技术用语规范。
3. 工具、设备使用应符合规定。

二、考核要求

1. 作业过程完整。
2. 本项技能认定属综合型考试。
3. 本项技能认定由被认定人独立完成。

三、考核时限

1. 准备时间：10 min。

2. 正式操作时间：60 min。

3. 在规定时间内全部完成，不加分，也不扣分。每超时 1 min，从总分扣 5 分，总超时 5 min 停止作业。

四、考核评分

1. 考评人员 3 名及以上。

2. 评分点见“考核评分记录表”。

3. 评分程序及规则：考评员各自根据考生作业程序在评分表上给予记录评分，取平均分为评定得分。

4. 算分方法：百分制计算，满分 100 分，60 分为及格。

五、否定项

若考生发生下列情况之一，则应及时终止其考试，考生该试题成绩记为零分。

1. 答卷时不能互借文具。

2. 严禁考试作弊。

3. 考试时保持安静不得交头接耳。

铁道行业职业技能认定货检员高级工操作技能考核试卷（考生用）

单位： 姓名： 准考证号：

试题内容：一辆自重 21.4 t 的 C_{62AK} 型运煤敞车在通过某货检站的超偏载检测装置时，系统检测该车总重为 93.92 t，车辆前端转向架承受载荷为 30.08 t，后端转向架承受载荷为 42.44 t。请回答：

1. 简述严重超偏载货车作业整理流程。

2. 该站对此车应如何处理？

铁道行业职业技能认定货检员高级工操作技能考核评分记录表

准考证号： 姓名： 性别： 单位：

试题名称：计量安全检测类问题车的处理 考核时间：60 min

操作开始时间： 时 分 操作结束时间： 时 分

序号	考核内容	考核要点	配分	评分标准	扣分	得分
1	着装，标志佩戴	按规定着装，标志齐全	5			
2	人身安全	执行“一站、二看、三通过”、横越线路等人身安全的有关规定	5			
3	试卷质量	层次分明、清晰、整洁、文字流畅、无错别字	5			

续上表

序号	考核内容	考 核 要 点	配分	评 分 标 准	扣分	得分
4	严重超偏载货车作业整理流程	确认超偏载车辆	10			
		及时通知	10			
		进行偏载偏重复核	20			
		对甩下的货车进行处理	10			
5	该车存在的问题	超载计算	5			
		确认超载等级	5			
		确认偏重等级	5			
6	对该车的处理	处理依据	20			
合计			100			
否定项：若考生发生下列情况之一，则应及时终止其考试，该考生成绩记为零分。 1. 操作不当造成设备、工具、仪器和材料损坏。 2. 严重违反安全作业规程，违反考试纪律。						

考评员：　　　　　　　　　　　　总分人：　　　　　　　　　　　　年　　月　　日

参考答案要点

一、着装及标志佩戴

按规定穿着带有反光标志的防护服，携带手持机(或对讲机)及作业工具备品。

二、人身安全

1. 横越线路时，眼看、手指、口呼，必须做到“一站、二看、三通过”，并注意左右机车、车辆动态及脚下有无障碍物，严禁来车时抢越线路。

2. 必须横越停有机车、车辆的线路时，应先确认机车、车辆暂不移动，然后在距机车、车辆5 m以外处绕行通过。

三、严重超偏载货车作业整理流程

1. 车站货检人员应根据检测结果，核对现车无误后，及时向车站行车调度部门报告。

2. 车站行车调度部门接到货检人员报告后，值班人员及时安排甩车，并送入指定地点。

3. 车站对甩下的货车重新过衡或进行偏载偏重复核。确认超偏载后，按规定整理和拍发电报。对超载报警车，应留存复衡单；对偏载报警车对偏载报警车拍照不少于2张，一张为带车号的整体照片，其他为能反映核实偏载情况的整体或局部照片；偏重报警车拍照不少于3张，一张为带车号的整体照片，其他为能反映车辆两端装载情况或整体照片。

4. 车站对甩下的超载货车进行卸载处理，并确认货物重量不超过货车容许载重量且不偏载不偏重后，方可编入列车继续运行。对甩下的偏载偏重货车进行处理，并确认不偏载不偏重后方可放行。

四、该车存在的问题

1. 超载：该车装载净重＝总重－自重＝93.92－21.4＝72.52(t)。

C_{62AK} 型货车装运煤炭允许装载量为：60＋2＋1.2＝63.2(t)，实际超载 9.32 t。小于 10 t，属一般超载。

2. 偏重：两转向架负重差＝42.44－30.08＝12.36(t)，小于 15 t，属一般偏重。

五、对该车的处理

依据《铁路货运计量安全检测设备运用管理规则》规定：对一般超偏载货车，货检站在确认不危及行车安全时可不甩车整理，应记录车种、车号、发到站、货物品名等，并将上述信息及时通知发到站，电报通知下一编组站。同时在 24 h 内将信息上报铁路局集团公司货运主管部门。

S5　成件包装货物的检查

铁道行业职业技能认定货检员高级工操作技能考核准备通知单

考核时间：60 min

一、鉴定站准备

1. 材料准备

序　号	材料名称	规　格	数　量	备　注
1	《铁路货物装载加固规则》	本	1	
2	《铁路货物运输管理规则》	本	1	
3	《铁路货物损失处理规则》	本	1	
4	《货车篷布管理规则》	本	1	

2. 考场准备

(1)工具、材料准备：鉴定站提供空白普通记录和电报用纸及墨水。

(2)供考试用教室 1 间。考场内须光线充足，空气良好，环境安静，卫生整洁。

二、考生准备

考生需自备考试工具。

铁道行业职业技能认定货检员高级工操作技能考核试卷(考评员用)

试题名称：成件包装货物的检查

试题内容：某站承运袋装玉米一批，票记件数为 670 件，每件包装标记重量 100 kg，使用

C_{62A}型敞车装运，苫盖路布一块。途经货检站时经检查发现车体外胀180 mm，未苫盖篷布绳网。问：

1. 装载成件包装货物时应达到何种标准？
2. 途中货检站如何检查篷布苫盖状态？
3. 该车存在何种问题？
4. 运输途中发现未按规定使用篷布绳网时应如何处理？

一、技术要求

1. 答题符合相关法律、法规、规章和标准的规定。
2. 技术用语规范。
3. 工具、设备使用应符合规定。

二、考核要求

1. 作业过程完整。
2. 本项技能认定属综合型考试。
3. 本项技能认定由被认定人独立完成。

三、考核时限

1. 准备时间：10 min。
2. 正式操作时间：60 min。
3. 在规定时间内全部完成，不加分，也不扣分。每超时1 min，从总分扣5分，总超时5 min停止作业。

四、考核评分

1. 考评人员3名及以上。
2. 评分点见“考核评分记录表”。
3. 评分程序及规则：考评员各自根据考生作业程序在评分表上给予记录评分，取平均分为评定得分。
4. 算分方法：百分制计算，满分100分，60分为及格。

五、否定项

若考生发生下列情况之一，则应及时终止其考试，考生该试题成绩记为零分。

1. 答卷时不能互借文具。
2. 严禁考试作弊。
3. 考试时保持安静不得交头接耳。

铁道行业职业技能认定货检员高级工操作技能考核试卷(考生用)

单位：　　　　　　　　　　　　　姓名：　　　　　　　　　　　　　准考证号：

试题内容：某站承运袋装玉米一批，票记件数为670件，每件包装标记重量100 kg，使用C_{62A}型敞车装运，苫盖路布一块。途经货检站时经检查发现车体外胀180 mm，未苫盖篷布绳网。问：

1. 装载成件包装货物时应达到何种标准？
2. 途中货检站如何检查篷布苫盖状态？
3. 该车存在何种问题？
4. 运输途中发现未按规定使用篷布绳网时应如何处理？

铁道行业职业技能认定货检员高级工操作技能考核评分记录表

准考证号：　　　　　　姓名：　　　　　　性别：　　　　　　单位：

试题名称：成件包装货物的检查　　　　　　　　　　　　　　　　考核时间：60 min

操作开始时间：　　时　　分　　　　　　　　操作结束时间：　　时　　分

序号	考核内容	考 核 要 点	配分	评 分 标 准	扣分	得分
1	着装，标志佩戴	按规定着装，标志齐全	5			
2	人身安全	执行“一站、二看、三通过”、横越线路等人身安全的有关规定	5			
3	试卷质量	层次分明、清晰、整洁、文字流畅、无错别字	5			
4	装载成件包装货物的标准	装载成件包装货物码放	7			
		超出货车端侧	7			
		袋装货物起脊	7			
5	途中货检站检查篷布苫盖状态	篷布苫盖状态	6			
		绳索拴结、捆绑情况	6			
		篷布下垂部分长度	6			
		车辆两侧篷布情况	6			
6	存在的问题	超载计算	10			
		车体外胀	10			
7	运输中发现未使用篷布绳网的处理	补苫、拍发电报	20			
合计			100			

否定项：若考生发生下列情况之一，则应及时终止其考试，该考生成绩记为零分。
1. 操作不当造成设备、工具、仪器和材料损坏。
2. 严重违反安全作业规程，违反考试纪律。

考评员：　　　　　　　　　　　　总分人：　　　　　　　　　　　　年　　月　　日

参考答案要点

一、着装及标志佩戴

按规定穿着带有反光标志的防护服，携带手持机(或对讲机)及作业工具备品。

二、人身安全

1. 横越线路时，眼看、手指、口呼，必须做到"一站、二看、三通过"，并注意左右机车、车辆动态及脚下有无障碍物，严禁来车时抢越线路。

2. 必须横越停有机车、车辆的线路时，应先确认机车、车辆暂不移动，然后在距机车、车辆5 m以外处绕行通过。

三、装载成件包装货物时应达到的标准

1. 装载成件包装货物时，应排列紧密、整齐。当装载高度或宽度超出货车端侧墙(板)时，应层层压缝，梯形码放，四周货物倾向中间，两侧超出侧墙(板)的宽度应一致。袋装货物袋(扎)口应朝向车内。

2. 对超出货车端侧墙(板)高度的成件包装货物，应用绳网或绳索串联一起捆绑牢固，也可用挡板(壁)、支柱、镀锌铁线(盘条)等加固。

3. 袋装货物起脊部分应使用上封式绳网等进行加固。

四、途中货检站检查篷布苫盖状态

1. 篷布苫盖平坦，货物不外露，两端包角密贴，两侧线条流畅。各部位不超限。

2. 绳索拴结、捆绑位置正确，绳结牢固，无松弛脱落，捆绑在绳栓上的绳索呈蝶翅形结，绳头余尾长度100～300 mm。

3. 货车人力制动机一端篷布下垂遮盖端板部分长度300～500 mm。货车人力制动机闸盘外露，不影响人力制动机及提钩杆使用。另一端的下垂高度600 mm左右，篷布过长时可超过此限制，但不得影响压绳使用。

4. 车辆两侧篷布下垂高度一致。

五、该车存在问题

1. 因C_{62A}型装运成件包装玉米，允许增载货车标重的2%和2 t，即可载重$60+60\times2\%+2=63.2$(t)。而货物总重为$670\times0.1=67$(t)，故该车超载$67-63.2=3.8$(t)。

2. 车体外胀180 mm。

3. 未苫盖篷布绳网。

六、运输途中发现未按规定使用篷布绳网时处理方式

运输途中发现未按规定使用篷布绳网时，发现站补苫后方可继续运输，相关费用向发站清算，并将漏苫和处理情况拍发电报通知发站、发局并抄所在局、国铁集团货运部。

S6 棚车装烤烟发生火灾事故的处理及换装

铁道行业职业技能认定货检员高级工操作技能考核准备通知单

考核时间:60 min

一、鉴定站准备

1. 材料准备

序　　号	材料名称	规　　格	数　　量	备　　注
1	《铁路货物运输规程》	本	1	
2	《铁路货物装载加固规则》	本	1	
3	《铁路货物损失处理规则》	本	1	
4	《铁路货物运输管理规则》	本	1	

2. 考场准备

(1)工具、材料准备:鉴定站提供空白普通记录和电报用纸及墨水。

(2)供模拟考试用教室1间,考场内须光线充足,空气良好,环境安静,卫生整洁。

二、考生准备

考生需自备考试用具。

铁道行业职业技能认定货检员高级工操作技能考核试卷(考评员用)

试题名称:棚车装烤烟发生火灾事故的处理及换装

试题内容:甲站2023年3月26日承装到乙站烤烟一车,600件,票号38261,保价24万元,车号P_{60} 3303484,施封运输。2023年3月31日7时05分,80037次列车到达丙站6道,该车编于机后第八位。货检车体完整,施封有效。当日14时25分发现该车冒烟起火,经组织抢救,于14时50分将火扑灭。被全部烧毁的烤烟85件,部分烧损的42件,不同程度湿损的260件,棚车内墙板被烧损1 600 mm×1 840 mm已成洞。损失达10万元以上。经公安处消防科鉴定为外来火源引起燃烧。问:

1. 发生火灾,应如何处理?
2. 草拟货物损失速报。
3. 应使用哪种货车换装?发生车种代用时应做哪些工作?
4. 换装前如何检查车辆?
5. 如何正确施封?

一、技术要求

1. 答题符合相关法律、法规、规章和标准的规定。

2. 技术用语规范。

3. 工具、设备使用应符合规定。

二、考核要求

1. 作业过程完整。

2. 本项技能认定属综合型考试。

3. 本项技能认定由被认定人独立完成。

三、考核时限

1. 准备时间:10 min。

2. 正式操作时间:60 min。

3. 在规定时间内全部完成,不加分,也不扣分。每超时 1 min,从总分扣 5 分,总超时 5 min 停止作业。

四、考核评分

1. 考评人员 3 名以上。

2. 评分点见“考核评分记录表”。

3. 评分程序及规则:考评员各自根据考生作业程序在评分表上给予记录评分,取平均分为评定得分。

4. 算分方法:百分制计算,满分 100 分,60 分为及格。

五、否定项

若考生发生下列情况之一,则应及时终止其考试,该考生成绩记为零分。

1. 操作不当造成设备、工具、仪器和材料损坏。

2. 严重违反安全作业规程,违反考试纪律。

铁道行业职业技能认定货检员高级工操作技能考核试卷(考生用)

单位: 姓名: 准考证号:

试题内容:甲站 2023 年 3 月 26 日承装到乙站烤烟一车,600 件,票号 38261,保价 24 万元,车号 P_{60} 3303484,施封运输。2023 年 3 月 31 日 7 时 05 分,80037 次列车到达丙站 6 道,该车编于机后第八位。货检车体完整,施封有效。当日 14 时 25 分发现该车冒烟起火,经组织抢救,于 14 时 50 分将火扑灭。被全部烧毁的烤烟 85 件,部分烧损的 42 件,不同程度湿损的 260 件,棚车内墙板被烧损 1 600 mm×1 840 mm 已成洞。损失达 10 万元以上。经公安处消防科鉴定为外来火源引起燃烧。问:

1. 发生火灾,应如何处理?

2. 草拟货物损失速报。

3. 应使用哪种货车换装?发生车种代用时应做哪些工作?

4. 换装前如何检查车辆?

5. 如何正确施封?

铁道行业职业技能认定货检员高级工操作技能考核评分记录表

准考证号：　　　　　　　　姓名：　　　　　　　　性别：　　　　　　　　单位：

试题名称：棚车装烤烟发生火灾事故的处理及换装　　　　　　　　　　考核时间：60 min

操作开始时间：　　时　　分　　　　　　　　　　操作结束时间：　　时　　分

序号	考核内容	考 核 要 点	配分	评 分 标 准	扣分	得分
1	着装，标志佩戴	按规定着装，标志齐全	5			
2	人身安全	执行“一站、二看、三通过”、横越线路等人身安全的有关规定	5			
3	试卷质量	层次分明、清晰、整洁、文字流畅、无错别字	5			
4	火灾处理	上报，采取防护措施，处理损失车辆	15			
		拍发“货物损失速报”	5			
5	货物损失速报	货物损失速报内容及格式	30			
6	发生车种代用时应做的工作	确定哪种货车换装	5			
		车种代用	10			
7	换装前检查车辆	装车前检查	10			
8	正确施封	施封时	5			
		施封后	5			
合计			100			

否定项：若考生发生下列情况之一，则应及时终止其考试，考生该试题成绩记为零分。
1. 答卷时不能互借文具。
2. 严禁考试作弊。
3. 考试时保持安静不得交头接耳。

考评员：　　　　　　　　　　　　　　总分人：　　　　　　　　　　　　　　年　　月　　日

参考答案要点

一、着装及标志佩戴

按规定穿着带有反光标志的防护服，携带手持机（或对讲机）及作业工具备品。

二、人身安全

1. 横越线路时，眼看、手指、口呼，必须做到“一站、二看、三通过”，并注意左右机车、车辆动态及脚下有无障碍物，严禁来车时抢越线路。

2. 必须横越停有机车、车辆的线路时，应先确认机车、车辆暂不移动，然后在距机车、车辆5 m以外处绕行通过。

三、发现火灾的处理方法

1. 迅速调离事故车至安全地点，组织力量扑灭火种。

2. 在 1 h 内用电话逐级上报。

3. 及时向公安机关报案及会同处理。

4. 清查货物损失情况，编制货运记录，保护现场并采取相应的安全防护措施。

5. 正确妥善处理损失车辆和损失货物。

6. 在 24 h 内向有关车站、直属站段、铁路局集团公司以电报形式拍发“货物损失速报”，抄送国铁集团货运部。

四、草拟货物损失速报

货物损失速报内容及格式：

主送：甲站

抄送：国铁集团货运部、A 局货运部、丙站公安处、乙站

货物一级损失速报

一级损失，火灾

3 月 28 日 14 时 25 分，丙站

甲站发乙站烤烟，3 月 26 日承运

P_{60} 3303484，票号 38261，整车，保价 24 万元

7 时 05 分，该车到达进入 6 道，14 时 25 分发现该车冒烟起火，随即组织力量施救，于 14 时 50 分将火扑灭。经会同公安查验，烤烟被不同程度烧损的 127 件，湿损 260 件；棚车一侧内木墙板被烧损面积为 1 680 mm×1 840 mm 已成洞。直接经济损失 10 万元以上。我站已将原车扣留。

请速查承载情况复有关，请丙站公安处速派人调查处理。

丙站
2023 年 3 月 31 日
（公章）

五、使用换装货车种类，发生车种代用时的工作

烤烟属易燃、怕湿货物，按《铁路货物运输管理规则》规定，应使用棚车装运。

如无棚车装运而敞车代用时，应按《铁路货物运输规规程》和《铁路货物运输管理规则》要求报铁路局集团公司承认，并将批准代用命令号码记载在货票“记事”栏内；装车时采取保证货物安全的相应措施，如防火、防湿措施。

六、换装前检查车辆

装车前，应认真检查货车的车体（包括透光检查）、车窗是否完好；有无扣修通知、色票、货车洗刷回送标签或通行限制；定检施修是否过期；车内是否干净，是否被毒物污染；车内是否有恶臭异味。

七、正确施封

施封时，应使用粗铁线将两侧车门上部门扣和口鼻拧固并剪断燕尾，在每一车门下部门扣处各施施封锁一枚。施封后需对施封锁的锁闭状态进行检查，确认落锁有效，车门不能拉开。

S7　平车装运钢板的检查

铁道行业职业技能认定货检员高级工操作技能考核准备通知单

考核时间：60 min

一、鉴定站准备

1. 材料准备

序　　号	材料名称	规　　格	数　　量	备　　注
1	《铁路货物装载加固规则》	本	1	
2	《铁路货物运输管理规则》	本	1	
3	《铁路货运检查管理规则》	本	1	

2. 考场准备

(1)工具、材料准备：鉴定站提供空白普通记录和电报用纸及墨水。

(2)供考试用教室1间。考场内须光线充足，空气良好，环境安静，卫生整洁。

二、考生准备

考生需自备考试工具。

铁道行业职业技能认定货检员高级工操作技能考核试卷(考评员用)

试题名称：平车装运钢板的检查

试题内容：某站到达一列车，其中有一车钢板，所用加固绳索均为钢丝绳。请回答下列问题：

1. 预检的技术要求是什么？
2. 简述对该车的检查过程。
3. 检查中发现中部钢板钢丝绳松动，货物向左侧偏移，货检站应如何处理？
4. 作业中应注意的人身安全有哪些？

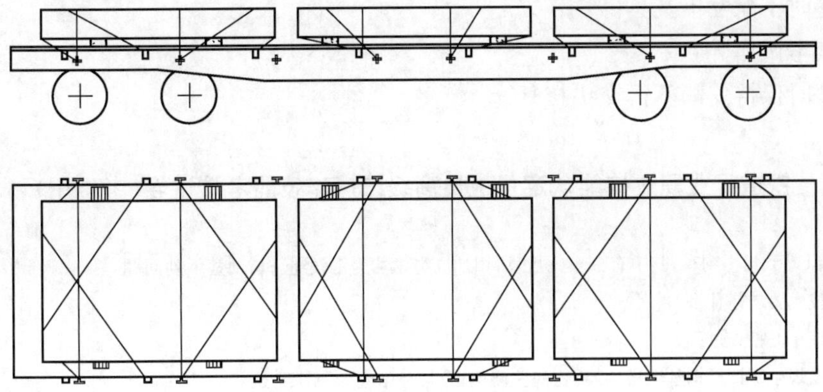

一、技术要求

1. 答题符合相关法律、法规、规章和标准的规定。
2. 技术用语规范。
3. 工具、设备使用应符合规定。

二、考核要求

1. 作业过程完整。
2. 本项技能认定属综合型考试。
3. 本项技能认定由被认定人独立完成。

三、考核时限

1. 准备时间:10 min。
2. 正式操作时间:60 min。
3. 在规定时间内全部完成,不加分,也不扣分。每超时 1 min,从总分扣 5 分,总超时 5 min 停止作业。

四、考核评分

1. 考评人员 3 名及以上。
2. 评分点见“考核评分记录表”。
3. 评分程序及规则:考评员各自根据考生作业程序在评分表上给予记录评分,取平均分为评定得分。
4. 算分方法:百分制计算,满分 100 分,60 分为及格。

五、否定项

若考生发生下列情况之一,则应及时终止其考试,考生该试题成绩记为零分。

1. 答卷时不能互借文具。
2. 严禁考试作弊。
3. 考试时保持安静不得交头接耳。

铁道行业职业技能认定货检员高级工操作技能考核试卷(考生用)

单位： 姓名： 准考证号：

试题内容：某站到达一列车，其中有一车钢板，所用加固绳索均为钢丝绳。请回答下列问题：

1. 预检的技术要求是什么？
2. 简述对该车的检查过程。
3. 检查中发现中部钢板钢丝绳松动，货物向左侧偏移，货检站应如何处理？
4. 作业中应注意的人身安全有哪些？

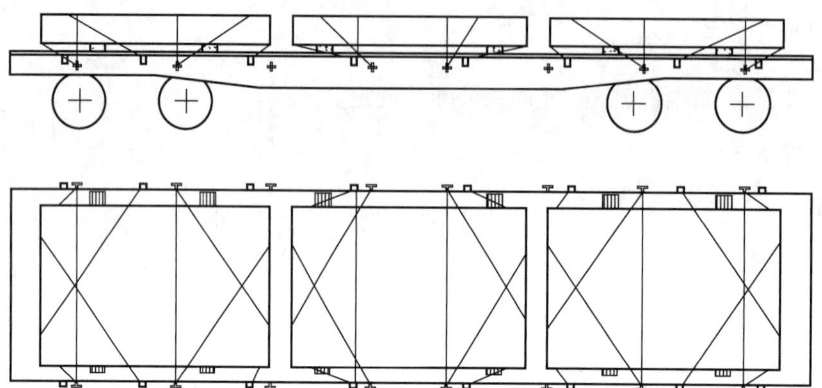

铁道行业职业技能认定货检员高级工操作技能考核评分记录表

准考证号： 姓名： 性别： 单位：

试题名称：平车装运钢板的检查 考核时间：60 min

操作开始时间： 时 分 操作结束时间： 时 分

序号	考核内容	考核要点	配分	评分标准	扣分	得分
1	着装，标志佩戴	按规定着装，标志齐全	5			
2	人身安全	执行“一站、二看、三通过”、横越线路等人身安全的有关规定	5			
3	试卷质量	层次分明、清晰、整洁、文字流畅、无错别字	5			
4	预检的技术要求	未运用“货检应用”的车站预检	10			
		运用“货检应用”的车站预检	10			
5	对该车的检车过程	车辆选用	5			
		装载加固	10			
		装载方法	10			
6	问题处理	问题处理方法	15			

续上表

序号	考核内容	考核要点	配分	评分标准	扣分	得分
7	作业中应注意的人身安全	货检作业防护措施	15			
		安全规定	10			
合计			100			
否定项：若考生发生下列情况之一，则应及时终止其考试，该考生成绩记为零分。 1. 操作不当造成设备、工具、仪器和材料损坏。 2. 严重违反安全作业规程，违反考试纪律。						

考评员：　　　　总分人：　　　　年　月　日

参考答案要点

一、着装及标志佩戴

按规定穿着带有反光标志的防护服，携带手持机(或对讲机)及作业工具备品。

二、人身安全

1. 横越线路时，眼看、手指、口呼，必须做到“一站、二看、三通过”，并注意左右机车、车辆动态及脚下有无障碍物，严禁来车时抢越线路。

2. 必须横越停有机车、车辆的线路时，应先确认机车、车辆暂不移动，然后在距机车、车辆 5 m 以外处绕行通过。

三、预检要求的技术要求

1. 在列车到达前 5 min，货检员应出场立岗，在列车到达、通过时，对列车进行目测预检。

2. 运用“货检应用”的车站，可以通过视频监控、超偏载检测等设备对到达列车进行预检。

四、对该车的检查过程

1. 选用车辆是否符合《铁路货物装载加固规则》及附件一“装载加固定型方案”的规定要求。

2. 钢板有无位移，钢丝绳是否松动，钢丝绳与钢板和车辆棱角接触处是否采取防磨措施。

3. 钢丝绳使用的绳夹数及绳夹间距是否符合要求。

4. 钢板与车地板有无防滑材料。

5. 使用平车装载钢板时，可单排或双排顺装，装载高度超出端、侧板时，可使用支柱。每垛钢板采用反又字下压加固，视钢板长度不少于 2 道，端部采用交叉斜拉加固。

五、问题处理

该车中部钢板钢丝绳松动且钢板向左侧偏移，危及运输安全不得放行。应立即通知车站调度员(值班员)进行甩车处理,并编制普通记录,在列车到后 120 min 内向上一货检站及发、到站拍发电报,送整装场地进行整理。

六、作业中应注意的人身安全

1. 货检作业时,应采取有效的防护措施,确保货检人员的人身和作业安全。

2. 相邻线路通过机车车辆时,作业人员应提前暂停作业。

3. 电气化区段作业时,应按有关规定办理。

4. 严格执行劳动安全的有关规定。

5. 在列整理时,应先确认货物装载加固状态及车门的关闭状态,确保安全后再进行作业。检查装有易燃易爆等危险货物的货车时,严禁明火接近、敲打罐体或进入车(罐)内。

S8　中欧班列超偏载问题车检查处理

铁道行业职业技能认定货检员高级工操作技能考核准备通知单

考核时间:60 min

一、鉴定站准备

1. 材料准备

序　　号	材料名称	规　　格	数　　量	备　　注
1	《铁路货物运输管理规则》	本	1	
2	《铁路货运检查管理规则》	本	1	
3	《铁路货运计量安全检测设备运用管理规则》	本	1	
4	《关于加强中欧班列安全管理工作的通知》	本	1	

2. 考场准备

(1)工具、材料准备:鉴定站提供空白普通记录和电报用纸及墨水。

(2)供模拟考试用教室 1 间,考场内须光线充足,空气良好,环境安静,卫生整洁。

二、考生准备

考生需自备考试用具。

铁道行业职业技能认定货检员高级工操作技能考核试卷(考评员用)

试题名称:中欧班列超偏载问题车检查处理

试题内容:甲站接 X82010 次列车(直通列车、中欧班列),2022 年 6 月 5 日 9 时 20 分到达,车号 X_{70} 5228579,发站:乙站,到站:丙站,品名:四重一,箱主代码 TBPU、箱号 254302,经超偏载检测装置检测偏重 16.1 t。车站调度员于 12 时 10 分将该车送到整理线;6 月 6 日 14 时整理完毕后挂入列车继运。上一货检站为丁站，下一编组站为戊站。

1. 请问存在什么问题？车站如何处理？

2. 货检站严重超偏载货车整理作业流程是什么？

3. 电报包括什么内容？

4. 请草拟电报稿。

一、技术要求

1. 答题符合相关法律、法规、规章和标准的规定。

2. 技术用语规范。

3. 工具、设备使用应符合规定。

二、考核要求

1. 作业过程完整。

2. 本项技能认定属综合型考试。

3. 本项技能认定由被认定人独立完成。

三、考核时限

1. 准备时间：10 min。

2. 正式操作时间：60 min。

3. 在规定时间内全部完成，不加分，也不扣分。每超时 1 min，从总分扣 5 分，总超时 5 min 停止作业。

四、考核评分

1. 考评人员 3 名及以上。

2. 评分点见“考核评分记录表”。

3. 评分程序及规则：考评员各自根据考生作业程序在评分表上给予记录评分，取平均分为评定得分。

4. 算分方法：百分制计算，满分 100 分，60 分为及格。

五、否定项

若考生发生下列情况之一，则应及时终止其考试，该考生成绩记为零分。

1. 操作不当造成设备、工具、仪器和材料损坏。

2. 严重违反安全作业规程，违反考试纪律。

铁道行业职业技能认定货检员高级工操作技能考核试卷(考生用)

单位：　　　　　　　　　　　　姓名：　　　　　　　　　　　　准考证号：

试题内容：甲站接 X82010 次列车(直通列车、中欧班列)，2022 年 6 月 5 日 9 时 20 分到达，车号 X_{70} 5228579，发站：乙站，到站：丙站，品名：四重一，箱主代码 TBPU、箱号 254302，经超偏载检测装置检测偏重 16.1 t。车站调度员于 12 点 10 分将该车送到整理线；6 月 6 日 14 时整理完毕后挂入列车继运。上一货检站为丁站，下一编组站为戊站。

1. 请问存在什么问题？车站如何处理？
2. 货检站严重超偏载货车整理作业流程是什么？
3. 电报包括什么内容？
4. 请草拟电报稿。

铁道行业职业技能认定货检员高级工操作技能考核评分记录表

准考证号：　　　　　　姓名：　　　　　　性别：　　　　　　单位：

试题名称：中欧班列超偏载问题车检查处理　　　　　　考核时间：60 min

操作开始时间：　　时　　分　　　　　　操作结束时间：　　时　　分

序号	考核内容	考 核 要 点	配分	评 分 标 准	扣分	得分
1	着装，标志佩戴	按规定着装，标志齐全	5			
2	人身安全	执行“一站、二看、三通过”、横越线路等人身安全的有关规定	5			
3	试卷质量	层次分明、清晰、整洁、文字流畅、无错别字	5			
4	存在问题，车站处理方式	超偏载检测装置检测偏重 16.1 t，为严重偏重问题	5			
		通知车站调度员（值班员）甩车整理	10			
		编制普通记录送指定线路整理	5			
		报告铁路局集团公司调度	5			
		拍发电报，传真至中欧班列客户服务中心	10			
5	电报内容	列车车次、到达时分，车种、车号、发到站，箱主代码、箱号，甩车原因等	15			
6	草拟电报稿	拍发电报	35			
合计			100			

否定项：若考生发生下列情况之一，则应及时终止其考试，考生该试题成绩记为零分。
1. 答卷时不能互借文具。
2. 严禁考试作弊。
3. 考试时保持安静不得交头接耳。

考评员：　　　　　　　　总分人：　　　　　　　　年　　月　　日

参考答案要点

一、着装及标志佩戴

按规定穿着带有反光标志的防护服，携带手持机（或对讲机）及作业工具备品。

二、人身安全

1. 横越线路时，眼看、手指、口呼，必须做到“一站、二看、三通过”，并注意左右机车、车辆

动态及脚下有无障碍物，严禁来车时抢越线路。

2. 必须横越停有机车、车辆的线路时，应先确认机车、车辆暂不移动，然后在距机车、车辆5 m以外处绕行通过。

三、存在问题及车站处理方式

超偏载检测装置检测偏重16.1 t，为严重偏重问题。

1. 货检值班员通知车站调度员（值班员）甩车整理。

2. 编制普通记录送指定线路整理。

3. 中欧班列在途中因危及行车安全等特殊情况甩车时，车站要立即报告铁路局集团公司调度。

4. 在列车到达本站2 h内向上一货检站、主管铁路局集团公司货运部、发到站、中铁集装箱公司拍发电报，并传真至中欧班列客户服务中心（021-76418）。

四、电报内容

电报内容包括：列车车次、到达时分，甩下车辆的车种、车号、发站、到站，箱主代码、箱号，甩车原因等。

五、草拟电报稿

主送：丁站、中铁集装箱公司

抄送：乙站、丙站、甲站局货运主管部门（货运部）

正文：我站2022年6月5日9点20分接X82010次中欧班列，经我站超偏载检测装置检测发现X_{70} 5228579、发站乙站、到站丙站、品名四重一、箱主代码TBPU、箱号254302，偏重16.1 t，我站甩车整理。

甲站
2022年6月5日
（公章）

S9　棚车装运危险货物的检查

铁道行业职业技能认定货检员高级工操作技能考核准备通知单

考核时间：60 min

一、鉴定站准备

1. 材料准备

序　　号	材料名称	规　　格	数　　量	备　　注
1	《铁路危险货物运输管理规则》	本	1	
2	《铁路货运检查管理规则》	本	1	

2. 考场准备

(1)工具、材料准备:鉴定站提供空白普通记录和电报用纸及墨水。

(2)供考试用教室1间。考场内须光线充足,空气良好,环境安静,卫生整洁。

二、考生准备

考生需自备考试工具。

铁道行业职业技能认定货检员高级工操作技能考核试卷(考评员用)

试题名称:棚车装运危险货物的检查

试题内容:甲货检站到达两辆重车,装有农药(属于剧毒品),车号 W5SK 8002416、W5SK 8002417,派有押运人员2名,每车乘坐1人。该车到后车站立即通知铁路公安部门看守。货检员在作业过程中发现其中一车一侧无封。请回答下列问题:

1. 同一托运人、同一到站押运方式、车辆及人数有何规定?
2. 货检人员对剧毒品车辆检查有何要求?
3. 上述车辆存在哪些问题?如何处理?

一、技术要求

1. 答题符合相关法律、法规、规章和标准的规定。
2. 技术用语规范。
3. 工具、设备使用应符合规定。

二、考核要求

1. 作业过程完整。
2. 本项技能认定属综合型考试。
3. 本项技能认定由被认定人独立完成。

三、考核时限

1. 准备时间:10 min。
2. 正式操作时间:60 min。
3. 在规定时间内全部完成,不加分,也不扣分。每超时1 min,从总分扣5分,总超时5 min停止作业。

四、考核评分

1. 考评人员3名及以上。
2. 评分点见“考核评分记录表”。
3. 评分程序及规则:考评员各自根据考生作业程序在评分表上给予记录评分,取平均分为评定得分。
4. 算分方法:百分制计算,满分100分,60分为及格。

五、否定项

若考生发生下列情况之一，则应及时终止其考试，考生该试题成绩记为零分。

1. 答卷时不能互借文具。
2. 严禁考试作弊。
3. 考试时保持安静不得交头接耳。

铁道行业职业技能认定货检员高级工操作技能考核试卷(考生用)

单位：　　　　　　　　　　　　姓名：　　　　　　　　　　　　准考证号：

试题内容：甲货检站到达两辆重车，装有农药(属于剧毒品)，车号 W_{5SK} 8002416、W_{5SK} 8002417，派有押运人员 2 名，每车乘坐 1 人。该车到后车站立即通知铁路公安部门看守。货检员在作业过程中发现其中一车一侧无封。请回答下列问题：

1. 同一托运人、同一到站押运方式、车辆及人数有何规定？
2. 货检人员对剧毒品车辆检查有何要求？
3. 上述车辆存在哪些问题？如何处理？

铁道行业职业技能认定货检员高级工操作技能考核评分记录表

准考证号：　　　　　　姓名：　　　　　　性别：　　　　　　单位：

试题名称：棚车装运危险货物的检查　　　　　　　　　　　　考核时间：60 min

操作开始时间：　　时　　分　　　　　　操作结束时间：　　时　　分

序号	考核内容	考核要点	配分	评分标准	扣分	得分
1	着装，标志佩戴	按规定着装，标志齐全	5			
2	人身安全	执行"一站、二看、三通过"、横越线路等人身安全的有关规定	5			
3	试卷质量	层次分明、清晰、整洁、文字流畅、无错别字	5			
4	同一托运人、同一到站押运方式、车辆及人数的规定	气体类罐车押运人数及编组隔离	5			
		剧毒品车辆押运人数及编组	5			
		硝酸铵车辆押运人数及编组	5			
		爆炸品车辆押运人数	5			
		其他编组隔离规定	10			
6	货检人员对剧毒品车辆检查要求	检查重点	10			
		检查签认	10			
7	存在的问题及处理	存在问题	5			
		处理方法	30			
合计			100			

否定项：若考生发生下列情况之一，则应及时终止其考试，该考生成绩记为零分。
1. 操作不当造成设备、工具、仪器和材料损坏。
2. 严重违反安全作业规程，违反考试纪律。

考评员：　　　　　　　　　　　　总分人：　　　　　　　　　　　　年　　月　　日

参考答案要点

一、着装及标志佩戴

按规定穿着带有反光标志的防护服，携带手持机(或对讲机)及作业工具备品。

二、人身安全

1. 横越线路时，眼看、手指、口呼，必须做到“一站、二看、三通过”，并注意左右机车、车辆动态及脚下有无障碍物，严禁来车时抢越线路。

2. 必须横越停有机车、车辆的线路时，应先确认机车、车辆暂不移动，然后在距机车、车辆5 m以外处绕行通过。

三、同一托运人、同一到站押运方式、车辆及人数的规定

1. 气体类6辆重(空)罐车(含带押运间车辆)以内编为1组，每组押运员不得少于2人。每列编挂不得超过3组。每组间的隔离车不得少于10辆(原则上需要用普通货物车辆隔离)。

2. 剧毒品(铁路危险货物品名表“特殊规定”栏有第67条特殊规定的)4辆(含带押运间车辆)以内编为1组，每组2人押运；2组以上押运人数由铁路局集团公司确定。

3. 硝酸铵4辆以内编为1组，每组2人押运；2组以上押运人数由铁路局集团公司确定。

4. 爆炸品(烟花爆竹除外)每车2人押运。

上述车辆编组隔离除符合以上规定外，还应符合《铁路技术管理规程(普速铁路部分)》关于铁路车辆编组隔离的规定。

派有押运员的车辆，成组挂运时，途中不得拆解。

四、货检人员对剧毒品车辆检查要求

货检员与押运员(不需押运的除外)对车辆及货物的状态进行认真检查并做好录。

1. 车站货检人员对剧毒品车辆应作重点检查，用数码相机或手持机两侧拍照(如车号、施封、门窗状况)，并存档保管至少3个月。

2. 货检人员应与押运员在所押运的车辆前签认，签认内容见“全程押运签认登记表”。

3. 确认押运员姓名、身份证号与货物运单记载是否一致。确认押运员有无培训合格证明。确认危险货物押运员人数是否符合规定。着装是否规范。

五、存在的问题及处理

问题：缺少1名押运员及一辆货车一侧无封。

处理：运输时发现押运备品不符合要求，押运员身份与携带证件不符或押运员缺乘、漏乘时应及时甩车，做好登记，并通知发站或到站联系托运人、收货人补齐押运员或押运备品，编制普通记录后方可继运。

运输过程中发现装有剧毒品的车辆或集装箱无封、封印无效以及有异状时，应立即甩车，

并报告铁路公安部门共同清点，按规定进行处理。如发生丢失被盗等问题，立即报告铁路局集团公司和国铁集团调度、货运部门及铁路公安部门。

S10　敞车装运卷钢车辆的交接检查

铁道行业职业技能认定货检员高级工操作技能考核准备通知单

考核时间：60 min

一、鉴定站准备

1. 材料准备

序　　号	材料名称	规　　格	数　　量	备　　注
1	《铁路技术管理规程》	本	1	
2	《铁路货物装载加固规则》	本	1	

2. 考场准备

(1)工具、材料准备：鉴定站提供空白普通记录和电报用纸及墨水。

(2)供模拟考试用教室1间，考场内须光线充足，空气良好，环境安静，卫生整洁。

二、考生准备

考生需自备考试用具。

铁道行业职业技能认定货检员高级工操作技能考核试卷(考评员用)

试题名称：敞车装运卷钢车辆的交接检查

试题内容：甲站发丙站卷钢，使用C_{64K} 4862338装载，编23001次列车于2022年9月16日到达乙站。货检员立岗接车时，目测该车有倾斜过度现象。请回答：

1. 重、空车体胀出和倾斜的限度分别是多少？

2. 车体倾斜的主要原因及危害是什么？

3. 如何测量货车的倾斜量？

4. 若装运3件规格相同的卷钢(卷钢件重18 t，卷径不小于1 300 mm)，均衡的装在车地板上，卷钢与车地板间衬垫拼接的条形草支垫，按照定型方案要求装车。该车装载加固是否符合要求？若不符合，请指出违章之处？

5. 简述卷钢装载的基本要求。

一、技术要求

1. 答题符合相关法律、法规、规章和标准的规定。

2. 技术用语规范。

3. 工具、设备使用应符合规定。

二、考核要求

1. 作业过程完整。
2. 本项技能认定属综合型考试。
3. 本项技能认定由被认定人独立完成。

三、考核时限

1. 准备时间:10 min。
2. 正式操作时间:60 min。
3. 在规定时间内全部完成,不加分,也不扣分。每超时 1 min,从总分扣 5 分,总超时 5 min 停止作业。

四、考核评分

1. 考评人员 3 名及以上。
2. 评分点见“考核评分记录表”。
3. 评分程序及规则:考评员各自根据考生作业程序在评分表上给予记录评分,取平均分为评定得分。
4. 算分方法:百分制计算,满分 100 分,60 分为及格。

五、否定项

若考生发生下列情况之一,则应及时终止其考试,该考生成绩记为零分。
1. 操作不当造成设备、工具、仪器和材料损坏。
2. 严重违反安全作业规程,违反考试纪律。

铁道行业职业技能认定货检员高级工操作技能考核试卷(考生用)

单位:　　　　　　　　　　　　　　　姓名:　　　　　　　　　　　　　　　准考证号:

试题内容:甲站发丙站卷钢,使用 C_{64K} 4862338 装载,编 23001 次列车于 2022 年 9 月 16 日到达乙站。货检员立岗接车时,目测该车有倾斜过度现象。请回答:

1. 重、空车体胀出和倾斜的限度分别是多少?
2. 车体倾斜的主要原因及危害是什么?
3. 如何测量货车的倾斜量?
4. 若装运 3 件规格相同的卷钢(卷钢件重 18 t,卷径不小于 1 300 mm),均衡的装在车地板上,卷钢与车地板间衬垫拼接的条形草支垫,按照定型方案要求装车。该车装载加固是否符合要求?若不符合,请指出违章之处?
5. 简述卷钢装载的基本要求。

铁道行业职业技能认定货检员高级工操作技能考核评分记录表

准考证号：　　　　姓名：　　　　性别：　　　　单位：

试题名称：敞车装运卷钢车辆的交接检查　　　　考核时间：60 min

操作开始时间：　时　分　　　　操作结束时间：　时　分

序号	考核内容	考核要点	配分	评分标准	扣分	得分
1	着装，标志佩戴	按规定着装，标志齐全	5			
2	人身安全	执行“一站、二看、三通过”、横越线路等人身安全的有关规定	5			
3	试卷质量	层次分明、清晰、整洁、文字流畅、无错别字	5			
4	重、空车体胀出和倾斜的限度	敞车车体胀出、倾斜重(空)标准	10			
5	车体倾斜原因及危害	(1)弹簧软弱和偏载。 (2)偏重，游间压死以致燃轴或颠覆	15			
6	如何测量货车的倾斜量	测定货车车体倾斜量的方法	10			
7	装载加固要求及违章之处	(1)不符合。 (2)货车中部所装卷钢件重 18 t。 (3)卷钢下衬垫的是拼接的条形草支垫	15			
8	卷钢装载的基本要求	卷钢可立装、卧装或集束立装，与车体捆绑加固，采取防滑措施，禁止混装	35			
合计			100			

否定项：若考生发生下列情况之一，则应及时终止其考试，考生该试题成绩记为零分。

1. 答卷时不能互借文具。
2. 严禁考试作弊。
3. 考试时保持安静不得交头接耳。

考评员：　　　　总分人：　　　　年　月　日

参考答案要点

一、着装及标志佩戴

按规定穿着带有反光标志的防护服，携带手持机(或对讲机)及作业工具备品。

二、人身安全

1. 横越线路时，眼看、手指、口呼，必须做到“一站、二看、三通过”，并注意左右机车、车辆动态及脚下有无障碍物，严禁来车时抢越线路。

2. 必须横越停有机车、车辆的线路时，应先确认机车、车辆暂不移动，然后在距机车、车辆 5 m 以外处绕行通过。

三、重、空车体胀出和倾斜的限度

敞车车体胀出:空车 80 mm,重车 150 mm。车体倾斜重(空)75 mm。

四、车体倾斜的主要原因及危害

车体倾斜的主要原因是:车体结构松弛,部分弹簧软弱和偏载引起。

车体倾斜可能造成的危害:使车辆重心变位,造成车辆偏重,使车底架和转向架旁承游间压死以致发生燃轴或颠覆事故。

五、如何测量货车的倾斜量

测定货车车体倾斜量的方法:测量货车车体倾斜时,将车辆推到平直线路上,可用两个吊线重锤,一个放到倾斜侧墙板的上缘上,一个放到倾斜测梁的下缘上,到吊锤垂直时,测得两线间的距离既为该车倾斜的尺寸。

六、该车装载加固是否符合要求,若不符合,请指出违章之处

不符合。

1. 货车中部所装卷钢件重 18 t,违反《铁路货物装载加固规则》"在车辆两枕梁内外等距离、宽度不小于 1.3 m 范围内和车辆中部三处承载时,中部货物重量不得大于 13 t"的规定。

2. 卷钢下衬垫的是拼接的条形草支垫,违反定型方案"卷钢与车地板之间铺垫稻草垫"的规定。

七、简述卷钢装载的基本要求

卷钢可立装、卧装或集束立装。立装时,卷钢的直径宜大于本身高度,不满足时应采取有效的防止倾覆和位移的措施。卧装时,可使用钢座架(座架须与车体固定);用木地板平车卧装时,可将相邻卷钢用夹具或镀锌铁线(盘条等)捆在一起,并用三角挡掩紧钉固。集束立装时,集束端最短距离应大于集束高度,卷钢中部用镀锌铁线(盘条等)捆绑在一起,并采取防止镀锌铁线(盘条等)下滑措施。

卷钢无论立装、卧装或集束立装,卷钢(组)本身应用镀锌铁线、盘条或钢丝绳等与车体捆绑加固(装载在座架上,以及使用凹形草支垫(含凹形玉米秸秆支垫)、稻草掩挡装运的可除外)。

卷钢使用敞车装运时,应采取有效的防滑措施。

禁止卷钢与其他货物混装。

S11　平车装载挖掘机的检查

铁道行业职业技能认定货检员高级工操作技能考核准备通知单

考核时间:60 min

一、鉴定站准备

1. 材料准备

序　　号	材料名称	规　　格	数　　量	备　　注
1	《铁路货物装载加固规则》	本	1	
2	《铁路货运检查管理规则》	本	1	

2. 考场准备

(1)工具、材料准备:鉴定站提供空白普通记录和电报用纸及墨水。

(2)供考试用教室1间。考场内须光线充足,空气良好,环境安静,卫生整洁。

二、考生准备

考生需自备考试工具。

铁道行业职业技能认定货检员高级工操作技能考核试卷(考评员用)

试题名称:平车装载挖掘机的检查

试题内容:某站到达一车装载机,如下图所示,请回答下列问题:

1. 简述常用的加固方法及要求。
2. 简述图中货物装载加固使用的材料及装载加固方法。
3. 简述该车检查过程。

一、技术要求

1. 答题符合相关法律、法规、规章和标准的规定。
2. 技术用语规范。
3. 工具、设备使用应符合规定。

二、考核要求

1. 作业过程完整。
2. 本项技能认定属综合型考试。
3. 本项技能认定由被认定人独立完成。

三、考核时限

1. 准备时间:10 min。
2. 正式操作时间:60 min。
3. 在规定时间内全部完成,不加分,也不扣分。每超时 1 min,从总分扣 5 分,总超时 5 min 停止作业。

四、考核评分

1. 考评人员 3 名及以上。
2. 评分点见“考核评分记录表”。
3. 评分程序及规则:考评员各自根据考生作业程序在评分表上给予记录评分,取平均分为评定得分。
4. 算分方法:百分制计算,满分 100 分,60 分为及格。

五、否定项

若考生发生下列情况之一,则应及时终止其考试,考生该试题成绩记为零分。
1. 答卷时不能互借文具。
2. 严禁考试作弊。
3. 考试时保持安静不得交头接耳。

铁道行业职业技能认定货检员高级工操作技能考核试卷(考生用)

单位: 姓名: 准考证号:

试题内容:某站到达一车装载机,如下图所示,请回答下列问题:

1. 简述常用的加固方法及要求。
2. 简述图中货物装载加固使用的材料及装载加固方法。
3. 简述该车检查过程。

铁道行业职业技能认定货检员高级工操作技能考核评分记录表

准考证号：　　　　　　姓名：　　　　　　性别：　　　　　　单位：

试题名称：平车装载挖掘机的检查　　　　　　　　　　　　　　考核时间：60 min

操作开始时间：　时　分　　　　　　操作结束时间：　时　分

序号	考核内容	考核要点	配分	评分标准	扣分	得分
1	着装，标志佩戴	按规定着装，标志齐全	5			
2	人身安全	执行“一站、二看、三通过”、横越线路等人身安全的有关规定	5			
3	试卷质量	层次分明、清晰、整洁、文字流畅、无错别字	5			
4	常用的加固方法及要求	常用加固方法	10			
		加固的一般要求	35			
5	加固材料使用及加固方法	使用的加固材料	10			
		装载加固方法	10			
6	该车检查过程	货物装载整体外观	10			
		加固材料使用	10			
合计			100			

否定项：若考生发生下列情况之一，则应及时终止其考试，该考生成绩记为零分。
1. 操作不当造成设备、工具、仪器和材料损坏。
2. 严重违反安全作业规程，违反考试纪律。

考评员：　　　　　　　　　　总分人：　　　　　　　　　　年　月　日

参考答案要点

一、着装及标志佩戴

按规定穿着带有反光标志的防护服，携带手持机(或对讲机)及作业工具备品。

二、人身安全

1. 横越线路时，眼看、手指、口呼，必须做到“一站、二看、三通过”，并注意左右机车、车辆动态及脚下有无障碍物，严禁来车时抢越线路。

2. 必须横越停有机车、车辆的线路时，应先确认机车、车辆暂不移动，然后在距机车、车辆5 m以外处绕行通过。

三、常用的加固方法及要求

常用加固方法有拉牵加固、挡木或钢挡加固、围挡加固、掩挡加固、腰箍下压式加固、整体捆绑等。

加固的一般要求：

1. 拉牵可采用八字形、倒八字形、交叉、又字形、反又字形或兜头等方式。

2. 使用多股镀锌铁线、盘条加固时，需用绞棍绞紧，绞紧程度不能损伤铁线、盘条。

3. 使用钢丝绳加固时，应采用配套的钢丝绳夹。使用紧线器或钢丝绳紧固器作连接装置时，紧线器或钢丝绳紧固器中的紧固装置与钢丝绳的强度应匹配。

4. 使用挡木或钢挡加固时，其高度不宜过大，与车地板之间要有足够的联结强度。

5. 掩挡的有效高度应符合要求，掩挡与车地板的联结强度必须足以保证掩挡自身不发生移动或倾覆。

6. 使用腰箍下压式加固时，每道腰箍的预紧力必须达到设计要求。

7. 必要时，加固线与货物、车辆棱角接触处应采取防磨措施。

四、图片中货物装载加固使用的材料及装载加固方法

使用的加固材料有：钢丝绳、钢丝绳绳夹、镀锌铁线、掩挡(三角挡)、橡胶垫。

装载加固方法：顺装。顺装时，轮径 1 000 mm 及以上的前后轮(组)前后端，均应安放相应规格的掩挡，掩紧钉固，并采用八字形等拉牵加固。

五、该车检查过程

货物装载整体外观及加固是否良好无异，有无移位、窜动现象。

装载机门窗是否锁闭(押运人乘坐的除外)。

车轮前后掩挡(三角挡)是否掩紧钉固，钢丝绳松紧是否适度、绳夹间距是否符合要求，所用镀锌铁线是否绞紧并采取放松措施，加固材料与货物或车辆棱角接触处是否采取防磨措施。

平车两端端板是否立起关闭。

S12 X4K 型集装箱偏载问题车处理

铁道行业职业技能认定货检员高级工操作技能考核准备通知单

考核时间：60 min

一、鉴定站准备

1. 材料准备

序　号	材料名称	规　格	数　量	备　注
1	《铁路货物装载加固规则》	本	1	
2	《铁路集装箱运输规则》	本	1	
3	《铁路货运计量安全检测设备运用管理规则》	本	1	
4	《铁路货运检查管理规则》	本	1	

2. 考场准备

(1)工具、材料准备:鉴定站提供空白普通记录和电报用纸及墨水。

(2)供模拟考试用教室1间,考场内须光线充足,空气良好,环境安静,卫生整洁。

二、考生准备

考生需自备考试用具。

铁道行业职业技能认定货检员高级工操作技能考核试卷(考评员用)

试题名称:X_{4K}型集装箱偏载问题车处理

试题内容:某站装运的一车两个20英尺集装箱重箱,如下图所示,车号为X_{4K} 5700203,经货检站超偏载检测装置检测发现该车前偏20.2 t。请回答:

1. 请指出存在问题并说明违反什么规定。
2. 货检站处置流程是什么?

一、技术要求

1. 答题符合相关法律、法规、规章和标准的规定。
2. 技术用语规范。
3. 工具、设备使用应符合规定。

二、考核要求

1. 作业过程完整。
2. 本项技能认定属综合型考试。
3. 本项技能认定由被认定人独立完成。

三、考核时限

1. 准备时间:10 min。
2. 正式操作时间:60 min。
3. 在规定时间内全部完成,不加分,也不扣分。每超时1 min,从总分扣5分,总超时5 min停止作业。

四、考核评分

1. 考评人员 3 名及以上。

2. 评分点见"考核评分记录表"。

3. 评分程序及规则:考评员各自根据考生作业程序在评分表上给予记录评分,取平均分为评定得分。

4. 算分方法:百分制计算,满分 100 分,60 分为及格。

五、否定项

若考生发生下列情况之一,则应及时终止其考试,该考生成绩记为零分。

1. 操作不当造成设备、工具、仪器和材料损坏。

2. 严重违反安全作业规程,违反考试纪律。

铁道行业职业技能认定货检员高级工操作技能考核试卷(考生用)

单位:　　　　　　　　　　　　姓名:　　　　　　　　　　　　准考证号:

试题内容:某站装运的一车两个 20 英尺集装箱重箱,如下图所示,车号为 X_{4K} 5700203,经货检站超偏载检测装置检测发现该车前偏 20.2 t。请回答:

1. 请指出存在问题并说明违反什么规定。

2. 货检站处置流程是什么?

铁道行业职业技能认定货检员高级工操作技能考核评分记录表

准考证号:　　　　　　姓名:　　　　　　性别:　　　　　　单位:

试题名称:X_{4K} 型集装箱偏载问题车处理　　　　　　考核时间:60 min

操作开始时间:　　时　　分　　　　　　操作结束时间:　　时　　分

序号	考核内容	考 核 要 点	配分	评 分 标 准	扣分	得分
1	着装,标志佩戴	按规定着装,标志齐全	5			
2	人身安全	执行"一站、二看、三通过"、横越线路等人身安全的有关规定	5			

续上表

序号	考核内容	考 核 要 点	配分	评 分 标 准	扣分	得分
3	试卷质量	层次分明、清晰、整洁、文字流畅、无错别字	5			
4	存在问题	两个 20 英尺重箱相邻装在了该车的一端	6			
		违反货物均衡、稳定、合理地分布在货车上规定	12			
		违反使用铁路货车装运集装箱规定	9			
		X_{4K} 型集装箱平车装运两个重箱时的要求	8			
5	处置流程	向车站行车调度部门报告	8			
		送入指定地点	8			
		偏载偏重复核，拍发电报	8			
		拍照留存影像资料	8			
		确认不偏载不偏重后方可放行	8			
		电报通知相关部门	10			
合计			100			

否定项：若考生发生下列情况之一，则应及时终止其考试，考生该试题成绩记为零分。
1. 答卷时不能互借文具。
2. 严禁考试作弊。
3. 考试时保持安静不得交头接耳。

考评员：　　　　总分人：　　　　年　月　日

参考答案要点

一、着装及标志佩戴

按规定穿着带有反光标志的防护服，携带手持机（或对讲机）及作业工具备品。

二、人身安全

1. 横越线路时，眼看、手指、口呼，必须做到"一站、二看、三通过"，并注意左右机车、车辆动态及脚下有无障碍物，严禁来车时抢越线路。

2. 必须横越停有机车、车辆的线路时，应先确认机车、车辆暂不移动，然后在距机车、车辆 5 m 以外处绕行通过。

三、存在问题

该车错误地将两个 20 英尺重箱相邻装在了该车的一端，造成该车严重偏重报警。

依据：X_{4K} 专用平车可装载 3 个 20 英尺集装箱。此车装运站严重违反了《铁路货物装载加固规则》第 4 条"使货物均衡、稳定、合理地分布在货车上，不超载，不偏载，不偏重，不集重"。《铁路集装箱运输规则》第 50 条"使用铁路货车装运集装箱时，全车集装箱总重不得超过货车标记载重，且应符合货车装载技术条件要求，保证货车不出现超载、偏载、偏重等问题"。《铁路集装箱运输规则》附件 4"X_{4K} 型集装箱平车装运方案第二项第四条，当装运两个重箱时，重量相差不超过 11 t,装在两端,中部可装空箱”的规定。

四、处置流程

1. 根据检测结果,核对现车无误后,及时向车站行车调度部门报告。

2. 车站行车调度部门接到货检人员报告后,值班人员及时安排甩车,并送入指定地点。

3. 车站对甩下的货车重新过衡或进行偏载偏重复核。确认超偏载后,按规定整理和拍发电报。

4. 偏重报警车拍照不少于 3 张,一张为带车号的整体照片,其他为能反映车辆两端装载情况或整体的照片。

5. 对甩下的偏载偏重货车进行处理,并确认不偏载不偏重后方可放行。

6. 依据《铁路货运检查管理规则》规定:应于列车到达后 120 min 内以电报通知上一货检站、抄知发到站,必要时抄知有关单位和部门。

S13 苫盖篷布车辆的交接检查

铁道行业职业技能认定货检员高级工操作技能考核准备通知单

考核时间:60 min

一、鉴定站准备

1. 材料准备

序　号	材料名称	规　格	数　量	备　注
1	《货车篷布管理规则》	本	1	
2	《铁路货运检查管理规则》	本	1	
3	《铁路货物损失处理规则》	本	1	

2. 考场准备

(1)工具、材料准备:鉴定站提供空白普通记录和电报用纸及墨水。

(2)供考试用教室 1 间。考场内须光线充足,空气良好,环境安静,卫生整洁。

二、考生准备

考生需自备考试工具。

铁道行业职业技能认定货检员高级工操作技能考核试卷(考评员用)

试题名称:苫盖篷布车辆的交接检查

试题内容:A 站到 B 站的一车袋装货物,苫盖篷布,在先后经 C、D、E 货检站时都进行了货检作业,其中 C、E 货检站都有视频监控设备。在 E 货检站通过视频监控设备发现该车顶部有

300 mm×500 mm 破口。E 站甲货检员认为篷布顶部不在《铁路货物运输管理规则》规定的交接检查范围，可对该车不处理；乙货检员认为应立即处理。请问：

1. 如果按照甲货检员的做法，发生货物被盗丢失问题的，列哪个站责任，赔款由哪个站承担？

2. 如果按照乙货检员的做法，具体的处理方式是什么？

3.《铁路货运检查管理规则》中规定，甩车整理的主要范围有哪些？

一、技术要求

1. 答题符合相关法律、法规、规章和标准的规定。

2. 技术用语规范。

3. 工具、设备使用应符合规定。

二、考核要求

1. 作业过程完整。

2. 本项技能认定属综合型考试。

3. 本项技能认定由被认定人独立完成。

三、考核时限

1. 准备时间：10 min。

2. 正式操作时间：60 min。

3. 在规定时间内全部完成，不加分，也不扣分。每超时 1 min，从总分扣 5 分，总超时 5 min 停止作业。

四、考核评分

1. 考评人员 3 名及以上。

2. 评分点见“考核评分记录表”。

3. 评分程序及规则：考评员各自根据考生作业程序在评分表上给予记录评分，取平均分为评定得分。

4. 算分方法：百分制计算，满分 100 分，60 分为及格。

五、否定项

若考生发生下列情况之一，则应及时终止其考试，考生该试题成绩记为零分。

1. 答卷时不能互借文具。

2. 严禁考试作弊。

3. 考试时保持安静不得交头接耳。

铁道行业职业技能认定货检员高级工操作技能考核试卷(考生用)

单位： 姓名： 准考证号：

试题内容：A站到B站的一车袋装货物，苫盖篷布，在先后经C、D、E货检站时都进行了货检作业，其中C、E货检站都有视频监控设备。在E货检站通过视频监控设备发现该车顶部有300 mm×500 mm破口。E站甲货检员认为篷布顶部不在《铁路货物运输管理规则》规定的交接检查范围，可对该车不处理；乙货检员认为应立即处理。请问：

1. 如果按照甲货检员的做法，发生货物被盗丢失问题的，列哪个站责任，赔款由哪个站承担？
2. 如果按照乙货检员的做法，具体的处理方式是什么？
3.《铁路货运检查管理规则》中规定，甩车整理的主要范围有哪些？

铁道行业职业技能认定货检员高级工操作技能考核评分记录表

准考证号： 姓名： 性别： 单位：

试题名称：苫盖篷布车辆的交接检查 考核时间：60 min

操作开始时间： 时 分 操作结束时间： 时 分

序号	考核内容	考核要点	配分	评分标准	扣分	得分
1	着装，标志佩戴	按规定着装，标志齐全	5			
2	人身安全	执行“一站、二看、三通过”、横越线路等人身安全的有关规定	5			
3	试卷质量	层次分明、清晰、整洁、文字流畅、无错别字	5			
4	货物被盗丢失	责任划分	6			
5	处理方式	甩车整理	8			
		检查车内货物现状	6			
		拍发电报	6			
		补苫篷布和篷布绳网	4			
6	甩车整理的主要范围	规章依据	55			
合计			100			
否定项：若考生发生下列情况之一，则应及时终止其考试，该考生成绩记为零分。 1. 操作不当造成设备、工具、仪器和材料损坏。 2. 严重违反安全作业规程，违反考试纪律。						

考评员： 总分人： 年 月 日

参考答案要点

一、着装及标志佩戴

按规定穿着带有反光标志的防护服，携带手持机(或对讲机)及作业工具备品。

二、人身安全

1. 横越线路时，眼看、手指、口呼，必须做到“一站、二看、三通过”，并注意左右机车、车辆动态及脚下有无障碍物，严禁来车时抢越线路。

2. 必须横越停有机车、车辆的线路时，应先确认机车、车辆暂不移动，然后在距机车、车辆

5 m 以外处绕行通过。

三、如果按照甲货检员的做法，发生货物被盗丢失问题的，列哪个站责任，赔款由哪个站承担

列 E 站责任，赔款由 E、A、C 站分摊。

四、如果按照乙货检员的做法，具体的处理方式

1. 需要甩车整理的，货检值班员应通知车站调度员（值班员）甩车处理。运用“货检应用”的车站，货检值班员还应通过“货检应用”通知整理点的货运员；货运员整理完毕后应通过“货检应用”登记处理信息并反馈。

2. 检查车内货物现状，如发现有被盗、丢失痕迹应通知公安部门共同检查确认。

3. 于列车到达后 120 min 内拍发电报，通知 D 货检站，抄知 A、B 站；必要时抄知有关单位和部门。

4. 编制普通记录，送货场补苫篷布和篷布绳网后继运。

五、《铁路货运检查管理规则》规定甩车整理的主要范围

1. 篷布苫盖不整或缺少腰绳、篷布绳网；
2. 货物发生严重倾斜、偏载、移位、窜动、坠落、倒塌和渗漏；
3. 超限货物按普通货物办理；
4. 加固支柱折断，或装载加固材料（装置）超限；
5. 棚车车门脱槽，罐车上盖张开；
6. 罐车发生泄漏或溢出；
7. 危险货物运输押运或施封等问题需甩车处理的；
8. 货车、货物、集装箱、篷布等顶部或车体上有异物且无法在列处理；
9. 火灾；
10. 货物明显被盗丢失；
11. 发生其他危及行车安全情况不能在列整理时。

S14　货物装载加固

铁道行业职业技能认定货检员高级工操作技能考核准备通知单

考核时间：60 min

一、鉴定站准备

1. 材料准备

序　号	材料名称	规　格	数　量	备　注
1	《铁路货物装载加固规则》	本	1	
2	《铁路货运检查管理规则》	本	1	

2. 考场准备

(1)工具、材料准备:鉴定站提供空白普通记录和电报用纸及墨水。

(2)供模拟考试用教室1间,考场内须光线充足,空气良好,环境安静,卫生整洁。

二、考生准备

考生需自备考试用具。

铁道行业职业技能认定货检员高级工操作技能考核试卷(考评员用)

试题名称:货物装载加固

试题内容:甲站发乙站均重箱型货物一件,重35 t,长17.1 m,宽2.8 m,高2.8 m,使用NX_{17AK}装运,一端突出使用NX_{17AK}游车一辆,未使用游车端货物突出车辆端梁100 mm,使用横垫木180 mm。货物重心偏离车辆横中心的实际距离为750 mm,请回答下列问题。

1. 请确定货物重心偏离横中心线和货物重心高是否符合运行条件。NX_{17AK}型货车自重22.5 t,车地板面至轨面高1 211 mm,货车重心高768 mm,车辆转向架中心距为9 000 mm。

2. 若重车重心高度2 000 mm$<H\leqslant$2 400 mm,装车站如何办理?

一、技术要求

1. 答题符合相关法律、法规、规章和标准的规定。
2. 技术用语规范。
3. 工具、设备使用应符合规定。

二、考核要求

1. 作业过程完整。
2. 本项技能认定属综合型考试。
3. 本项技能认定由被认定人独立完成。

三、考核时限

1. 准备时间:10 min。
2. 正式操作时间:60 min。
3. 在规定时间内全部完成,不加分,也不扣分。每超时1 min,从总分扣5分,总超时5 min停止作业。

四、考核评分

1. 考评人员3名及以上。
2. 评分点见“考核评分记录表”。
3. 评分程序及规则:考评员各自根据考生作业程序在评分表上给予记录评分,取平均分为评定得分。

4. 算分方法：百分制计算，满分 100 分，60 分为及格。

五、否定项

若考生发生下列情况之一，则应及时终止其考试，该考生成绩记为零分。

1. 操作不当造成设备、工具、仪器和材料损坏。

2. 严重违反安全作业规程，违反考试纪律。

铁道行业职业技能认定货检员高级工操作技能考核试卷(考生用)

单位：　　　　　　　　　　　　　　　姓名：　　　　　　　　　　　　　　　准考证号：

试题内容：甲站发乙站均重箱型货物一件，重 35 t，长 17.1 m，宽 2.8 m，高 2.8 m，使用 NX_{17AK} 装运，一端突出使用 NX_{17AK} 游车一辆，未使用游车端货物突出车辆端梁 100 mm，使用横垫木 180 mm。货物重心偏离车辆横中心的实际距离为 750 mm，请回答下列问题。

1. 请确定货物重心偏离横中心线和货物重心高是否符合运行条件？NX_{17AK} 型货车自重 22.5 t，车地板面至轨面高 1 211 mm，货车重心高 768 mm，车辆转向架中心距为 9 000 mm。

2. 若重车重心高度 2 000 mm$<H\leqslant$2 400 mm 时，装车站如何办理？

铁道行业职业技能认定货检员高级工操作技能考核评分记录表

准考证号：　　　　　　姓名：　　　　　　性别：　　　　　　单位：

试题名称：货物装载加固　　　　　　　　　　　　　　　　　　　　考核时间：60 min

操作开始时间：　　时　　分　　　　　　　　操作结束时间：　　时　　分

序号	考核内容	考 核 要 点	配分	评 分 标 准	扣分	得分
1	着装，标志佩戴	按规定着装，标志齐全	5			
2	人身安全	执行“一站、二看、三通过”、横越线路等人身安全的有关规定	5			
3	试卷质量	层次分明、清晰、整洁、文字流畅、无错别字	5			
4	确定货物重心偏离横中心线和货物重心高是否符合运行条件	货物重心偏离车辆横中心线的容许距离	24			
		计算重车重心高	18			
		判断限速标准	8			
5	重车重心高度 2 000 mm$<H\leqslant$2 400 mm 时，装车站办理方式	限速 50 km/h 运行，通过侧向道岔速度 15 km/h	8			
		装车站以文电向铁路局集团公司请示	10			
		票据记载	7			
		超限、超长货物在有关票据及货车表示牌上注明	10			
合计			100			

否定项：若考生发生下列情况之一，则应及时终止其考试，考生该试题成绩记为零分。

1. 答卷时不能互借文具。

2. 严禁考试作弊。

3. 考试时保持安静不得交头接耳。

考评员：　　　　　　　　　　　　　　　总分人：　　　　　　　　　　　　　　　年　　月　　日

参考答案要点

一、着装及标志佩戴

按规定穿着带有反光标志的防护服，携带手持机（或对讲机）及作业工具备品。

二、人身安全

1. 横越线路时，眼看、手指、口呼，必须做到“一站、二看、三通过”，并注意左右机车、车辆动态及脚下有无障碍物，严禁来车时抢越线路。

2. 必须横越停有机车、车辆的线路时，应先确认机车、车辆暂不移动，然后在距机车、车辆 5 m 以外处绕行通过。

三、请确定货物重心偏离横中心线和货物重心高是否符合运行条件

检验装载方法是否符合规定：

货物重心偏离车辆横中心线的容许距离：

当 $P_{容}-Q\geqslant 10$ t 时，即 $60-35=25(\text{t})>10$ t

$$a_{容}=\frac{5}{Q}l=5\times 9\ 000\div 35=1\ 285.7(\text{mm})>750\ \text{mm}$$

$a_{实}<a_{容}$，符合规定。

计算重车重心高：

$$H=\frac{Q_{车}\ h_{车}+Q_1h_1+Q_2h_2+\cdots+Q_nh_n}{Q_{车}+Q_1+Q_2+\cdots+Q_n}$$

$$=[768\times 22.5+(1\ 211+180+1\ 400)\times 35]\div(22.5+35)$$

$$=(17\ 280+97\ 685)\div 57.5$$

$$=1\ 999.4(\text{mm})<2\ 000\ \text{mm}$$

货物重心高未达到限速标准。

四、重车重心高度 2 000 mm < $H\leqslant$ 2 400 mm 时，装车站办理方式

1. 重车重心高度从钢轨面起，超过 2 000 mm 小于 2 400 mm 时，应限速 50 km/h 运行，通过侧向道岔速度 15 km/h。

2. 限速运行时，由装车站以文电向铁路局集团公司请示，铁路局集团公司货运管理部门以电报批示，跨局运输则应同时抄给有关铁路局集团公司货运、运输、调度、机务、工务等有关部门。

3. 限速运行时，发站应在货物运单、票据封套、编组顺序表及货车表示牌上注明“限速××公里”字样。

4. 装运超限、超长货物，发站还应在货物运单、票据封套、编组顺序表及货车表示牌上注明“超限货物”或“超长货物”字样；以连挂车组装运时，应注明“连挂车组不得分摘”字样。

S15　罐车装运危险货物的检查

铁道行业职业技能认定货检员高级工操作技能考核准备通知单

考核时间:60 min

一、鉴定站准备

1. 材料准备

序　　号	材料名称	规　　格	数　　量	备　　注
1	《铁路货物损失处理规则》	本	1	
2	《铁路货运检查管理规则》	本	1	
3	《铁路危险货物运输管理规则》	本	1	

2. 考场准备

(1)工具、材料准备:鉴定站提供空白普通记录和电报用纸及墨水。

(2)供考试用教室1间。考场内须光线充足,空气良好,环境安静,卫生整洁。

二、考生准备

考生需自备考试工具。

铁道行业职业技能认定货检员高级工操作技能考核试卷(考评员用)

试题名称:罐车装运危险货物的检查

试题内容:某站接××次列车,货检员到检时发现液化石油气罐车6车一组,其中1车上盖阀门处有白烟冒出,并有特殊异味,且随车未发现有押运人员,30 min后即发生燃烧。请回答下列问题:

(1)货检员对液化石油气罐车检查哪些内容?

(2)检查中发生液化石油气罐车上盖阀冒白烟时应通知哪些人员?

(3)发现缺少押运人应如何处理?

(4)发生火灾如何应急处理?

一、技术要求

1. 答题符合相关法律、法规、规章和标准的规定。
2. 技术用语规范。
3. 工具、设备使用应符合规定。

二、考核要求

1. 作业过程完整。

2. 本项技能认定属综合型考试。

3. 本项技能认定由被认定人独立完成。

三、考核时限

1. 准备时间:10 min。

2. 正式操作时间:60 min。

3. 在规定时间内全部完成,不加分,也不扣分。每超时 1 min,从总分扣 5 分,总超时 5 min 停止作业。

四、考核评分

1. 考评人员 3 名及以上。

2. 评分点见"考核评分记录表"。

3. 评分程序及规则:考评员各自根据考生作业程序在评分表上给予记录评分,取平均分为评定得分。

4. 算分方法:百分制计算,满分 100 分,60 分为及格。

五、否定项

若考生发生下列情况之一,则应及时终止其考试,考生该试题成绩记为零分。

1. 答卷时不能互借文具。

2. 严禁考试作弊。

3. 考试时保持安静不得交头接耳。

铁道行业职业技能认定货检员高级工操作技能考核试卷(考生用)

单位: 姓名: 准考证号:

试题内容:某站接××次列车,货检员到检时发现液化石油气罐车 6 车一组,其中 1 车上盖阀门处有白烟冒出,并有特殊异味,且随车未发现有押运人员,30 min 后即发生燃烧。请回答下列问题:

1. 货检员对液化石油气罐车检查哪些内容?

2. 检查中发生液化石油气罐车上盖阀冒白烟时应通知哪些人员?

3. 发现缺少押运人应如何处理?

4. 发生火灾如何应急处理?

铁道行业职业技能认定货检员高级工操作技能考核评分记录表

准考证号: 姓名: 性别: 单位:

试题名称:罐车装运危险货物的检查 考核时间:60 min

操作开始时间: 时 分 操作结束时间: 时 分

序号	考核内容	考 核 要 点	配分	评 分 标 准	扣分	得分
1	着装,标志佩戴	按规定着装,标志齐全	5			

续上表

序号	考核内容	考核要点	配分	评分标准	扣分	得分
2	人身安全	执行“一站、二看、三通过”、横越线路等人身安全的有关规定	5			
3	试卷质量	层次分明、清晰、整洁、文字流畅、无错别字	5			
4	液化石油气罐车检查内容	液化石油气罐车检查	15			
		液化石油气罐车押运检查	15			
		液化石油气罐车之间编组隔离	5			
		押运签认	5			
5	液化石油气罐车上盖阀冒白烟时通知人员	通知车站调度员、车站值班员、押运人员	5			
6	缺少押运人的处理方法	立即甩车，做好登记	5			
7	发生火灾的应急处理	启动应急预案	5			
		处置方法	30			
合计			100			
否定项：若考生发生下列情况之一，则应及时终止其考试，该考生成绩记为零分。 1. 操作不当造成设备、工具、仪器和材料损坏。 2. 严重违反安全作业规程，违反考试纪律。						

考评员：　　　　　　　　　　总分人：　　　　　　　　　　年　　月　　日

参考答案要点

一、着装及标志佩戴

按规定穿着带有反光标志的防护服，携带手持机（或对讲机）及作业工具备品。

二、人身安全

1. 横越线路时，眼看、手指、口呼，必须做到“一站、二看、三通过”，并注意左右机车、车辆动态及脚下有无障碍物，严禁来车时抢越线路。

2. 必须横越停有机车、车辆的线路时，应先确认机车、车辆暂不移动，然后在距机车、车辆 5 m 以外处绕行通过。

三、货运检查员对液化石油气罐车检查内容

1. 液化石油气罐车罐体有无漏裂，货物有无外泄、渗漏。

2. 液化石油气罐车上盖是否关闭良好。

3. 液化石油气罐车阀是否拧紧、垫是否齐全。

4. 液化石油气罐车押运检查。包括检查押运人数是否符合要求；押运人是否携带培训合

格证明、押运员须知，是否与票据记载相符，有无冒名顶替；押运员着装是否符合规定；检查押运人携带工具、备品是否齐全，是否携带危险货物等违禁品；押运间状态是否良好等。

5. 两组液化石油气罐车之间编组隔离是否符合规定，与牵引的机车隔离是否符合要求。

6. 货检人员与押运人在所押运的车辆前签认。

四、检查中发现液化石油气罐车上盖阀冒白烟时通知人员

立即通知车站调度员、车站值班员、押运人员，将相邻车辆迅速调离火灾现场，尽可能将火灾车辆调离人员稠密区。

五、发现缺少押运人的处理方法

应立即甩车，做好登记，并通知发站或到站联系托运人、收货人补齐押运员，编制普通记录后方可继运。

六、发生火灾的应急处理

车站应立即启动应急预案，迅速向铁路有关部门报告，并速请熟悉货物性质及罐体构造的部门协助处置。

1. 将相邻车迅速调离火灾现场。
2. 根据资料及押运人要求，确认货物性质。
3. 立即向地方政府、公安消防等部门请求处理和抢救。
4. 要设立警戒区，组织人员向逆风方向疏散。
5. 准备足够的灭火器材。
6. 灭火后，用大量冷水冷却罐车，以防爆炸。
7. 按章逐级上报及拍发货物损失速报。

S16　装载超限货物车辆的检查交接

铁道行业职业技能认定货检员高级工操作技能考核准备通知单

考核时间：60 min

一、鉴定站准备

1. 材料准备

序　　号	材料名称	规　　格	数　　量	备　　注
1	《铁路货运检查管理规则》	本	1	
2	《铁路货物装载加固规则》	本	1	
3	《铁路货物运输管理规则》	本	1	
4	《铁路超限超重货物运输规则》	本	1	

2. 考场准备

(1)工具、材料准备:鉴定站提供空白普通记录和电报用纸及墨水。

(2)供模拟考试用教室1间,考场内须光线充足,空气良好,环境安静,卫生整洁。

二、考生准备

考生需自备考试用具。

铁道行业职业技能认定货检员高级工操作技能考核试卷(考评员用)

试题名称:装载超限货物车辆的检查交接

试题内容:某站承运长方体配件一件,重 50 t,货长 9.5 m,宽 3.8 m,高 1.8 m,使用标重 60 t N17K 型平车(销距 9 000 mm,车高 1 121 mm)装运。货物重心投影位于车地板纵横中心的交叉点上,货物底部使用 140 mm 高的横垫木四根。试根据题意回答下列问题:

1. 计算该货是否超限,并确定其等级。
2. 阐述对该车的检查内容。
3. 若该车加固拉牵铁线断裂、货物发生位移,应如何处理?

自轨面起算的高度(mm)	机车车辆限界基本轮廓(mm)	一级超限限界(mm)	二级超限限界(mm)	建筑限界(mm)
3 110	1 700	1 898	1 938	2 407
3 120	1 700	1 896	1 936	2 404
3 130	1 700	1 894	1 935	2 401
3 140	1 700	1 892	1 933	2 398
3 150	1 700	1 890	1 931	2 396
3 160	1 700	1 888	1 929	2 393
3 170	1 700	1 886	1 927	2 390
3 180	1 700	1 884	1 926	2 387
3 190	1 700	1 882	1 924	2 384
3 200	1 700	1 880	1 922	2 381
3 210	1 700	1 878	1 920	2 378

一、技术要求

1. 答题符合相关法律、法规、规章和标准的规定。
2. 技术用语规范。
3. 工具、设备使用应符合规定。

二、考核要求

1. 作业过程完整。

2. 本项技能认定属综合型考试。

3. 本项技能认定由被认定人独立完成。

三、考核时限

1. 准备时间:10 min。

2. 正式操作时间:60 min。

3. 在规定时间内全部完成,不加分,也不扣分。每超时 1 min,从总分扣 5 分,总超时 5 min 停止作业。

四、考核评分

1. 考评人员 3 名及以上。

2. 评分点见“考核评分记录表”。

3. 评分程序及规则:考评员各自根据考生作业程序在评分表上给予记录评分,取平均分为评定得分。

4. 算分方法:百分制计算,满分 100 分,60 分为及格。

五、否定项

若考生发生下列情况之一,则应及时终止其考试,该考生成绩记为零分。

1. 操作不当造成设备、工具、仪器和材料损坏。

2. 严重违反安全作业规程,违反考试纪律。

铁道行业职业技能认定货检员高级工操作技能考核试卷(考生用)

单位:　　　　　　　　　　　　姓名:　　　　　　　　　　　　准考证号:

试题内容:某站承运长方体配件一件,重 50 t,货长 9.5 m,宽 3.8 m,高 1.8 m,使用标重 60 t N_{17K} 型平车(销距 9 000 mm,车高 1 121 mm)装运。货物重心投影位于车地板纵横中心的交叉点上,货物底部使用 140 mm 高的横垫木四根。试根据题意回答下列问题:

1. 计算该货是否超限,并确定其等级。

2. 阐述对该车的检查内容。

3. 若该车加固拉牵铁线断裂、货物发生位移,应如何处理?

自轨面起算的高度(mm)	机车车辆限界基本轮廓(mm)	一级超限限界(mm)	二级超限限界(mm)	建筑限界(mm)
3 110	1 700	1 898	1 938	2 407
3 120	1 700	1 896	1 936	2 404
3 130	1 700	1 894	1 935	2 401
3 140	1 700	1 892	1 933	2 398
3 150	1 700	1 890	1 931	2 396
3 160	1 700	1 888	1 929	2 393

续上表

自轨面起算的高度(mm)	机车车辆限界基本轮廓(mm)	一级超限限界(mm)	二级超限限界(mm)	建筑限界(mm)
3 170	1 700	1 886	1 927	2 390
3 180	1 700	1 884	1 926	2 387
3 190	1 700	1 882	1 924	2 384
3 200	1 700	1 880	1 922	2 381
3 210	1 700	1 878	1 920	2 378

铁道行业职业技能认定货检员高级工操作技能考核评分记录表

准考证号：　　　　　　姓名：　　　　　　性别：　　　　　　单位：

试题名称：装载超限货物车辆的检查交接　　　　　　考核时间：60 min

操作开始时间：　　时　　分　　　　　　操作结束时间：　　时　　分

序号	考核内容	考核要点	配分	评分标准	扣分	得分
1	着装，标志佩戴	按规定着装，标志齐全	5			
2	人身安全	执行“一站、二看、三通过”、横越线路等人身安全的有关规定	5			
3	试卷质量	层次分明、清晰、整洁、文字流畅、无错别字	5			
4	计算确定其等级	计算偏差量$C_{内}$、货物检定断面至车辆横中心线的距离、计算点高度，确定超限等级	25			
5	阐述对该车的检查内容	货物外观完整无异状，装载均衡合理	8			
		加固捆绑松紧度是否适中，采取防磨措施	8			
		(1)有无超限超重货物运输记录及其填写是否完整。 (2)是否标注超限、超重等级标识	8			
		是否标画有检查线，货物装载加固是否良好	8			
		(1)加固材料是否有松动或损坏。 (2)如发现问题，应按照有关规定处理	8			
6	货物发生位移处理	测量注明货物位移尺寸，通知货检值班员、车站调度员(值班员)	8			
		电报通知上一货检站，编制普通记录送货物线整理	6			
		对该车货物尺寸重新检查，登记好相关台账	6			
合计			100			

否定项：若考生发生下列情况之一，则应及时终止其考试，考生该试题成绩记为零分。
1. 答卷时不能互借文具。
2. 严禁考试作弊。
3. 考试时保持安静不得交头接耳。

考评员：　　　　　　总分人：　　　　　　年　　月　　日

参考答案要点

一、着装及标志佩戴

按规定穿着带有反光标志的防护服，携带手持机(或对讲机)及作业工具备品。

二、人身安全

1. 横越线路时，眼看、手指、口呼，必须做到“一站、二看、三通过”，并注意左右机车、车辆动态及脚下有无障碍物，严禁来车时抢越线路。

2. 必须横越停有机车、车辆的线路时，应先确认机车、车辆暂不移动，然后在距机车、车辆 5 m 以外处绕行通过。

三、计算该货是否超限并确定其等级

该货物为长方体货件，表面无突出且均衡装载于平车车地板上。

根据题意及已知条件：

$$C_1=\frac{l^2}{8R}=\frac{9\ 000^2}{8\times 300\ 000}\approx 34(\text{mm})$$

$$X_1=B+C_1-36=1\ 900+34-36=1\ 898(\text{mm})$$

$$H_{计}=h_{车}+h_{垫}+h_{货}=1\ 211+140+1\ 800=3\ 151(\text{mm})$$

根据《铁路超限超重货物运输规则》规定，计算点高度为 3 151 mm 处的计算半宽为 1 898 mm 时，货物已超限，且属中部二级超限。

四、对该车的检车内容

该车的检查内容：

1. 货物外观应完整无异状，货物装载达到均衡合理。

2. 钢丝绳及铁线拉牵加固捆绑松紧度是否适中，与车辆接触处是否都采取了防磨措施。

3. 有无超限超重货物运输记录及其填写是否完整。

4. 货物两侧明显位置，是否有超限、超重等级标识。

5. 是否标画有检查线，货物装载加固是否良好，加固材料是否有松动或损坏。

如发现问题，应按照《铁路货运检查管理规则》和《铁路货物运输管理规则》等有关规定处理。

五、加固拉牵铁线断裂、货物发生位移处理方式

如果发现加固拉牵铁线断裂，货物发生位移，应采取下列措施：

1. 测量注明货物位移尺寸。

2. 通知货检值班员、车站调度员(值班员)。

3. 于列车到达后 120 min 内以电报通知上一货检站，抄知发到站并编制普通记录送货物

线整理。

4. 对该车货物尺寸重新检查，各种尺寸与批示文电相符后放行。

5. 登记好相关台账。

S17　平车装载 25 m 重轨的检查交接

铁道行业职业技能认定货检员高级工操作技能考核准备通知单

考核时间：60 min

一、鉴定站准备

1. 材料准备

序　号	材料名称	规　格	数　量	备　注
1	《铁路货运检查管理规则》	本	1	
2	《铁路货物装载加固规则》	本	1	
3	《铁路货物损失处理规则》	本	1	
4	《铁路货物运输管理规则》	本	1	

2. 考场准备

(1)工具、材料准备：鉴定站提供空白普通记录和电报用纸及墨水。

(2)供模拟考试用教室 1 间，考场内须光线充足，空气良好，环境安静，卫生整洁。

二、考生准备

考生需自备考试用具。

铁道行业职业技能认定货检员高级工操作技能考核试卷(考评员用)

试题名称：平车装载 25 m 重轨的检查交接

试题内容：2022 年 6 月 28 日 19 时 41 分，20017 次列车到达甲站，货检发现乙站发丙站 25 m 重轨(规格 50 kg/m)，采用 N_{17} 型 60 t 平车、25 m 钢轨六支点转向架装载，共四层。车号：5724162、5206845，票号：08416。请依据题意回答下列问题：

1. 阐述对该车的检查过程。

2. 检查中若发现加固盘条折断 2 股，货物向前端窜动，应如何处理？如需拍发电报，请草拟电报稿。

3. 货物转向架的编号为：上 P_{40}-2-0156，请说明编号的含义，并说明此转向架活心盘中心销孔的长度要求。

一、技术要求

1. 答题符合相关法律、法规、规章和标准的规定。
2. 技术用语规范。
3. 工具、设备使用应符合规定。

二、考核要求

1. 作业过程完整。
2. 本项技能认定属综合型考试。
3. 本项技能认定由被认定人独立完成。

三、考核时限

1. 准备时间:10 min。
2. 正式操作时间:60 min。
3. 在规定时间内全部完成,不加分,也不扣分。每超时 1 min,从总分扣 5 分,总超时 5 min 停止作业。

四、考核评分

1. 考评人员 3 名以上。
2. 评分点见“考核评分记录表”。
3. 评分程序及规则:考评员各自根据考生作业程序在评分表上给予记录评分,取平均分为评定得分。
4. 算分方法:百分制计算,满分 100 分,60 分为及格。

五、否定项

若考生发生下列情况之一,则应及时终止其考试,该考生成绩记为零分。
1. 操作不当造成设备、工具、仪器和材料损坏。
2. 严重违反安全作业规程,违反考试纪律。

铁道行业职业技能认定货检员高级工操作技能考核试卷(考生用)

单位: 姓名: 准考证号:

试题内容:2022 年 6 月 28 日 19 时 41 分,20017 次列车到达甲站,货检发现乙站发丙站 25 m 重轨(规格 50 kg/m),采用 N_{17} 型 60 t 平车、25 m 钢轨六支点转向架装载,共四层。车号:5724162、5206845,票号:08416。请依据题意回答下列问题:

1. 阐述对该车的检查过程。
2. 检查中若发现加固盘条折断 2 股,货物向前端窜动,应如何处理?如需拍发电报,请草拟电报稿。
3. 货物转向架的编号为:上 P_{40}-2-0156,请说明编号的含义,并说明此转向架活心盘中心销孔的长度要求。

铁道行业职业技能认定货检员高级工操作技能考核评分记录表

准考证号： 姓名： 性别： 单位：

试题名称：平车装载 25 m 重轨的检查交接 考核时间：60 min

操作开始时间： 时 分 操作结束时间： 时 分

序号	考核内容	考核要点	配分	评分标准	扣分	得分
1	着装，标志佩戴	按规定着装，标志齐全	5			
2	人身安全	执行“一站、二看、三通过”、横越线路等人身安全的有关规定	5			
3	试卷质量	层次分明、清晰、整洁、文字流畅、无错别字	5			
4	对该车的检查过程	符合装载方案，货物外观无异状	8			
		装载方法	5			
		检查加固材料及装置是否符合规定要求，状态是否良好	6			
		层间铺设隔木，货物分层捆绑和整体捆绑	12			
5	货物端窜动处理	扣车整装，通知货检值班员、车站调度员	4			
		拍发电报，编制普通记录，做好登记工作	16			
		拍发交接电报内容	14			
6	转向架活心盘中心销孔的长度要求	货物转向架编号的含义	5			
		活心盘中心销孔的长度不得小于 300 mm	5			
		跨装车组使用车钩缓冲停止器	5			
		跨装车组不使用车钩缓冲停止器	5			
合计			100			

否定项：若考生发生下列情况之一，则应及时终止其考试，考生该试题成绩记为零分。
1. 答卷时不能互借文具。
2. 严禁考试作弊。
3. 考试时保持安静不得交头接耳。

考评员： 总分人： 年 月 日

参考答案要点

一、对该车的检查过程

1. 该车货物共装四层，是否为正反摆放相扣，是否均衡合理，与装载方案相符。

2. 货物外观整体有无异状，货物有无窜动、移位、散垮、倾斜等现象。

3. 该货为两辆平车两支撑式跨装，应使用的加固材料及加固装置为：货物转向架一组（含滑台和固定捆绑索具）、车钩缓冲停止器、U 形夹具、横隔木、盘条。

4. 应检查上述加固材料及装置是否符合规定要求，状态是否良好，有无损坏情况。尤其是重点查看货物转向架加固环是否完整，有无折断、裂纹现象，上、下架体之间有无错位，旋转未归现象；转向架与滑台安排于车地板上有无整体移动情况。滑台两端的挂钩是否与车体挂牢拧紧。

5. 钢轨层间是否铺设有四根隔木，隔木有无前后窜动，上、下隔木是否对齐。

6. 是否使用固定捆绑索具将钢轨整体下压、捆绑在上架体上，并拧紧锁牢。

7. 货物分层捆绑和整体捆绑是否良好，特别是捆绑在每层外侧钢轨两端和最上两层钢轨的盘条是否扣牢、拧固。

二、检查中发现加固盘条折断、货物向前端窜动处理方式，如需拍发电报草拟电报稿

加固盘条折断 2 股，货物向前端窜动，危及运输安全，不得放行。按章应扣车整装。此时：

1. 立即通知货检值班员、车站调度员（值班员）需整理车的有关情况。

2. 于列车到达后的 120 min 内向上一货检站及装车站拍发电报，抄知发、到站。

3. 编制普通记录甩车。

4. 做好扣修车的登记工作。

拍发交接电报如下（不足条件自拟）：

主送：上一货检站

抄送：乙站，丙站

2022 年 6 月 28 日 20017 次列车到检，乙站发丙站 25 m 重轨两车承载六支撑式跨装车组，车号 N_{17} 5724162、5206845，发现加固盘条 2 股折断，货物向前窜动，危及行车安全。现扣我站整理。

甲站

2022 年 6 月 28 日

（公章）

三、说明编号的含义并说明此转向架活心盘中心销孔的长度要求

货物转向架的编号为“上 P_{40}-2-0156”，编号的含义：

该转向架属于上海局集团公司管内某托运单位，两车一组不加挂中间游车，是单架承载能力为 40 t 以下的普通货物转向架，编号为 0156。其活心盘中心销孔的长度不得小于 300 mm。

活心盘中心销孔的长度：跨装车组使用车钩缓冲停止器，不得小于 180 mm；跨装车组不使用车钩缓冲停止器，不得小于 300 mm。

S18　平车装运卷钢的检查

铁道行业职业技能认定货检员高级工操作技能考核准备通知单

考核时间：60 min

一、鉴定站准备

1. 材料准备

序　号	材料名称	规　格	数　量	备　注
1	《铁路货物装载加固规则》	本	1	
2	《铁路货运检查管理规则》	本	1	

2. 考场准备

(1)工具、材料准备:鉴定站提供空白普通记录和电报用纸及墨水。

(2)供考试用教室1间。考场内须光线充足,空气良好,环境安静,卫生整洁。

二、考生准备

考生需自备考试工具。

铁道行业职业技能认定货检员高级工操作技能考核试卷(考评员用)

试题名称:平车装运卷钢的检查

试题内容:某站使用 NX_{70} 型木地板平车装运卷钢一车,装载方法如下图所示。请回答:

1. 装运卷钢的货车使用限制是什么?

2. 除如图所示装载方法外,还可采用哪些装载方法?并试述其各自遵守的装载技术条件。

3. 该车应检查哪些内容?

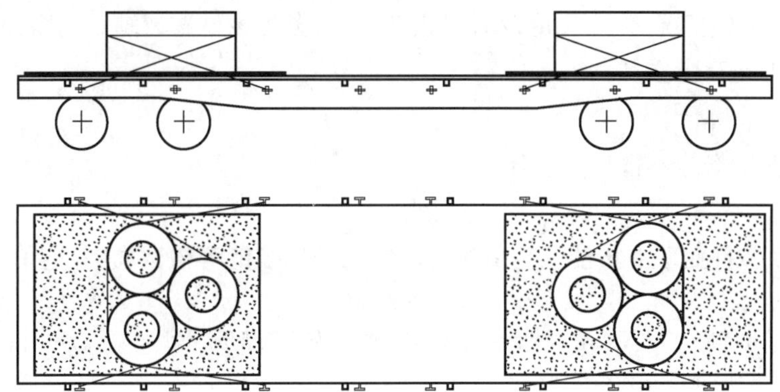

一、技术要求

1. 答题符合相关法律、法规、规章和标准的规定。
2. 技术用语规范。
3. 工具、设备使用应符合规定。

二、考核要求

1. 作业过程完整。
2. 本项技能认定属综合型考试。
3. 本项技能认定由被认定人独立完成。

三、考核时限

1. 准备时间:10 min。

2. 正式操作时间:60 min。

3. 在规定时间内全部完成,不加分,也不扣分。每超时 1 min,从总分扣 5 分,总超时 5 min 停止作业。

四、考核评分

1. 考评人员 3 名及以上。

2. 评分点见“考核评分记录表”。

3. 评分程序及规则:考评员各自根据考生作业程序在评分表上给予记录评分,取平均分为评定得分。

4. 算分方法:百分制计算,满分 100 分,60 分为及格。

五、否定项

若考生发生下列情况之一,则应及时终止其考试,考生该试题成绩记为零分。

1. 答卷时不能互借文具。

2. 严禁考试作弊。

3. 考试时保持安静不得交头接耳。

铁道行业职业技能认定货检员高级工操作技能考核试卷(考生用)

单位: 姓名: 准考证号:

试题内容:某站使用 NX_{70} 型木地板平车装运卷钢一车,装载方法如下图所示。请回答:

1. 装运卷钢的货车使用限制是什么?

2. 除如图所示装载方法外,还可采用哪些装载方法?并试述其各自遵守的装载技术条件。

3. 该车应检查哪些内容?

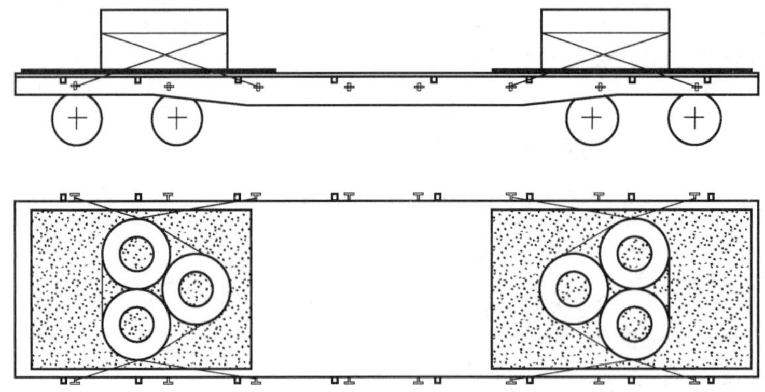

铁道行业职业技能认定货检员高级工操作技能考核评分记录表

准考证号： 姓名： 性别： 单位：

试题名称：平车装运卷钢的检查 考核时间：60 min

操作开始时间： 时 分 操作结束时间： 时 分

序号	考核内容	考 核 要 点	配分	评 分 标 准	扣分	得分
1	着装，标志佩戴	按规定着装，标志齐全	5			
2	人身安全	执行“一站、二看、三通过”、横越线路等人身安全的有关规定	5			
3	试卷质量	层次分明、清晰、整洁、文字流畅、无错别字	5			
4	装运卷钢的货车使用限制	装运卷钢车型	10			
		优先选用条件	10			
5	卷钢装载方法	立装	10			
		卧装	10			
		集束立装	10			
6	卷钢装载技术条件	卷钢加固要求	20			
7	卷钢车检查内容	防磨措施	5			
		加固措施	5			
		加固方法	5			
合计			100			

否定项：若考生发生下列情况之一，则应及时终止其考试，该考生成绩记为零分。

1. 操作不当造成设备、工具、仪器和材料损坏。
2. 严重违反安全作业规程，违反考试纪律。

考评员： 总分人： 年 月 日

参考答案要点

一、着装及标志佩戴

按规定穿着带有反光标志的防护服，携带手持机(或对讲机)及作业工具备品。

二、人身安全

1. 横越线路时，眼看、手指、口呼，必须做到“一站、二看、三通过”，并注意左右机车、车辆动态及脚下有无障碍物，严禁来车时抢越线路。

2. 必须横越停有机车、车辆的线路时，应先确认机车、车辆暂不移动，然后在距机车、车辆5 m以外处绕行通过。

三、装运卷钢的货车使用限制

1. 卷钢应使用木地板平车和C62A、C62AK、C62AT、C62BK、C62BT、C64K、C64H、C64T、C70、

C_{70H}、C_{70E}、C_{70EH} 等敞车装载。

2. 优先选用平车和专用车装运卷钢,优先采用立装方式装运卷钢,优先使用钢座架卧装卷钢。

四、其他可采用装载方法及各自遵守的装载技术条件

卷钢还可以采用卧装或集束立装。

1. 立装时,卷钢的直径宜大于本身高度,不满足时应采取有效的防止倾覆和位移的措施。

2. 卧装时,可使用钢座架(座架须与车体固定);用木地板平车卧装时,可将相邻卷钢用夹具或镀锌铁线(盘条等)捆在一起,并用三角挡掩紧钉固。

3. 集束立装时,集束端最短距离应大于集束高度,卷钢中部用镀锌铁线(盘条等)捆绑在一起,并采取防止镀锌铁线(盘条等)下滑措施。

卷钢无论立装、卧装或集束立装,卷钢(组)本身应用镀锌铁线、盘条或钢丝绳等与车体捆绑加固(装载在座架上,以及使用凹形草支垫(含凹形玉米秸秆支垫,下同)、稻草掩挡装运的可除外)。卷钢使用敞车装运时,应采取有效的防滑措施。禁止卷钢与其他货物混装。

五、该车应检查的内容

1. 卷钢与车地板之间是否加稻草垫,加固材料与货物或车辆接触处是否采取防磨措施。

2. 用钢丝绳或盘条对每组卷钢反又字形拉牵加固。

3. 每组卷钢是否在至少两处相对称的位置采用挂钩(或其他方式)将钢丝绳或盘条吊挂牢固。

S19　确定重车重心高和运行要求

铁道行业职业技能认定货检员高级工操作技能考核准备通知单

考核时间:60 min

一、鉴定站准备

1. 材料准备

序　号	材料名称	规　格	数　量	备　注
1	《铁路货物装载加固规则》	本	1	

2. 考场准备

(1)作业现场或演练场,场地条件及工具、量具应满足实际操作的需要,不得存在安全隐患,必要时需酌情配设辅助操作人员。

(2)如因客观原因场地条件不能满足实际操作需要时,可采取模拟的方式进行操作。

①供模拟考试用教室1间。

②考场内须光线充足，空气良好，环境安静，卫生整洁。

二、考生准备

考生按现场作业要求，穿着规定的作业服，佩戴标志，严格执行劳动保护的有关规定。考生需自备考试工具。

铁道行业职业技能认定货检员高级工操作技能考核试卷（考评员用）

试题名称：确定重车重心高和运行条件

试题内容：某站受理一批机械设备，使用 N_{17K} 型车装载，主机一件重 42 t，货物重心高 1 300 mm，另有附属设备两件，其中一件重 6 t，货物重心高 800 mm，另一件重 8 t，货物重心高 1 000 mm，装载方法为主机下使用 200 mm 横垫木两根装在车辆中部，另两件货物分别装在车辆两端，直接落在车地板上，请回答下列问题：

1. 确定该车重车重心高。
2. 确定该车运行条件。（N_{17K} 型车自重 21 t，空车重心高 723 mm，车地板高度 1 211 mm）

一、技术要求

1. 答题符合相关法律、法规、规章和标准的规定。
2. 在不违反试题内容的前提下，未给定条件可自设。

二、考核要求

1. 作业过程完整。
2. 本项技能认定由被认定人独立完成。

三、考核时限

1. 准备时间：10 min。
2. 正式操作时间：60 min。
3. 在规定时间内全部完成，不加分，也不扣分。每超时 1 min，从总分扣 5 分，总超时 5 min 停止作业。

四、考核评分

1. 考评人员 3 名及以上。
2. 评分点见“考核评分记录表”。
3. 评分程序及规则：考评员各自根据考生作业程序在评分表上给予记录评分，取平均分为评定得分。
4. 算分方法：百分制计算，满分 100 分，60 分为及格。

五、否定项

若考生发生下列情况之一，则应及时终止其考试，该考生成绩记为零分。

1. 操作不当造成设备、工具、仪器和材料损坏。
2. 严重违反安全作业规程,违反考试纪律。

铁道行业职业技能认定货检员高级工操作技能考核试卷(考生用)

单位: 姓名: 准考证号:

试题内容:某站受理一批机械设备,使用N_{17K}型车装载,主机一件重42 t,货物重心高1 300 mm,另有附属设备两件,其中一件重6 t,货物重心高800 mm,另一件重8 t,货物重心高1 000 mm,装载方法为主机下使用200 mm横垫木两根装在车辆中部,另两件货物分别装在车辆两端,直接落在车地板上,请回答下列问题:

1. 确定该车重车重心高。
2. 确定该车运行条件。(N_{17K}型车自重21 t,空车重心高723 mm,车地板高度1 211 mm)

铁道行业职业技能认定货检员高级工操作技能考核评分记录表

准考证号: 姓名: 性别: 单位:

试题名称:确定重车重心高和运行条件 考核时间:60 min

操作开始时间: 时 分 操作结束时间: 时 分

序号	考核内容	考核要点	配分	评分标准	扣分	得分
1	着装,标志佩戴	按规定着装,标志齐全	5			
2	人身安全	执行“一站、二看、三通过”、横越线路等人身安全的有关规定	5			
3	试卷质量	层次分明、清晰、整洁、文字流畅、无错别字	5			
4	货物装车后重心高	货物1装车后重心高	10			
		货物2装车后重心高	10			
		货物3装车后重心高	10			
5	代入公式计算	公式	15			
		代入公式计算过程	10			
		重车重心高度	10			
6	确定运行条件	确定重车重心高度所在范围	10			
		确定运行限速	5			
		确定通过侧向道岔限速	5			
合计			100			
备注	超时1 min从总分扣5分,超时5 min停止作业					

否定项:若考生发生下列情况之一,则应及时终止其考试,该考生成绩记为零分。
1. 操作不当造成设备、工具、仪器和材料损坏。
2. 严重违反安全作业规程,违反考试纪律。

考评员: 总分人: 年 月 日

参考答案要点

一、着装及标志佩戴

按规定穿着带有反光标志的防护服，携带手持机（或对讲机）及作业工具备品。

二、人身安全

1. 横越线路时，眼看、手指、口呼，必须做到"一站、二看、三通过"，并注意左右机车、车辆动态及脚下有无障碍物，严禁来车时抢越线路。

2. 必须横越停有机车、车辆的线路时，应先确认机车、车辆暂不移动，然后在距机车、车辆5 m以外处绕行通过。

三、货物装车后重心高

$h_{货1}=1\ 300+1\ 211+2\ 00=2\ 711(\mathrm{mm})$

$h_{货2}=1\ 211+800=2\ 011(\mathrm{mm})$

$h_{货3}=1\ 211+1\ 000=2\ 211(\mathrm{mm})$

计算重车重心高：

$$H=\frac{Q_{车}h_{车}+Q_1h_1+Q_2h_2+\cdots+Q_nh_n}{Q_{车}+Q_1+Q_2+\cdots+Q_n}$$

$$H=\frac{42\times 2\ 711+6\times 2\ 011+8\times 2\ 211+21\times 723}{42+6+8+21}\approx 2\ 063(\mathrm{mm})$$

该车重车重心高为2 063 mm。

四、确定运行条件

该车重车重心高 $H=2\ 063$ mm，$2\ 000\ \mathrm{mm}<H\leqslant 2\ 400\ \mathrm{mm}$，依据《铁路货物装载加固规则》可确定该车运行条件为：运行限速50 km/h，通过侧向道岔限速15 km/h。

S20　空敞车内杂物处理

铁道行业职业技能认定货检员高级工操作技能考核准备通知单

考核时间：60 min

一、鉴定站准备

1. 材料准备

序　号	材料名称	规　格	数　量	备　注
1	《铁路货物装载加固规则》	本	1	
2	《铁路货运检查管理规则》	本	1	

2. 考场准备

(1)作业现场或演练场,场地条件及工具、量具应满足实际操作的需要,不得存在安全隐患,必要时需酌情配设辅助操作人员。

(2)如因客观原因场地条件不能满足实际操作需要时,可采取模拟的方式进行操作。

①供模拟考试用教室1间。

②考场内须光线充足,空气良好,环境安静,卫生整洁。

二、考生准备

考生按现场作业要求,穿着规定的作业服,佩戴标志,严格执行劳动保护的有关规定。考生需自备考试工具。

铁道行业职业技能认定货检员高级工操作技能考核试卷(考评员用)

试题名称:空敞车内杂物处理

试题内容:某站接车时,货检员通过视频检查发现空敞车内彩条布飘出,如下图所示。请回答:图中存在什么问题?怎样处理?货检人员应具备哪些条件?

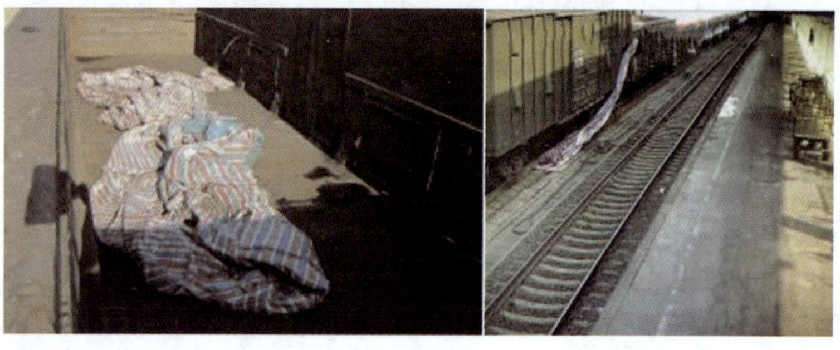

一、技术要求

1. 答题符合相关法律、法规、规章和标准的规定。
2. 在不违反试题内容的前提下,未给定条件可自设。

二、考核要求

1. 作业过程完整。
2. 本项技能认定由被认定人独立完成。

三、考核时限

1. 准备时间:10 min。
2. 正式操作时间:60 min。
3. 在规定时间内全部完成,不加分,也不扣分。每超时1 min,从总分扣5分,总超时5 min

停止作业。

四、考核评分

1. 考评人员3名及以上。

2. 评分点见"考核评分记录表"。

3. 评分程序及规则:考评员各自根据考生作业程序在评分表上给予记录评分,取平均分为评定得分。

4. 算分方法:百分制计算,满分100分,60分为及格。

五、否定项

若考生发生下列情况之一,则应及时终止其考试,该考生成绩记为零分。

1. 操作不当造成设备、工具、仪器和材料损坏。

2. 严重违反安全作业规程,违反考试纪律。

铁道行业职业技能认定货检员高级工操作技能考核试卷(考生用)

单位:　　　　　　　　　　　　　　姓名:　　　　　　　　　　　　准考证号:

试题内容:某站接车时,货检员通过视频检查发现空敞车内彩条布飘出,如下图所示。请回答:图中存在什么问题?怎样处理?货检人员应具备哪些条件?

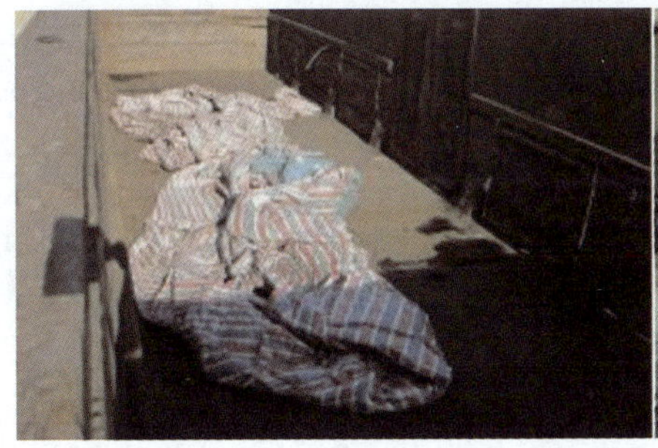

铁道行业职业技能认定货检员高级工操作技能考核评分记录表

准考证号:　　　　　　姓名:　　　　　　性别:　　　　　　单位:

试题名称:空敞车内杂物处理　　　　　　　　　　　　　　　　考核时间:60 min

操作开始时间:　　时　　分　　　　　　　　操作结束时间:　　时　　分

序号	考核内容	考核要点	配分	评分标准	扣分	得分
1	着装,标志佩戴	按规定着装,标志齐全	5			
2	人身安全	执行"一站、二看、三通过"、横越线路等人身安全的有关规定	5			
3	试卷质量	层次分明、清晰、整洁、文字流畅、无错别字	5			

续上表

序号	考核内容	考核要点	配分	评分标准	扣分	得分
4	存在问题	未将车辆清扫干净	5			
		彩条布飞出车外	5			
5	问题处理	拍发电报及整理	10			
6	货检人员应具备的条件	符合岗位职务要求	10			
		取得职业资格证书	10			
		熟练掌握有关规章	15			
		熟悉行车组织有关规定	10			
		熟悉有关要求及预案	20			
合计			100			
备注	超时 1 min 从总分扣 5 分，超时 5 min 停止作业					
否定项：若考生发生下列情况之一，则应及时终止其考试，该考生成绩记为零分。 1. 操作不当造成设备、工具、仪器和材料损坏。 2. 严重违反安全作业规程，违反考试纪律。						

考评员：　　　　总分人：　　　　年　　月　　日

参考答案要点

一、着装及标志佩戴

按规定穿着带有反光标志的防护服，携带手持机（或对讲机）及作业工具备品。

二、人身安全

1. 横越线路时，眼看、手指、口呼，必须做到“一站、二看、三通过”，并注意左右机车、车辆动态及脚下有无障碍物，严禁来车时抢越线路。

2. 必须横越停有机车、车辆的线路时，应先确认机车、车辆暂不移动，然后在距机车、车辆 5 m 以外处绕行通过。

三、存在问题

1. 卸车后，未将车辆清扫干净，空敞车内残存长彩条布。

2. 运行中彩条布受风力作用一头飞出车外。

四、问题处理

于列车到达后 120 min 向上一货检站拍发电报，同时抄送发到站。设置好防护后及时在列整理。电气化铁路无法在列整理时，通知车站调度员（值班员）甩至无电区处理。

五、货检人员应具备的条件

1. 热爱本职工作，责任心强，具有良好的职业道德，身体健康、符合岗位职务要求。

2. 经职业技能鉴定机构鉴定合格，取得相应职业资格证书。上岗前和任职期间，还须依据有关岗位标准，经培训考核合格取得“铁路岗位培训合格证书”后方可上岗。

3. 熟练掌握《铁路货物装载加固规则》《铁路超限超重货物运输规则》《铁路货物运输管理规则》《铁路鲜活货物运输规则》《铁路货物损失处理规则》《铁路集装箱运输规则》《货车篷布管理规则》《电气化铁路有关人员电气安全规则》等规章中有关装载加固、危险货物运输、超限超重、货运交接检查、超偏载问题车处理、货物损失处理等技术要求和人身安全规定。

4. 熟悉《铁路技术管理规程》《铁路交通事故调查处理规则》《普速铁路行车组织规则》《车站行车工作细则》等行车组织的有关规定。

5. 熟悉有关货车的技术参数和使用要求。

6. 熟悉本站内线路、设备、建筑物和列车到发、通过情况，以及调车作业情况。

7. 熟悉有关安全预案。

8. 熟悉相关安全检测监控系统和货检手持机等工具备品的操作应用。

第三部分　技　　师

1. 使用腰箍加固时应注意哪些事项?(《铁路货物装载加固规则》附件 5)

答:(1)木箱包装的货物、外壳较薄易于损坏的货物不宜采用腰箍进行加固。

(2)禁止使用镀锌铁线、盘条制作腰箍。

(3)禁止使用仅一端有紧固装置的扁钢腰箍。

2. 20 英尺 35 t 敞顶集装箱篷布苫盖前质量检查有何规定?(《关于明确 20 英尺 35 t 敞顶集装箱篷布苫盖管理的通知》(货多联电〔2021〕5 号))

答:篷布苫盖前应检查布体是否完整、有无破损,眼圈是否完好,标记号码是否完整清晰。端压绳、系绳是否齐全完整无接头,插接是否牢固并与篷布连接正确,敞顶箱支撑杆是否齐全等。

3. 圆柱形货物如何加固?(《铁路货物装载加固规则》第 45 条)

答:圆柱形货物可选用适当规格和材质的凹木、三角挡、座架等材料和装置,并采取腰箍下压、拉牵等方式进行加固。

4. 对跨局回送铁路篷布有哪些要求?(《货车篷布管理规则》第 31 条)

答:跨局回送铁路篷布限采用整车方式,每车一般不少于 100 张,少于 100 张时需经国铁集团调度中心准许。使用敞车回送时,苫盖的铁路篷布按回送铁路篷布统计。

5. 使用敞顶箱装运易扬尘货物及冬季运输时有何要求?(《铁路集装箱运输规则》第 23 条)

答:敞顶箱装运易扬尘货物,托运人应采取苫盖篷布或抑尘等环保措施;敞顶箱冬季运输时,托运人应按铁路局集团公司具体要求采取喷洒防冻液等防冻措施。

6. 哪种情况的气体类危险货物罐车不需押运?(《铁路危险货物运输管理规则》第 57 条)

答:新造出厂的和洗罐站洗刷后送检修地点的及检修后首次返空的气体类危险货物罐车不需押运,但应在货物运单、货票注明"新造车出厂"、"洗刷后送检修"或"检修后返空"字样。

7. 铁路作业人员发生哪些情况定责任事故?(《铁路交通事故调查处理规则》第 68 条)

答:铁路作业人员在从事与行车相关的作业过程中,不论作业人员是否在其本职岗位,由于违反操作规程、作业纪律，或铁路运输生产设备设施、劳动条件、作业环境不良，或安全管理不善等造成伤亡，定责任事故。

8. 电气化铁路附近发生火灾时，应遵守哪些规定？（《电气化铁路有关人员电气安全规则》第 47 条）

答：电气化铁路附近发生火灾时，须遵守下列规定：

(1)距牵引供电设备带电部分不足 4 m 的燃着物体，使用水或灭火器灭火时，牵引供电设备必须停电。

(2)距牵引供电设备带电部分超过 2 m 的燃着物体，使用沙土灭火时，牵引供电设备可不停电，但须保持灭火机具及沙土等与带电部分的距离在 2 m 以上。

9. 铁路交通事故调查处理应坚持什么原则？（《铁路交通事故调查处理规则》第 6 条）

答：事故调查处理应坚持以事实为依据，以法律、法规、规章为准绳，认真调查分析，查明原因，认定损失，定性定责，追究责任，总结教训，提出整改措施。

10. 货车篷布苫盖前质量检查包括哪些内容？（《货车篷布管理规则》附件 1）

答：布体完整，无破损，眼圈完好，标记、号码完整清晰。绳索齐全、完整、无接头、插接牢固，与篷布连接正确。

11. 端部有门的 20 英尺集装箱使用集装箱专用平车或共用平车装运时有何规定？（《铁路集装箱运输规则》第 50 条）

答：端部有门的 20 英尺箱使用集装箱专用平车或共用平车装运时，箱门应朝向相邻集装箱；但使用 X_{4K} 集装箱平车，两端箱位装载集装箱、中间箱位未装载集装箱时，箱门应朝向外侧门挡。

12. 中途站发现装有剧毒品的车辆或集装箱无封、封印无效以及有异状时应如何处理？（《铁路危险货物运输管理规则》第 100 条）

答：中途站发现装有剧毒品的车辆或集装箱无封、封印无效以及有异状时，应立即甩车，报告所属铁路局集团公司和铁路公安部门，并共同清点。同时按规定及时以电报形式，向发到站及所属铁路局集团公司和国铁集团报告有关情况。

13. 铁路篷布如何回送？（《货车篷布管理规则》第 28 条）

答：铁路篷布凭调度命令回送。车站应填制“特殊货车及运送用具回送清单”（简称“回送清单”）。“回送清单”填记回送铁路篷布的总张数，并将铁路篷布号码准确填制在“货车篷布交接单”上。

14. 苫盖篷布绳网的基本要求是什么？(《货车篷布管理规则》附件1)

答：苫盖篷布绳网时，网要盖正，网眼完全张开，与篷布密贴。先从车辆两侧拴结，使篷布绳网完全盖住篷布，最后拴结车辆两端的拴结点。篷布绳网与货车的捆绑按照篷布与货车的捆绑要求办理。

15. 挂有剧毒品车辆的列车应及时报告哪些信息？(《铁路危险货物运输管理规则》第100条)

答：挂有剧毒品车辆的列车，应在运统1记事栏中注明“D”字样，并将剧毒品车辆的车种车号、发到站、货物品名、挂运日期、挂运车次等信息及时报告给铁路局集团公司行车确报系统和剧毒品运输跟踪管理系统。

16. 铁路产权罐车限装品名包括哪些？(《铁路危险货物运输管理规则》第77条)

答：铁路产权罐车限装品名为原油、汽油、煤油、航空煤油、柴油、石脑油、溶剂油、轻质燃料油及非危险货物的重油、润滑油。

17. 某站使用C_{64K}型敞车一辆装运3件规格相同的卷钢，卷钢件重20 t。请指出图3-1(装车照片局部)**中装载加固方面的违章之处。**(《铁路货物装载加固规则》第12条、第17条)

图3-1　敞车装运卷钢

答：(1)货物单件重20 t，并装于车辆中部和两枕梁位置处。违反《铁路货物装载加固规则》“在车辆两枕梁内外等距离、宽度不小于1.3 m范围内和车辆中部三处承载时，中部货物重量不得大于13 t”的规定。

(2)中部卷钢明显向车辆一端偏移。违反“装车后货物总重心的投影应位于货车纵、横中心线的交叉点上”的规定。

18. 2022年6月3日22时20分某货检站接28006次列车，编挂剧毒品6辆(同一托运人、同一到站)**，有两名押运员。货检员检查押运员身份证与本人相符，工具、备品齐全，押运间、着装等均符合要求，现车前互相签认。经改编，重新组成17128次列车，正点开出。请判断上述作业是否正确，阐述理由，并提出改进措施。**(《铁路危险货物运输管理规则》第50条、第55条、第56条)

答：(1)上述作业不妥。①货检员还应检查培训合格证明。②剧毒品车辆2组应为4人押运。

(2)理由:①《铁路危险货物运输管理规则》第 50 条规定:押运员押运时应携带培训合格证明。②第 56 条第 2 款规定:剧毒品 4 辆以内编为一组,每组 2 人押运。

(3)改进措施:①押运员缺乘、漏乘,应及时甩车,做好记录,并通知发站或到站联系托运人、收货人立即补齐押运员或押运备品,编制普通记录后方可继运。②采取监护措施,同时报告铁路公安部门。

19. 图 3-2 所示视频监控存在什么问题? 规章依据是什么? 如何处理?(《铁路货物运输管理规则》第 14 条;《铁路货运检查管理规则》第 25 条)

图 3-2 棚车类车辆

答:(1)存在问题:棚车类车辆车门脱框(槽),两扇门整体向一端滑动,货物外露。

(2)违反《铁路货物运输管理规则》:装车后,认真检查车门、车窗、盖、阀关闭及拧固和装载加固情况。

(3)处理方式:设置好防护后在列复位加固处理。无法在列整理时,及时通知车站调度员(值班员)甩车处理;按规定拍发电报,编制普通记录。

20. 图 3-3 中存在什么问题? 怎样处理?(《铁路货物装载加固规则》第 28 条;《铁路货运检查管理规则》第 25 条)

图 3-3 履带式货物装载

答:(1)存在问题:运输装甲车上盖开启。

(2)违反《铁路货物装载加固规则》:易于旋转或有门窗等活动部位的货物装车时,托运人应将旋转和活动部位锁闭固牢;锁闭装置失效的,应采取有效的加固措施。货物自带的苫布、防护衣、伪装网及其捆绑绳索质量不良的,在由托运人改善并符合要求后方可办理运输。

(3)处理方式:通知押运人员锁闭固牢,锁闭装置失效的,应采取有效的加固措施。电气化铁路,通知车站调度员(值班员)甩车至无电区处理。

21. 什么是货运计量系统?(《铁路货运计量安全检测设备运用管理规则》第3条)

答:货运计量系统是以传感技术、信息技术等为支撑,以超偏载检测装置、轨道衡等计量安全检测设备为基础,通过国铁集团、铁路局集团公司、车站三级联网的统一软件监控管理平台,对货车装载状态进行实时计量安全检测监控、全程追踪和智能评判的信息系统。

22. 装过哪些危险货物的货车卸后必须洗刷除污?(《铁路危险货物运输管理规则》第66条)

答:装过危险货物的货车,卸后应清扫干净。下列情况应进行洗刷除污:

(1)装过剧毒品的毒品车;

(2)发生过撒漏、受到污染(包括有刺激异味)的货车;

(3)回送检修运输过危险货物的货车。

23. 球形货物应如何装载?(《铁路货物装载加固规则》第46条)

答:球形货物应选用适当规格、具有足够强度、能保证货物稳定的座架,货物底部不得与车地板接触。对无拴结点、加固较为困难的球形货物,可在球体上部采用套圈,套圈四处拉牵牢固。

24. 铁路危货箱的办理要求是什么?(《铁路危险货物运输管理规则》第88条)

答:危货箱同一车限装同一品名、同一铁危编号的危险货物;包装应与《铁路危险货物运输管理规则》要求一致。装箱应采取安全防护措施,防止货物在运输中倒塌、窜动和撒漏。运输时只允许办理一站直达并符合办理限制要求。

25. 货运计量安全检测设备故障分为哪几类?(《铁路货运计量安全检测设备运用管理规则》第80条)

答:(1)责任连续停机时间超过48 h,为一类故障;

(2)责任连续停机时间超过24 h,不超过48 h,为二类故障;

(3)责任连续停机时间不超过24 h,为三类故障。

26. 各种车辆和行人通过电气化铁路平交道口必须遵守哪些规定?(《电气化铁路有关人员电气安全规则》第48条)

答:各种车辆和行人通过电气化铁路平交道口必须遵守下列规定:

(1)通过道口车辆限界及货物装载高度(从地面算起)不得超过4.5 m,超过时,应绕行立交道口或进行货物倒装。

(2)通过道口车辆上部或其货物装载高度(从地面算起)超过2 m通过平交道口时,车辆上部及装载货物上严禁坐人。

(3)行人持有长大、飘动等物件通过道口时,不得高举挥动,应与牵引供电设备带电部分保持2 m以上的距离。

27. 检测呼和浩特局集团公司装运的货车发生一般超偏载报警应如何处理？(《货运计量安全检测监控设备和货运计量系统运用管理实施细则》(呼铁师〔2017〕68 号)第 8.6 条)

答:检测呼和浩特局集团公司装运的货车发生一般超偏载报警,途经货检站进行货检作业时,能在列整理的,应在列整理;不能在列整理的,应甩车后将问题车送入指定地点交由车站货运;车站货运比照严重超偏载货车甩车后整理规定进行作业。货检站按规定拍发电报,并抄送铁路局集团公司货运部。

28. 橡胶垫的使用方法有哪些？(《铁路货物装载加固规则》附件 5)

答:(1)橡胶垫用作衬垫、防滑材料时,一般置于货物与车地板间或货物层间。

(2)橡胶垫用作防磨材料时,置于拉牵加固材料与货物、车辆棱角接触处。

(3)橡胶垫作为缓冲材料,一般置于货物与阻挡加固材料间。

29. 铁路篷布回送到站货运员应做好哪些工作？(《货车篷布管理规则》第 33 条)

答:铁路篷布回送,到站货运员应核对数量和号码,与实际不符时,应于 24 h 内向发站和发到局货运部门拍发电报。发站无异议时,到站按实收数调整;发站有异议时,应于 5 日内派人赴到站复查,复查后,发、到站将结果报告发、到铁路局集团公司货运部门。

30. 铁路货检应急处置包括哪些内容？(《铁路货运检查管理规则》第 42 条～第 44 条)

答:(1)货检站在处置铁路交通突发事件时,应坚持"调度集中统一指挥、行车单一指挥"的原则。

(2)铁路局集团公司应组织明确发生铁路交通事故时货检站的安全保障措施及应急施救信息网络。

(3)铁路局集团公司应组织货检站制定"货检应用"、视频监控等设备发生故障时,以及雨雪雾等不良天气和非正常运输状态下保证货检作业衔接有序的应急预案。

31. 车站用棚车装运需要通风运输的易腐货物时有何要求？(《铁路鲜活货物运输规则》附件 5)

答:装车作业时,对需要通风运输的水果、蔬菜等易腐货物要留有足够的通风空隙。同时可将车辆门窗开启固定,用栅栏将货物挡住,并在货物运单"承运人记事"栏注明"㊉"("㊉"表示开门窗运输),"㊉"应转记在"列车编组顺序表"记事栏内。开启的门窗最外突出部位不得超限。

32. 装有易腐货物的车辆,因车辆技术状态不良发生滞留不能继运时如何处理？(《铁路鲜活货物运输规则》第 49 条)

答:装有易腐货物的车辆、集装箱因技术状态不良等原因发生滞留不能继运时,滞留站应及时报告铁路局集团公司调度、货运部门,并尽量组织按原运输条件倒装。由于气温、技术条件等限制不能倒装又不宜在当地处理的货物,滞留站应通知发、到站及时联系托运人、收货人,并限时提出处理办法。超过要求时间未接到答复或因等候答复使货物造成损失时,由发生地铁路局集团公司与发送铁路局集团公司协商处理。

33. 哪些危险货物实行全程押运?(《铁路危险货物运输管理规则》第 49 条)

答:运输爆炸品(烟花爆竹除外)、硝酸铵、剧毒品(铁路危险货物品名表"特殊规定"栏有第 67 条特殊规定的)、罐车装运气体类(含空车)危险货物实行全程押运。装运剧毒品的罐车和罐式箱不需押运。其他危险货物需要押运时按有关规定办理。

34. 发现货物损失后应如何处理?(《铁路货物损失处理规则》第 11 条)

答:发现货物损失后,发现人员应保护现场,立即向车站负责人和货物损失处理人员报告。接到报告后,车站负责人应组织有关人员立即赶赴现场进行货物损失勘查、清理、资料收集并编制"货物损失报告"。必要时通知托运人或收货人。

35. 货检站应建立哪些沟通联系制度?(《铁路货运检查管理规则》第 38 条)

答:货检站应加强与机务、车辆、公安等相关部门的工作联系,及时沟通信息,加强协作和配合。铁路局集团公司间交接货检站应加强工作联系,建立互联、互控和信息反馈制度,及时解决铁路局集团公司间交接存在的问题。

36. 派有押运员的成组危险货物车辆有何要求?(《铁路危险货物运输管理规则》第 45 条)

答:派有押运员的成组危险货物车辆,要求成组连挂,不得拆解;发站应在该组车辆每一张货物运单、货票上注明"成组连挂,不得拆解",并将该组票据单独装入封套(剧毒品除外),封套上注明"成组连挂,不得拆解"。

37. 某货检站在检查时发现以下问题,请逐一简要说明处理方法。(《货车篷布管理规则》第 20 条;《铁路双层集装箱运输管理办法》第 23 条;《铁路危险货物运输管理规则》第 55 条;《铁路货物运输管理规则》第 46 条)

(1)易燃货物未按规定苫盖篷布。

(2)双层集装箱运输上下层箱错位。

(3)押运员身份与携带证件不符。

(4)不破坏封印即能打开车门。

(5)装有货物的棚车车门未按规定关闭。

答:(1)须经铁路局集团公司调度批准,苫盖篷布并采取防护措施,在列车编组顺序表作相应修改,拍发电报,同时在铁路货检安全监控与管理系统编制普通记录。

(2)立即甩车处理。

(3)及时甩车,做好登记,并通知发站或到站联系托运人、收货人补齐押运员,编制普通记录后方可继运。

(4)拍发电报并补封,是否清点货件由发现站确定。

(5)由发现站关闭并拍发电报。

38. A 站承运到 D 站聚丙烯一车,共计 800 件(件重 50 kg),**使用敞车苫盖篷布装载**(图 3-4),**途经 B 站时,B 站视频监控发现该车篷布前端顶部有破损迹象,认为不危及安全,截图并登记后继运。到达 C 站时,列检发现车辆技术状态不良,需换装整理。C 站换装整理时发现篷布前端顶部被割,货物有被盗丢失痕迹,经清点较票记 800 件缺失 20 件,编制货运记录,补苫篷布继运到站 D 站。D 站卸车清点时,发现较 C 站货记 780 件缺失 10 件,按现状编制货运记录。请依题划分责任,并说明划责依据。**(《铁路货物损失处理规则》附件 3)

图 3-4　敞车苫盖篷布

答:(1)划分责任:货物短少 30 件,不足 2 t。B 站检查发现但未处理,C 站货运记录中缺失的 20 件应列 B 站责任,赔款由 A 站、B 站分摊。C 站换装后缺失的 10 件,列 C 站责任。

(2)划分依据:《铁路货物损失处理规则》附件 3、二、(十)、2"检查发现但未处理的,列发现站责任,赔款由发现站、装车站和上一有监控设备的货运检查站分摊。"《铁路货物损失处理规则》附件 3、二、(十)、4"中途站换装整理后发生的,列换装整理站责任"。

39. 某货检站到达一列货车,货检员检查发现其中一车 N_{17} 5213451 装载锅炉配件一件,车辆捆绑加固线部分断裂,货物横、纵向移动,货物重心偏离车辆纵中心 60 mm,货物重心偏离车辆横中心 600 mm,查看货运票据得知,货物重量 38 t,应如何处理?并说明原因。(已知销距 9 000 mm,其他条件符合要求)(《铁路货物装载加固规则》附件 2;《铁路货运检查管理规则》第 25 条)

答:(1)确定运用公式:当 $P_{容}-Q\geqslant 10$ t 时,即 60－38＝22(t)＞10 t。

(2)运用公式 $a_{容}=5\div Q\times l=5\div 38\times 9\,000\approx 1\,184$(mm)。

(3)$a_{实}$ 为 600 mm,$a_{容}>a_{实}$;货物实际横向位移 60 mm,小于 100 mm,不违反《铁路货物装载加固规则》规定,因此可以继续运输。

(4)处理情况:在列整理。更换捆绑加固线,拧紧至适度,重新整理加固,符合规定后放行。在列整理时,应做好防护工作,预计整理时间超过技术作业时间时,应及时通知车站值班员。

40. 甲站到检 33005 次，机后 15 位车号 NX_{70} 5431727，甲站发乙站 40 英尺重集装箱（图 3-5）。存在哪些问题？应如何处理？（《铁路集装箱运输规则》第 47 条；《铁路货运检查管理规则》第 25 条）

图 3-5　重集装箱装载

答：存在问题：平车锁头未入位。违反《铁路集装箱运输规则》第 47 条“使用集装箱专用平车或共用平车时，装车前必须确认锁头齐全、状态良好；装车后要确认锁头完全入位”的规定。

处理过程：

(1)通知车站调度员(值班员)甩车处理。

(2)使用手持机对问题车信息进行拍照反馈，在“货检应用”上对问题车进行登记。

(3)于列车到达后 120 min 内以电报通知上一货运检查站，并抄发、到站及相关部门。

(4)编制普通记录送指定线路整理。

41. 集装箱货物混装运输时如何办理？（《铁路集装箱运输规则》第 45 条）

答：集装箱货物混装运输时，货物运单中货物名称填写“混装货物”或“混装货物 F”。增加“混装”货物运输标准记事，对已安检的增加“已安检”货物运输标准记事；运统 1 记事栏对应标记为“混装”和“已安检”；由集装箱运输信息系统自动生成并传递给现车系统。

42. 货物发生火灾损失时重点勘查记明哪些情况？（《铁路货物损失处理规则》附件 2）

答：重点勘查并记明火灾列车车次、货车种类、到达时间、编挂位置及上一责任货检站检查情况、邻车情况、牵引机车类型；记明车辆状态（车底板、闸瓦、防火板等）；车内货物装载现状、起火部位、四周货物烧损情况；货物装载（苫盖物）高度；可能造成起火的各种迹象。

43. 铁路超限超重货物运输挂运电报包括哪些内容？（《铁路超限超重货物运输规则》附件 7）

答：挂运电报主要内容包括：确认电报号，发站、到站，货物品名、件数，使用车种、车型、车号（含游车、隔离车）及辆数，装载完毕时间，装后尺寸复测情况，装后货物装载加固状态及车辆状态检查确认情况等。

44. 发站使用篷布前应做好哪些工作?(《货车篷布管理规则》第14条)

答:发站使用篷布前,应逐张检查质量。使用铁路篷布时,将篷布号码填记在货物运单“篷布号”栏内;使用自备篷布时,应检查托运人是否在货物运单“托运人记事”栏内注明自备篷布号码。

需要使用货运票据封套时,应将铁路篷布号码填制在货运票据封套篷布号码栏内。

45. 货检站接到电子防盗锁发生非正常破锁或出现故障的电报,应如何办理?(《铁路电子防盗锁使用管理办法(暂行)》第19条)

答:货检站接到破锁电报后,应对破锁车辆或集装箱进行重点检查,必要时应通知公安部门配合进行现场勘查。现场检查确认电子防盗锁破锁或失效时,应在列车到达120 min内拍发电报并按规定处理。电报中要记明电子防盗锁类型、站名(局名)、号码和状态。继运时,处理站应补封。

46. 哪些货物(车)在途中不交接检查?(《铁路货物运输管理规则》第33条)

答:罐车和集装箱的封印、苫盖货物的篷布顶部、集装箱顶部、敞车装载的不超出端侧板货物的装载状态,在途中不交接检查,如接方发现有异状,有运转车长的由交方编制记录后接收,无运转车长的要由发现站拍发电报。发现重罐车上盖开启,车站负责关好,并由交方编制普通记录证明。在发站和中途站发现空罐车上盖张开,要及时关闭。

47. 危险货物按其性质和要求如何存放?(《铁路危险货物运输管理规则》第58条)

答:危险货物应按其性质和要求存放在指定的仓库、雨棚等场地。遇潮或受阳光照射容易燃烧或产生易燃、易爆、有毒气体的危险货物不得在雨棚、露天存放。存放保管危险货物时,应符合“铁路危险货物配放表”的要求。编号不同的爆炸品不得同库存放。

48. 绞棍的使用方法有哪些?(《铁路货物装载加固规则》附件5)

答:(1)绞棍用于将缠绕后的镀锌铁线、盘条等绞紧。

(2)绞棍留用时必须予以固定,且不得超限;绞棍不留用时可采取防松措施。

(3)绞棍绞拧不宜过紧和过松,不得损伤拉牵捆绑线。

49. 集装箱办理站按办理箱型分为哪几种?(《铁路集装箱运输规则》第11条)

答:集装箱办理站按办理箱型分为:

(1)20英尺箱办理站,可办理各类20英尺箱运输业务。

(2)40(45)英尺箱办理站,可办理各类40、45英尺箱运输业务。

(3)特种货物箱、专用箱办理站,包括:20英尺敞顶箱、20英尺干散货箱、20英尺水泥罐式箱、20英尺液体罐式箱、20英尺石油沥青罐式箱、20英尺台架式卷钢箱等办理站。

50. 装过哪些货物的车辆，卸后必须洗刷消毒？（《铁路货物运输规程》第 30 条）

答：对装过活动物、鲜鱼介类、污秽品等货物的车辆，以及受易腐货物污染的冷藏车和《危险货物运输管理规则》中规定必须洗刷消毒的货车，由铁路负责洗刷并按规定或依照卫生（兽医）人员的要求进行消毒，费用由收货人负担。如收货人有洗刷、消毒设备时，也可由收货人自行洗刷、消毒。

51. 车辆按用途如何划分，应有哪些标记？（《铁路技术管理规程（普速铁路部分）》第 177 条、第 178 条）

答：车辆按用途分为客车、货车及特种用途车（如试验车、发电车、轨道检查车、检衡车等）。

车辆应有识别的标记：路徽、车型、车号、制造厂名及日期、定期修理的日期及处所、自重、载重、容积、换长等。

52. 铁路超限超重货物运输电报代号 A、G、M、N、P、R、S、Z 代表什么内容？（《铁路超限超重货物运输规则》附表 7-4）

答： A：超限等级。

G：最高运行速度。

M：途中货检站按规定检查无碍后继续运送。

N：各邻接调度所密切联系注意运行状态，接运和挂运按《铁路超限超重货物运输规则》办理。

P：需要货物转向架和使用车钩缓冲停止器。

R：货物重心高度。

S：重车重心高度。

Z：超重等级。

53. 棚车、冷藏车、罐车装运的货物发生被盗丢失，编制货运记录须记明哪些重点？（《铁路货物损失处理规则》附件 2）

答：棚车、冷藏车、罐车装运的货物发生被盗丢失，重点勘查并记明车体、门窗关闭状态、施封加固情况。其中棚车装运的，车窗处被盗丢失时，记明货物装于车窗位置以及该车窗锁闭状态；货车两侧或一侧上部施封时，记明下部门扣是否损坏、封印的站名和号码；车门缝处货物被盗割的，记明货物现状。

54. 装运活动物，对押运人员有何规定？（《铁路鲜活货物运输规则》第 59 条）

答：运输活动物时，托运人必须派熟悉动物特性的押运人随车押运，负责做好动物的饲养、饮水、换水、洒水、看护和安全工作。押运人每车一至两人。押运人携带物品只限途中生活用品和途中需要的饲料和饲养工具，并严格遵守“押运人须知”和铁路的有关规定。为放蜂需要带的狗必须装在铁笼内，并交验检疫证明。

55. 篷布具备哪些条件方可在铁路运输中使用？（《货车篷布管理规则》第39条）

答：新造篷布每批须凭合格的产品质量检测报告，篷布绳卡、篷布绳网须凭2年内的、合格的产品质量检测报告，方可在铁路运输中使用；篷布修理所须提供2年内的、合格的篷布维修产品质量检测报告。

以上产品质量检验均须采用抽检方式，质量检测报告须由国家铁路产品质量监督检验中心出具。

56. 哪些车型装运的超限、超重货物应开行超限超重货物专列？（《铁路超限超重货物运输规则》第31条）

答：以下车型装运的超限、超重货物，应开行超限超重货物专列：

(1)钳夹车。

(2)标记载重260 t及以上的落下孔车。

(3)标记载重300 t及以上的凹底平车。

其他需要采取全程派人监护、监测运行等特殊安全保障措施的重车，也可组织开行超限超重货物运输专列。

铁路超限超重货物运输专列按"超限超重货物专列运输管理规定"办理。

57. 2022年3月10日丁站接20605次列车，列车挂有8辆液化石油气罐车，随车押运的2名押运员身穿印有蓝色"押运"字样的黄色马甲，请问货检员应检查哪些内容？发现有哪些问题？应如何处理？（《铁路危险货物运输管理规则》第50条、第55条、第56条）

答：(1)检查内容：

检查押运员人数是否符合规定，是否携带培训合格证明和押运员须知；押运人与身份证是否一致；押运货物品名与罐体标记是否相符；检查车体状态，良好无泄漏，定检不过期，罐体押运间无损坏，备品齐全符合要求，同一组每车罐体上标注的介质名称、企业名称相符。

(2)发现的问题：

该列车挂有8辆液化气罐车，只有2名押运员，与规定不符，7～12车应不少于4人。押运员穿着的黄色马甲上应是红色"押运"字样。

(3)问题的处理：

发现以上问题应及时甩车，做好登记，并通知发站或到站联系托运人、收货人补齐押运员(应按规定穿着印有红色"押运"字样的黄色马甲)，编制普通记录后方可继运。

58. 某站使用NX型平车装运挖掘机一台，请指出图3-6(装车照片局部)**中装载加固方面的违章之处。**（《铁路货物装载加固规则》第43条、附件5）

答：(1)钢丝绳使用绞棍绞紧，违反《铁路货物装载加固规则》附件5"绞棍用于将缠绕后的镀锌铁线、盘条等绞紧"。钢丝绳夹间距过大，违反《铁路货物装载加固规则》附件5"钢丝绳夹间的距离等于6～7倍钢丝绳直径"的规定。

(2)挖掘机平衡铁处未放置支架,违反《铁路货物装载加固规则》第 43 条"对回转式货物应采取防止转动措施,并根据货物结构特点在平衡铁处放置支架"的规定。

(3)钢丝绳与车辆棱角处未采取防磨措施,违反《铁路货物装载加固规则》第 23 条"加固线与货物、车辆棱角接触处应采取防磨措施"的规定。

(4)用于固定铲斗的铁线未采取防松措施,违反《铁路货物装载加固规则》附件 5"绞棍留用时必须予以固定,且不得超限;绞棍不留用时可采取防松措施"的规定。

(5)个别扒锔钉在方木上的钉固位置不符要求,违反《铁路货物装载加固规则》附件 5"钉固扒锔钉时,应避免钉在木质加固材料同一横纹上,同时避开车地板的缝隙或木板裂纹"的规定。

图 3-6　装运挖掘机

59. 图 3-7 视频监控存在什么问题?规章依据是什么?如何处理?(《铁路集装箱运输规则》第 20 条、第 60 条;《铁路货运检查管理规则》第 25 条)

图 3-7　罐式集装箱运输

答:(1)存在问题:铁路空罐箱上一后部外包装钢皮途中断裂脱落。

(2)违反《铁路集装箱运输规则》:罐箱产权单位管理不善,铁路局集团公司应对铁路箱的运用质量负责,承担箱体质量检查和损坏箱扣修的责任。使用铁路箱时,车站应提供状态良好的集装箱。托运人在使用前必须检查箱体状况,发现箱体状况不良时及时提出,由车站予以更换。

(3)处理方式:按规定向上一货检站、发站拍发电报。编制普通记录,及时通知车站调度员(值班员)甩车处理。

60. 图 3-8 为某站视频监控发现 P_{64K} 3824278 一车装载硝酸铵,现场检查只有一名押运人。存在什么问题?规章依据是什么?如何处理?(《铁路危险货物运输管理规则》第 50 条、第 51 条、第 55 条、第 56 条;《铁路货物运输规程》格式 6)

图 3-8 危险货物运输

答:(1)存在问题:两侧车门大开;押运人员不足 2 人;且押运人未按规定着装;押运人携带火种吸烟。

(2)违反《铁路危险货物运输管理规则》:运行时押运的车门不得开启;硝酸铵 4 车以内编为一组,每组 2 人押运;应按规定穿着印有红色"押运"字样的黄色马甲。违反《铁路货物运输规程》押运人须知:严禁携带危险品,不准在货车内吸烟、生火,违反规定造成后果要负经济或法律责任。

(3)处理:发现以上问题应及时甩车,做好登记,并通知发站或到站联系托运人、收货人补齐押运员(应按规定穿着印有红色"押运"字样的黄色马甲),编制普通记录后方可继运。同时对押运人进行安全教育,收缴火种,关闭运行右侧车门进行加固,要求押运人车辆在运行时从车内关闭左侧车门,采取车门不能开启措施。

61. 散堆装货物装车有何要求?(《铁路货物装载加固规则》第 20 条)

答:(1)散堆装货物装车应使用货运计量安全检测设备防止超载,装车后应采取平顶等措施防止偏载偏重。

(2)废钢铁等废金属材料、料石等不规则货物装车后应使用轮重测定仪等超偏载检测设备进行检测。

(3)焦炭装车超出货车端侧墙(板)时,应采取围挡措施。

(4)废金属材料超出货车端侧墙(板)装载时,应采取可靠的加固措施。

(5)木片装运应优先采用袋装或集装方式。散装木片使用棚车装运时,不得将车门从车内反锁,并应在两侧车门处安设门挡。

62. 普通平车装运预应力梁的加固方法有哪些?(《铁路货物装载加固规则》第 60 条)

答:(1)货物转向架下架体每端,用 8 号镀锌铁线、盘条或钢丝绳拉牵成八字形,捆绑在车侧丁字铁或支柱槽上。

货物转向架上架体与桥梁底部之间,需加防滑垫木。防滑垫木上应加铺一层橡胶垫,桥梁底部两侧与货物转向架上架体挡铁之间,用木楔楔紧卡牢。

(2)在货物转向架上架体预应力梁的两侧,分别使用斜支撑进行加固。斜支撑顶部与预应力梁体必须密贴顶牢,并用 8 号镀锌铁线或盘条将斜支撑与转向架上架体捆牢。

(3)横向位移不超过 20 mm,长度为 32.6 m 梁的纵向窜动不超过 250 mm、长度为 24.6 m

及以下梁的纵向窜动不超过 150 mm 时,可以继续运行。

(4)斜支撑产生纵向倾斜时,必须进行整理。

63. 20 英尺 35 t 干散货集装箱的装运要求有哪些?(《铁路集装箱运输规则》附件 3)

答:(1)用于装运散堆装货物,也可用于装载成件货物。

(2)散堆装货物装箱后,应在箱外将顶开门关闭严密,并用锁具锁闭或用 10 号镀锌铁线拧固;成件货物装箱前,应从箱内将顶开门内插销插紧锁闭。空箱运输时,应保证顶开门锁闭良好。

(3)端部箱门须按通用集装箱要求进行施封(车上装箱时除外)。

(4)沿途各站发现顶开门开启等影响运输安全的问题,应及时处理并报告。

64. 货检站应建立并落实哪些基本管理制度?(《铁路货运检查管理规则》第 34 条~第 41 条)

答:(1)建立并落实岗位责任制。

(2)建立并落实卷钢货检特定作业制度。

(3)建立并落实规章文电管理制度。

(4)建立并落实职工培训制度。

(5)建立并落实工作沟通联系制度。

(6)建立并落实分析总结制度。

(7)建立并落实表报电子化制度。

(8)建立并落实考评制度。

65. 承运气体类危险货物自备货车时,应检查哪些内容?(《铁路危险货物运输管理规则》第 79 条)

答:(1)托运人或收货人的罐车产权单位名称应与"自备铁路车辆经国家铁路过轨运输证"的单位名称相统一;

(2)货物品名、托运人、收货人、发到站、专用线等应与办理限制相统一;

(3)货物品名应与罐体标记品名相统一;

(4)托运人提供的"铁路液化气体罐车充装记录"一式两份,一份由发站留存,一份随货物运单至到站交收货人;

(5)罐车产权单位提供的移动式压力容器使用登记证;

(6)虽符合上述条件,但车辆检修时间过期、证件过期、车况不良、罐体密封不严、罐体标记文字不清等有碍安全运输的不予办理运输。

66. 列车运行等级有何规定?(《铁路技术管理规程(普速铁路部分)》第 233 条)

答:列车运行等级顺序原则上按速度等级从高到低排序,同速度等级的列车原则上按以下等级顺序:

(1)动车组列车；

(2)特快旅客列车；

(3)特快货物班列；

(4)快速旅客列车；

(5)普通旅客列车；

(6)军用列车；

(7)货物列车；

(8)路用列车。

开往事故现场救援、抢修、抢救的列车，应优先办理。

特殊指定的列车或列车种类，其等级应在指定时确定。

67. 货运检查站换装整理产生费用如何清算？(《铁路货物运输管理规则》第 50 条)

答：铁路责任的货物整理费由整理站(路局)列销。换装费由原装车站(路局)负担，但由于行车事故或调车冲撞发生的换装费由责任单位负担；因车辆技术状态不良发生的换装，属车辆部门责任，换装费由发生局集团公司负担。需要向责任单位清算的换装费，由换装站将记录连同有关费用的单据，按月汇总报主管铁路局集团公司，在发生换装的次月内向责任铁路局集团公司(或责任单位)清算，但每一责任铁路局集团公司每月发生款额累计不足 1 000 元的不清算。

68. 哪些货物不得按一批托运？(《铁路货物运输规程》第 5 条)

答：下列货物不得按一批托运：

(1)易腐货物与非易腐货物；

(2)危险货物与非危险货物(另有规定者除外)；

(3)根据货物的性质不能混装运输的货物；

(4)按保价运输的货物与不按保价运输的货物；

(5)投保运输险货物与未投保运输险货物；

(6)运输条件不同的货物。

69. 货物损失速报包括哪些内容？(《铁路货物损失处理规则》第 14 条)

答：“货物损失速报”内容如下：

(1)损失等级、种类；

(2)发现损失的时间、地点；

(3)发站、到站、货物名称、承运日期；

(4)车种、车型、车号、运单号码、办理种别、保价或保险金额(金额前注明“保价”、“铁险”或“商险”字样)；

(5)损失概要；

(6)对有关单位的要求；

拍发速报时在电文首部冠以“货物损失速报”字样，(一)至(六)项为各项代号，速报由车站主管领导审核签发。

70. 凹形草支垫的使用方法有哪些？(《铁路货物装载加固规则》附件 5)

答：(1)凹形草支垫仅限于卷钢横向卧装。

(2)凹形草支垫无霉烂变质、干裂脆化，仅限一次性使用。

(3)每件卷钢下部平行、对称铺放 2 个同一型号的凹形草支垫，草支垫外侧与卷钢边缘对齐。

(4)同一卷钢下使用的 2 个凹形草支垫凹部压实后的高度差不得大于 10 mm。

(5)卷钢的卷径与草支垫的适用范围匹配。

(6)装车单位要采取有效措施，控制卷钢的装车温度。

71. 铁路交通一般 C 类事故涉及货运系统的有哪些情形？(《铁路交通事故调查处理规则》第 14 条)

答：有下列情形之一，未构成一般 B 类以上事故的，为一般 C 类事故：

C2. 货运列车脱轨。

C3. 列车火灾。

C4. 列车爆炸。

C11. 机车车辆溜入区间或站内。

C13. 列车运行中碰撞轻型车辆、小车、施工机械、机具、防护栅栏等设备设施或路料、坍体、落石。

C16. 列车运行中刮坏行车设备设施。

C17. 列车运行中设备设施、装载货物(包括行包、邮件)、装载加固材料(或装置)超限(含按超限货物办理超过电报批准尺寸的)或坠落。

C18. 装载超限货物的车辆按装载普通货物的车辆编入列车。

72. 使用盘条拉牵加固的方法有哪些？(《铁路货物装载加固规则》附件 5)

答：(1)使用盘条拉牵加固的方式主要有：八字形、倒八字形、交叉、又字形或反又字形等。各种拉牵方式可单独使用，也可两种或两种以上组合使用。拉牵应尽可能对称。

(2)拉牵加固时，将单股或双股盘条在货物和车辆的两拴结点间往返缠绕，并应拽紧盘条使各股松紧度尽量一致，剩余部分穿插缠绕于自身绳杆后，使用绞棍绞紧，余尾朝向车内。

(3)应合理选择货物上的拉牵位置。用于防止货物水平移动时，拉牵位置应尽量低些；用于防止货物倾覆时，拉牵位置可适当高些。

(4)盘条还可用于整体捆绑。

73. 轮式、履带式货物如何装载?(《铁路货物装载加固规则》第42条)

答:轮式、履带式货物应使用木地板平车装载(专用货车装运时除外),其本身有制动装置的,装车后应制动,门窗闭锁并将变速手柄放在初速位置(运输轿车时,挡位放在空挡或P挡上),制动手柄或拉杆应处于制动位置。其装载方法如下:

(1)顺装时,相邻两辆间距不小于100 mm。

(2)横装时,相邻两辆应头尾颠倒,间距不小于50 mm。

(3)跨装在两平车上的汽车,其头部与前辆汽车的尾部间距不小于350 mm。

(4)爬装汽车法。

(5)无车厢的汽车爬装时,应将第二辆及其后各辆的前轮依次放在前辆的后轮上对齐。

74. 超偏载检测装置、轨道衡定期检修工作应遵循什么原则?(《铁路货运计量安全检测设备运用管理规则》第50条)

答:(1)月检以全面检测为主。

(2)小修以保持状态为主。

(3)第一次大修以更换传感器为主,第二次大修以更新为主;承载机构应保持三个大修周期以上,按照实际状态更换。

(4)当多种修程重叠时,以高级修程为主,高级修程涵盖低级修程内容。

(5)根据周期检定时间,大修修程可以提前或错后进行,但不得超过两个月。

75. 标准化货检站建设发生哪些情况"一票否决"?(《铁路货运检查管理规则》附件1)

答:(1)发生货检全部、主要、重要或次要责任一般C类及以上铁路交通事故。发生货检全部、主要或重要责任一般D类铁路交通事故。

(2)路网性货检站未设立货检车间、区域性货检站未设立货检车间或货检班组进行货检专业管理。

(3)到达解体列车入口方向未实现高清视频监控设备全覆盖。

(4)年度内发生经本站改编的卷钢问题车出站运行且核实为货检责任。

(5)隐瞒事故或在重大问题上弄虚作假,货检人员在履职期间存在违法行为。

76. 型钢及管材的装载方法有哪些?(《铁路货物装载加固规则》第52条)

答:型钢及管材可使用敞、平车装载。根据需要可使用硬木支柱(钢管支柱)、隔木、掩木、稻草垫(条形草支垫或稻草绳把)、镀锌铁线、盘条、钢丝绳等材料进行加固。

(1)长短不一的各类型钢及管材混装一车时,应将重的装在下面,轻的装在上面,长的装在两侧,短的装在中间。

同一规格型钢及管材应成垛(捆)装载,堆码整齐,必要时,允许搭头、压边、压缝或重叠装载。

(2)型钢及管材的装载高度超出侧墙(板)时,每垛货物至少安插两对支柱。超出高度在1 m

及以内时，捆 1 道腰线；超过 1 m 时，捆 2 道腰线。必须封顶。

敞车起脊装载管材不使用支柱时，每垛(捆)管材需用钢带或钢丝绳捆绑，层间衬垫防滑。

(3)使用有端侧板平车装载长大型钢时，应紧密排摆成梯形，层间加垫防滑衬垫，并采用整体捆绑及反叉字下压式加固。

(4)使用敞车装载大型管材时，应成垛(捆)装载，底部须掩垫牢固。仅使用衬垫防滑加固时，装载在最上层的管材，超过端侧墙高度应小于管材直径的二分之一。

77. 请指出图 3-9 中存在的问题及安全隐患，应如何处理？(《铁路货物装载加固规则》第 4 条、第 23 条、第 42 条；《铁路货运检查管理规则》第 25 条)

图 3-9 平车装运挖掘机

答：(1)存在问题：铲斗未置于车地板上，加固铲斗的钢丝绳松动。钢丝绳与车辆棱角接触处未采取防磨措施。

(2)安全隐患：铲斗悬空，在运输途中挖掘机重心不稳，挖掘机易发生晃动、位移，受运输途中各种力的作用易造成加固线松动、折断。

(3)处理方法：

①货检通知车站调度员、值班员甩车，送整装线整理。

②使用“货检应用”登记问题车信息，于列车到达后 120 min 内电报通知上一货检站，抄知发到站和主管部门。

③对甩下的问题车进行整理，铲斗置于车地板上，制动装置全部制动，变速器置于初始位置，收紧加固线。

78. 请指出图 3-10 中存在的问题，违反哪些相关规定？货检站如何处理？(《货车篷布管理规则》附件 1；《铁路货物运输管理规则》第 14 条、第 46 条)

答：左下图篷布绳索脱落。违反《货车篷布管理规则》附件 1 四(二)“绳索拴结、捆绑位置正确，绳结牢固，无松弛脱落，捆绑在绳栓上的绳索呈蝶翅形结，绳头余尾长度 100～300 mm”。

根据《铁路货物运输管理规则》第 46 条表 2 顺号 3 的第(5)点，货检站发现篷布(包括自备)苫盖捆绑不牢、被刮掉或被割危及运输安全，应及时进行整理。

图 3-10 敞车苫盖篷布

右上图中门下门锁铁落锁不到位，车门外胀。违反《铁路货物运输管理规则》第 14 条“装车后，认真检查车门、车窗、盖、阀关闭及拧固和装载加固情况。对装载货物的敞车，要检查车门插销、底开门搭扣和篷布苫盖、捆绑情况”。

根据《铁路货物运输管理规则》第 46 条表 2 顺号 3 的第(6)点，发现车门插销不严、危及行车安全，由发现站按规定换装或整理并拍发电报。

79. 请指出图 3-11 中存在的问题并提出处理方法。(《货车篷布管理规则》附件 1;《铁路货运检查管理规则》第 25 条)

图 3-11 篷布绳索捆绑

答：(1)存在问题：

①篷布绳网与货车的捆绑按照篷布与货车的捆绑要求办理，篷布绳网系绳从提钩杆外侧穿过。违反《货车篷布管理规则》附件 1“货车篷布两端篷布中间的两根端绳分别垂直向下拉紧拴结在车辆端部的两绳栓上，经提钩杆时，也应从其内侧穿过”的规定。

②篷布绳索及绳网系绳拴结在货车中门下锁铁处。违反《货车篷布管理规则》附件 1“篷布绳应拴结在货车绳栓上，不得捆绑在其他部位”的规定。

(2)处理方法：

依据《铁路货运检查管理规则》的规定，对发生装载加固、篷布苫盖、门窗盖阀等方面问题的，不需要甩车处理时，应在设置好防护后进行在列整理。

①将篷布绳网系绳经提钩杆内侧穿过拴结在车辆端部的绳栓上。

②将篷布绳索、篷布绳网系绳重新拴结在车侧绳栓上。

③在列整理时，货运检查员应按有关规定进行作业，确保人身安全。

80. 图 3-12 是一辆装载玉米的敞车，试指出其违章之处。对此车应如何处理？（《货车篷布管理规则》附件 1；《铁路货运检查管理规则》第 25 条）

图 3-12　敞车苫盖篷布

答：(1)存在问题：

①篷布苫盖不平坦，包角不密贴，两侧线条不流畅。

依据《货车篷布苫盖方法》："篷布苫盖平坦，货物不外露，两端包角密贴，两侧线条流畅。各部位不超限。"篷布包角应"将篷布角绳拉紧，使篷布角向内侧展开成三角形，布角两面压平后折向货车端墙，在车辆两端严密包角，使压绳压住包角"。

②篷布绳网过松，且网绳未拉紧系牢。

依据：《货车篷布管理规则》附件 1 货车篷布苫盖方法。

(2)处理要点：

①依据《铁路货运检查管理规则》第 25 条：篷布苫盖不整或缺少腰绳、篷布绳网，应甩车整理。

②依据《铁路货运检查管理规则》应于列车到达后 120 min 内以电报通知上一货检站、抄知发到站，必要时抄知有关单位和部门。需编制记录的，按规定编制。

81. 钢板应如何装载？（《铁路货物装载加固规则》第 48 条）

答：钢板可使用敞、平车装载。每垛货物高度一般不得大于货物底宽的 80%，不满足时应采取有效措施防止倒塌，货物层间及与车地板间应衬垫防滑，重量分布应符合《铁路货物装载加固规则》有关规定。

使用平车装载钢板时，可单排或双排顺装，装载高度超出端、侧板时，可使用支柱。每垛钢板采用反又字下压加固，视钢板长度不少于 2 道，端部采用交叉斜拉加固。

使用敞车装载钢板，钢板宽度小于 1.3 m 时，应双排顺装，每垛使用盘条（钢丝绳）或钢带整体捆绑，捆绑间距不大于 2.5 m。钢板宽度不小于 1.3 m 时，可单排顺装。长度 7～9 m 的钢板允许中部搭头，两端紧靠车端墙。

82. 卷钢的装载加固要求有哪些？（《铁路货物装载加固规则》第 55 条）

答：(1)卷钢可立装、卧装或集束立装。立装时，卷钢的直径宜大于本身高度，不满足时应采取有效的防止倾覆和位移的措施。卧装时，可使用钢座架（座架须与车体固定）；用木地板平车卧装时，可将相邻卷钢用夹具或镀锌铁线（盘条等）捆在一起，并用三角挡掩紧钉固。集束立装时，集束端最短距离应大于集束高度，卷钢中部用镀锌铁线（盘条等）捆绑在一起，并采取防止镀锌铁线（盘条等）下滑措施。

（2）卷钢无论立装、卧装或集束立装，卷钢（组）本身应用镀锌铁线、盘条或钢丝绳等与车体捆绑加固（装载在座架上，以及使用凹形草支垫（含凹形玉米秸秆支垫）、稻草掩挡装运的可除外）。

（3）卷钢使用敞车装运时，应采取有效的防滑措施。

（4）禁止卷钢与其他货物混装。

83. 货物发生的损失，哪些情形属非过失责任？（《铁路货物损失处理规则》第33条）

答：货物发生的损失，凡属下列情形之一者，属非过失责任：

（1）货物在运输过程中被哄抢。

（2）在车站范围之外发生的货物被盗、丢失、损坏。

（3）非承运人过失引起的货场或列车火灾、爆炸、染毒。

（4）非承运人过失造成的货物湿损、污染。

（5）由于铁路行车原因造成的货物损失。

（6）因自然灾害，易腐货物超过容许运输期限到达而造成的腐烂。

（7）托运人派人押运的货物，既不是押运人责任又非承运人过失发生的火灾、染毒，导致货物损失。

（8）到站由收货人组织卸车的货物在货车交接时，集装箱门到门运输的货物在卸车时，发现封印失效、丢失，造成货物丢失或损坏。

（9）托运人以自备篷布苫盖货物，在运输途中自备篷布丢失、损坏及造成货物损失时。

（10）其他非承运人过失造成的但属于承运人负责赔偿的货物损失。

84. 国铁集团关于加强500 m长钢轨普通平车运输安全管理的要求是什么？（《中国铁路总公司关于加强500 m长钢轨普通平车运输安全管理的通知》铁总工电〔2019〕49号）

答：（1）500 m长钢轨普通平车重车状态下，最高运行速度不得超过80 km/h，曲线半径350 m及以下区段运行速度不得超过45 km/h要优化运行交路。

（2）装车前，装车单位应对座架、紧固装置、安全门等进行检查保养，确保其状态良好；存在焊缝不良、结构严重变形等问题的不得使用。严格按使用说明书和装载加固相关规定进行装车作业；安装一层锁定一层，并确保螺栓紧固力矩达标。

（3）装车站货运人员和货检站货检人员要掌握装载加固方案内容和检查确认重点事项，加强装车源头交接检查和途中货检作业，重点确认长钢轨端部对齐情况、锁定座架处钢轨锁定情况、端车座架和锁定座架是否严重变形或明显开焊、座架隔梁锁定状态等，发现安全隐患要立即处理和报告。

（4）挂运前，由装车站拍发电报并抄送机务等相关部门，明确货物品名、车号、发到站、限制速度、运行径路及限制条件等内容。

(5)挂运途中,机车乘务员应根据运行限制速度要求,采取“提前制动,小减压制动”的方式,提高运行平稳性。加强货运安全检测设备运用,发现危及行车安全的超偏载问题,要立即按规定处理。

85. 危险货物装车作业应做哪些工作?(《铁路危险货物运输管理规则》第 42 条)

答:危险货物装卸作业前,应对车辆和仓库进行必要的通风和检查,向装卸工组说明货物品名、性质、作业安全事项并准备好消防器材和安全防护用品。对车辆采取防溜、防护措施。作业时要轻拿轻放,堆码整齐稳固,防止倒塌,严禁倒放、卧装(钢瓶等特殊容器除外)。

(1)检查车辆。检查车种车型与规定装运货物相符,查看门窗状态、进行透光检查,确认车辆状况良好。

(2)检查货物。检查货物品名、包装、件数与货物运单填写是否一致,以及货物包装是否符合规定。

(3)装车作业。传达安全注意事项及装载方案,检查消防器材和安全防护用品。装载货物(含国际联运换装)不得超过车辆(含集装箱)标记载重量及罐车允许充装量,严禁增载和超装、超载。

(4)装车后工作。检查堆码及装载状态,查验门窗是否关闭良好,做好施封加锁工作等。

86. 轮式、履带式货物如何加固?(《铁路货物装载加固规则》第 43 条)

答:轮式、履带式货物加固方法如下:

(1)顺装时,轮径 1 000 mm 以下的前轮(组)前端、后轮(组)后端以及轮径 1 000 mm 及以上的前后轮(组)前后端,均应安放相应规格的掩挡,掩紧钉固,并采用八字形等拉牵加固。装载履带式货物时在履带前后放置方木或挡木掩紧钉固。

(2)横装时,每辆前轮后端、后轮前端或前轮前端、后轮后端安放三角挡并掩紧钉固。

(3)跨及两平车的汽车应在其前轮外侧或内侧 50 mm 处钉固侧挡(不用三角挡及捆绑),后轮前后均用三角挡掩紧钉固,并采用小八字形等拉牵加固。

(4)爬装时,爬装在前部车厢内的前轮不需加固,但后轮前后均用三角挡掩紧钉固,并用镀锌铁线斜拉(斜拉线与水平夹角不大于 60°)。爬装车组最后一辆的后轮,应采用小八字形等拉牵加固。无车厢汽车爬装时,重叠装载两轮轴应上下对齐,并捆在一起(不宜过紧),后轮前后均用三角挡掩紧钉固,并采用小八字形等拉牵加固。

(5)对回转式货物应采取防止转动措施,并根据货物结构特点在平衡铁处放置支架。

87. 超限超重货物装车后,须重点检查、确认哪些内容?(《铁路超限超重货物运输规则》附件 8)

答:(1)货物实际装载位置符合装载加固方案;

(2)车辆转向架旁承游间符合规定;

(3)使用的加固材料和装置规格、数量、质量和加固方法、措施、质量符合装载加固方案；

(4)垫木、支(座)架等加固装置，状态良好，完好无损坏；

(5)钢丝绳等加固线已采取防磨措施，捆绑拴结牢固，拴结点无损坏；

(6)焊接处焊缝长度、高度符合规定，焊接质量良好；

(7)跨装车组连接处的提钩杆捆绑牢固，车钩缓冲停止器已按规定安装；

(8)带有制动装置、变速器和旋转装置的货物，制动装置全部制动，变速器置于初速位置，旋转部位锁定牢固；

(9)自轮运转货物的动力传动装置已断开(机车车辆除外)，制动手柄在重联位置并固定良好。

88. 货车篷布的捆绑方法有哪些？(《货车篷布管理规则》附件 1)

答：(1)篷布绳应拴结在货车绳栓上，不得捆绑在其他部位。

(2)货车两端篷布角绳沿货车端墙交叉后分别拴结在车辆端部的两绳栓上。角绳经货车人力制动机闸台时，应从其上方通过；经闸杆、提钩杆时，应从其内侧穿过。

(3)货车两端篷布中间的两根端绳分别垂直向下拉紧拴结在车辆端部的两绳栓上，经提钩杆时，也应从其内侧穿过。

(4)篷布每端的压绳应压住篷布包角拉紧，使篷布紧贴在车辆端墙上，分别捆绑在车辆侧部的第一个绳栓上，不得拴结在牵引钩上。

(5)腰绳应直拉拴结在车侧绳栓上。弹力绳弹力部分的拉伸长度根据装载货物的情况具体确定，不得小于 200 mm。车辆中间有绳栓的，中间的腰绳捆绑在车辆中间的绳栓上；车辆中间无绳栓的，篷布中间的腰绳分别捆绑在靠近车辆中间的绳栓上。其他腰绳，从车辆两端开始，朝向车辆中部，顺序捆绑在相应绳栓上。弹力棒不紧靠眼圈时，应将弹力绳从中间收起，并将中间多余绳索折叠打两个死结后余尾用绳卡或麻线绑 5 圈与自身绳杆捆紧。

(6)篷布绳拴结采用蝴蝶套结法或回头花结法，拴结后的绳头，应绕在自身绳杆上，至少打两个死结。绳头余尾长度 100～300 mm。

(7)除篷布自带绳索和篷布绳网外，不得使用其他绳索捆绑篷布。

89. 危险货物罐车罐体颜色及环形色带(气体类罐车除外)**有何规定？**(《铁路危险货物运输管理规则》第 78 条)

答：装运酸、碱类的罐车罐体为全黄色，罐体两侧纵向中部应涂装有一条宽 300 mm 黑色水平环形色带；装运煤焦油、焦油的罐体为全黑色，罐体两侧纵向中部应涂装有一条宽 300 mm 红色水平环形色带。装运黄磷的罐车罐体为银灰色，罐体中部无环形色带。

装运其他危险货物罐车罐体本底色应为银灰色，罐体两侧纵向中部应涂装有一条宽 300 mm 表示货物主要特性的水平环形色带：红色表示易燃性，绿色表示氧化性，黄色表示毒性，黑色表示腐蚀性。

90. 铁路危险货物中“爆炸品”包括哪些项别？（《铁路危险货物运输管理规则》第 6 条）

答：第 1 项　有整体爆炸危险的物质和物品；

第 2 项　有迸射危险，但无整体爆炸危险的物质和物品；

第 3 项　有燃烧危险并有局部爆炸危险或局部迸射危险或两种危险都有，但无整体爆炸危险的物质和物品；

第 4 项　不呈现重大危险的物质和物品；

第 5 项　有整体爆炸危险的非常不敏感物质；

第 6 项　无整体爆炸危险的极端不敏感物品。

91. 发现货物被盗、火灾等情况应如何处理？（《铁路货物损失处理规则》第 13 条）

答：发现货物被盗、火灾等情况，发现单位（人）应立即向公安、消防部门报案。货物损失涉及铁路交通事故的，应报告铁路局集团公司列车调度、安全监督管理部门；涉及车辆技术状态的，应通知车辆部门；涉及活动物或食品污染变质的，应通知防疫、检疫部门；涉及参加保险的货物，必要时应通知保险公司；涉及海关监管的货物，应通知海关监管部门；涉及环境污染的货物，应通知环保部门；必要时还应通知托运人或收货人。

92. 铁路运输的集装箱如何分类？（《铁路集装箱运输规则》第 6 条）

答：铁路运输的集装箱按长度分为 20 英尺箱、40 英尺箱、45 英尺箱以及经国铁集团货运部批准运输的其他长度的集装箱。按箱主分为铁路箱和自备箱。铁路箱是承运人提供的集装箱；自备箱是托运人自有或租用的集装箱。按所装货物种类和箱体结构分为普通货物箱和特种货物箱。普通货物箱包括通用箱和专用箱，专用箱包括封闭式通风箱、敞顶箱、台架箱和平台箱等；特种货物箱包括保温箱、罐式箱、干散货箱和按货物种类命名的集装箱等。按是否符合集装箱标准分为：标准箱和非标箱。符合国家标准、行业标准或国铁集团企业标准的为标准箱；其他为非标箱。

93. 货物装载加固不良造成事故如何定责？（《铁路交通事故调查处理规则》第 61 条）

答：因货物装载加固不良造成事故，定货物承运单位责任；属托运人自装货物的，定托运人责任，货物承运单位监督检查失职的，追究货物承运单位同等责任。因调车作业超速连挂和“禁溜车”溜放等造成货物装载加固状态破坏而引发的事故，定违章作业站责任；因押运人员在运输途中随意搬动货物和降低货物装载加固质量而引发的事故，定押运人员所在单位责任，货物承运单位管理失职的，追究同等责任；货检人员未认真履行职责的，追究货检人员所在单位同等责任。因卸车质量不良造成事故，定卸车单位责任，同时追究负责检查的单位责任。

94.《铁路货运票据电子化作业办法》对途中扣车整理或换装是如何规定的？（《铁路货运票据电子化作业办法》第 40 条）

答：处理站在货检系统、货运站系统编制普通记录，系统中车辆状态变为“待整理换装”。

处理站换装后，整车货物在货运站系统进行换装操作，一车货物换装多车时，填记换装后的车号、封号，分车记明货物重量，系统自动修改运单作业信息生成普通记录，车辆状态变为“已换装”。集装箱货物在集装箱系统途中换装作业菜单，通过车号、箱号、装车时间调取可换装车辆信息，填记换装后的新车号、封号和换装原因，生成普通记录，系统自动修改集装箱装载清单作业信息，将车辆状态变为“已换装”。

95. 简述强化中欧班列途中安全管控措施。（《中国铁路总公司关于加强中欧班列安全管理工作的通知》铁总运〔2017〕230 号）

答：（1）沿途货检站要加强对中欧班列的安全检查，对检测检查发现的严重超偏载问题、箱体破损等安全隐患，及时按《铁路货运检查管理规则》有关规定进行处理。

（2）中欧班列在途中因危及行车安全等特殊情况甩车时，甩车站要立即报告铁路局集团公司调度，铁路局集团公司调度将甩车情况及处理意见报告国铁集团调度；同时，在列车到达本站 2 h 内向主管铁路局集团公司货运部、发到站、集装箱公司拍发电报，并传真至中欧班列客户服务中心（021-76418），电报内容包括：列车车次、到达时分，甩下车辆的车种、车号、发站、到站，箱主代码、箱号，甩车原因等。

（3）对甩下的车辆，运输、货运、车辆等部门以及集装箱公司要加强配合，力争在 48 h 内处理完毕挂运上线，处理过程中应留存必要的照片等影像资料。

96. 遇哪些情况应编制货运记录？（《铁路货物损失处理规则》第 18 条）

答：货运记录为货物发生损失时的证明。凡是货物在铁路运输过程中发生货物损失的，车站均应在发现损失次日内按批（车）编制货运记录。遇有下列情况时也应编制货运记录：

（1）发生《铁路货物运输规程》《铁路货物运输管理规则》及其引申规则办法中所规定需要编制的情况时。

（2）自备篷布、自备集装箱运输发生损失时。

（3）一批货物中的部分货物补送或损失货物及误运送、误办理及其他情况货物需要回送时。

（4）发现无标记、无法交付货物，公安机关查获铁路运输中被盗、被诈骗的货物以及公安机关缴回的赃款移交车站，沿途拾得的铁路运输货物交给车站处理时。

（5）托运人组织装车，收货人组织卸车，货车施封良好，篷布苫盖和敞车、平车、砂石车货物装载外观无异状，收货人提出货物有损失经承运人确认时。

（6）集装箱运输的货物，箱体完整、施封良好，交付完毕次日内，收货人提出货物有损失经承运人确认时。

97. 请指出图 3-13 中存在的问题，简述预应力梁货检作业检查重点。（《铁路超限超重货物运输规则》第 46 条；《铁路货物装载加固规则》第 60 条）

答：（1）存在问题：货物转向架上架体与桥梁底部之间的防滑垫木发生位移。

图 3-13　预应力梁

(2)预应力梁货检作业检查重点：

①有无超限超重货物运输记录及其填写是否完整；

②货物两侧明显位置，是否有超限、超重等级标识；

③是否标画有检查线，货物装载加固是否良好，加固材料是否有松动和损坏。

(3)其中加固方面：

①货物转向架下架体每端，用 8 号镀锌铁线或盘条拉牵成八字形，捆绑在车侧丁字铁或支柱槽上。货物转向架上架体与桥梁底部之间，需加防滑垫木。防滑垫木上应加铺一层橡胶垫，桥梁底部两侧与货物转向架上架体挡铁之间，用木楔楔紧卡牢。

②在货物转向架上架体预应力梁的两侧，分别使用斜支撑进行加固。斜支撑顶部与预应力梁体必须密贴顶牢，并用 8 号镀锌铁线或盘条将斜支撑与转向架上架体捆牢。

③横向位移不超过 20 mm，或长度为 32.6 m 梁的纵向窜动不超过 250 mm，长度为 24.6 m 及以下梁的纵向窜动不超过 150 mm 时，可以继续运行。

④斜支撑产生纵向倾斜时，必须进行整理。

98. 2022 年 3 月 18 日一辆阜阳北发南翔的自重 22.1 t 的 C_{62AK} 型运矿敞车，在通过某货检站的超偏载检测装置时发生报警，左偏载 103 mm，系统检测该车总重为 90.92 t，车辆前端转向架承受载荷为 30.08 t，后端转向架承受载荷为 41.44 t。分析该车存在的问题，该站对此车如何处理？(《铁路货物运输规程》第 26 条；《铁路货物装载加固规则》第 12 条、第 15 条、附件 6；《铁路货运计量安全检测设备运用管理规则》第 56 条～第 58 条)

答：(1)该车存在的问题：

①100 mm＜左偏载 103 mm＜150 mm，属一般偏载。

②超载：该车装载净重＝总重－自重＝90.92－22.1＝68.82(t)。

C_{62AK} 型货车装运煤炭允许装载量为：60＋2＋1.2＝63.2(t)，实际超载 68.82－63.2＝5.62(t)＜10 t，属一般超载。

③偏重:两转向架负重差=41.44－30.08=12.36(t)＜15 t,属一般偏重。

(2)对该车的处理:

因阜阳北和南翔同为上海局集团公司,属本局管内装车站装运。依据《铁路货运计量安全检测设备运用管理规则》规定:对装运卷钢和本局管内装车站装运,并发生一般超偏载问题的货车,应比照严重超偏载车进行处理。

(3)货检站比照严重超偏载货车整理作业流程,处理如下:

①车站货检人员应根据检测结果,核对现车无误后,及时向车站行车调度部门报告。

②车站行车调度部门接到货检人员报告后,值班人员及时安排甩车,并送入指定地点。

③车站对甩下的货车重新过衡或进行偏载偏重复核。确认超偏载后,按规定整理和拍发电报。对超载报警车,应留存复衡单;对偏载报警车拍照不少于 2 张,一张为带车号的整体照片,其他为能反映核实偏载情况的整体或局部照片;偏重报警车拍照不少于 3 张,一张为带车号的整体照片,其他为能反映车辆两端装载情况或整体的照片。

④车站对甩下的超载货车进行卸载处理,并确认货物重量不超过货车容许载重量且不偏载不偏重后,方可编入列车继续运行。对甩下的偏载偏重货车进行处理,并确认不偏载不偏重后方可放行。

99. 依图 3-14 分析:(1)图中存在哪些问题?依据是什么?(2)常用加固方法有哪些?(3)加固一般要求是什么?(《铁路货物装载加固规则》第 43 条、附件 5)

图 3-14 轮式货物装载

答:(1)存在问题:

①三角挡使用方法错误,三角挡底宽面应放置在车地板上。

②依据《铁路货物装载加固规则》附件 5《常用装载加固材料及装置》:"三角挡的底宽不得小于高度的 1.5 倍"。

③三角挡未采取有效措施掩紧钉固。

依据《铁路货物装载加固规则》第 43 条轮式、履带式货物加固方法:"顺装时,均应安放相应规格的掩挡,掩紧钉固。"

(2)常用加固方法:有拉牵加固、挡木或钢挡加固、围挡加固、掩挡加固、腰箍下压式加固、整体捆绑等。

(3)加固的一般要求:

①拉牵可采用八字形、倒八字形、交叉、又字形、反又字形或兜头等方式。

②使用多股镀锌铁线、盘条加固时，需用绞棍绞紧，绞紧程度不能损伤铁线、盘条。

③使用钢丝绳加固时，应采用配套的钢丝绳夹。使用紧线器或钢丝绳紧固器作连接装置时，紧线器或钢丝绳紧固器中的紧固装置与钢丝绳的强度应匹配。

④使用挡木或钢挡加固时，其高度不宜过大，与车地板之间要有足够的联结强度。

⑤掩挡的有效高度应符合要求，掩挡与车地板的联结强度必须足以保证掩挡自身不发生移动或倾覆。

⑥使用腰箍下压式加固时，每道腰箍的预紧力必须达到设计要求。

⑦必要时，加固线与货物、车辆棱角接触处应采取防磨措施。

100. 图 3-15 为某货检站到达列车安全视频监控画面，请指出存在的问题，如何处理？（《铁路货物装载加固规则》第 4 条；《铁路货运检查管理规则》第 23 条、第 25 条；《铁路货物运输管理规则》第 44 条）

图 3-15　敞车装轧辊

答：(1)存在问题：

轧辊从衬垫的掩挡上脱落翻滚至车辆一侧，轧辊加固铁线、外包装物松脱。

依据《铁路货物装载加固规则》第 4 条：货物装载加固的基本技术要求是“使货物均衡、稳定、合理地分布在货车上，不超载，不偏载，不偏重，不集重；能够经受正常调车作业以及列车运行中所产生各种力的作用，在运输全过程中，不发生移动、滚动、倾覆、倒塌或坠落等情况”。

依据《铁路货运检查管理规则》第 23 条“货车、货物、集装箱、篷布等顶部和敞车内货物等视频监控设备可视部位的情况”。

(2)处理要点：

①甩车处理。

依据《铁路货运检查管理规则》第 25 条“甩车整理主要范围：货物发生严重倾斜、偏载、移位、窜动、坠落、倒塌和渗漏”。

②通过手持机、“货检应用”拍照并反馈信息。

依据《铁路货运检查管理规则》“货检作业基本程序及标准：运用‘货检应用’的车站，通过手持机对问题车、押运人证件等信息进行拍照或记录并反馈”。

③拍发电报。

依据《铁路货物运输管理规则》第 44 条“交接检查时发现的问题应按有关规定进行处理，并应于列车到达后 120 min 内以电报通知上一货检站，同时抄知发到站”。

④整理完毕，通过“货检应用”登记信息并反馈。

依据《铁路货运检查管理规则》第 25 条“货检作业基本程序及标准：7. 需要甩车整理的，货检值班员应通知车站调度员(值班员)甩车处理。运用‘货检应用’的车站，货检值班员还应通过‘货检应用’通知整理点的货运员；货运员整理完毕后应通过‘货检应用’登记处理信息并反馈”。

S1　液化气罐车发生泄漏

铁道行业职业技能认定货检员技师操作技能考核准备通知单

考核时间：60 min

一、鉴定站准备

1. 材料准备

序　　号	材料名称	规　　格	数　　量	备　　注
1	《铁路货运检查管理规则》	本	1	
2	《铁路货物损失处理规则》	本	1	
3	《铁路危险货物运输管理规则》	本	1	
4	《铁路技术管理规程(普速铁路部分)》	本	1	

2. 考场准备

(1)工具、材料准备：鉴定站提供空白普通记录和电报用纸及墨水。

(2)供考试用教室 1 间。考场内须光线充足，空气良好，环境安静，卫生整洁。

二、考生准备

考生需自备考试工具。

铁道行业职业技能认定货检员技师操作技能考核试卷(考评员用)

试题名称：液化气罐车发生泄漏

试题内容：2022 年 5 月 20 日 11 时 20 分，某货检站接 38810 次列车，编挂 2 组液化气罐车，分别编挂在机后 4～9 位和 19～24 位，其中第一组液化气有 1 人押运，第二组 2 人押运。请依题回答问题：

1. 存在哪些问题？如何处理？

2. 货检员对液化气罐车检查哪些内容？

3. 液化气罐车发生泄漏应如何处理？

一、技术要求

1. 答题符合相关法律、法规、规章和标准的规定。
2. 技术用语规范。
3. 工具、设备使用应符合规定。

二、考核要求

1. 作业过程完整。
2. 本项技能认定属综合型考试。
3. 本项技能认定由被认定人独立完成。

三、考核时限

1. 准备时间：10 min。
2. 正式操作时间：60 min。
3. 在规定时间内全部完成，不加分，也不扣分。每超时 1 min，从总分扣 5 分，总超时 5 min 停止作业。

四、考核评分

1. 考评人员 3 名及以上。
2. 评分点见“考核评分记录表”。
3. 评分程序及规则：考评员各自根据考生作业程序在评分表上给予记录评分，取平均分为评定得分。
4. 算分方法：百分制计算，满分 100 分，60 分为及格。

五、否定项

若考生发生下列情况之一，则应及时终止其考试，考生该试题成绩记为零分。

1. 答卷时不能互借文具。
2. 严禁考试作弊。
3. 考试时保持安静不得交头接耳。

铁道行业职业技能认定货检员技师操作技能考核试卷(考生用)

单位：　　　　姓名：　　　　准考证号：

试题内容：2022 年 5 月 20 日 11 时 20 分，某货检站接 38810 次列车，编挂 2 组液化气罐车，分别编挂在机后 4～9 位和 19～24 位，其中第一组液化气有 1 人押运，第二组 2 人押运。请依题回答问题：

1. 存在哪些问题？如何处理？

2. 货检员对液化气罐车检查哪些内容?

3. 液化气罐车发生泄漏应如何处理?

铁道行业职业技能认定货检员技师操作技能考核评分记录表

准考证号: 姓名: 性别: 单位:

试题名称:液化气罐车发生泄漏 考核时间:60 min

操作开始时间: 时 分 操作结束时间: 时 分

序号	考核内容	考核要点	配分	评分标准	扣分	得分
1	着装,标志佩戴	按规定着装,标志齐全	5			
2	人身安全	执行“一站、二看、三通过”、横越线路等人身安全的有关规定	5			
3	试卷质量	层次分明、清晰、整洁、文字流畅、无错别字	5			
4	存在问题及处理	编组存在问题,押运人数不足	5			
		规章依据	10			
		问题处理	10			
5	对液化气罐车检查内容	液化气罐车罐体及上盖检查	10			
		液化气罐车押运检查	10			
		编组及签认	5			
6	液化气罐车发生泄漏应处理	应急处置	30			
		拍发速报,编制记录	5			
合计			100			
否定项:若考生发生下列情况之一,则应及时终止其考试,该考生成绩记为零分。 1. 操作不当造成设备、工具、仪器和材料损坏。 2. 严重违反安全作业规程,违反考试纪律。						

考评员: 总分人: 年 月 日

参考答案要点

一、着装及标志佩戴

按规定穿着带有反光标志的防护服,携带手持机(或对讲机)及作业工具备品。

二、人身安全

1. 横越线路时,眼看、手指、口呼,必须做到“一站、二看、三通过”,并注意左右机车、车辆动态及脚下有无障碍物,严禁来车时抢越线路。

2. 必须横越停有机车、车辆的线路时,应先确认机车、车辆暂不移动,然后在距机车、车辆 5 m 以外处绕行通过。

三、存在问题及处理

存在问题：

1. 编组存在问题。第一组液化气罐车与牵引的机车隔离不足 4 辆；两组液化气罐车隔离不足 10 辆。

2. 第一组液化气罐车押运人数不足。

依据：《铁路危险货物运输管理规则》第 56 条“气体类 6 辆重（空）罐车（含带押运间车辆）以内编为 1 组，每组押运员不得少于 2 人，每组间的隔离车不得少于 10 辆。”，以及《铁路技术管理规程（普速铁路部分）》液化气罐车与牵引的机车隔离不少于 4 辆的规定。

问题处理：该站应重新编组，满足编组隔离要求。并依据《铁路危险货物运输管理规则》第 55 条“及时甩车，做好登记。并通知发站或到站联系托运人、收货人补齐押运员，编制普通记录后方可继运”。

四、货检员对液化气罐车检查内容

1. 液化气罐车罐体有无漏裂，货物有无外泄、渗漏。

2. 液化气罐车上盖是否关闭良好，阀件是否拧紧，配件是否齐全。

3. 液化气罐车押运检查：包括检查押运人数是否符合要求；押运人携带证件是否齐全，押运人姓名、身份证号码是否与票据记载相符，有无冒名顶替；押运员着装是否符合规定；携带的工具、备品是否齐全，是否携带危险货物等违禁品；押运间状态是否良好等。

4. 车辆编组隔离是否符合规定要求。

5. 货检人员与押运人在所押运的车辆前签认。

五、液化气罐车发生泄漏处理方式

1. 货检员立即向车站值班员和公安部门报告，同时通知押运人及时处理。

2. 得到货检员的报告后，车站应立即启动应急预案。

3. 货检员确认货物性质，采取临时防护措施，切断火源，防范闲杂人员出入。

4. 押运人无法自行修复时，车站与押运人应及时向铁路有关部门、地方政府及公安、消防、环保、卫生防疫部门报告，并速请熟悉货物性质及罐体构造的部门协助处置。

5. 迅速将故障车辆调至安全处所，设立警戒区，组织人员向逆风方向疏散。

6. 采取积极抢救措施，喷水降温，防止事态扩大。

7. 正确拍发货物损失速报。

8. 编制记录，登记台账。

S2　货检作业基本程序及标准

铁道行业职业技能认定货检员技师操作技能考核准备通知单

单位：　　　　　　　　　　　　姓名：　　　　　　　　　　准考证号：

考核时间：60 min

一、鉴定站准备

1. 材料准备

序　　号	材料名称	规　　格	数　　量	备　　注
1	《铁路货运检查管理规则》	本	1	

2. 考场准备

(1)工具、材料准备：鉴定站提供空白普通记录和电报用纸及墨水。

(2)供考试用教室 1 间。考场内须光线充足，空气良好，环境安静，卫生整洁。

二、考生准备

考生需自备考试工具。

铁道行业职业技能认定货检员技师操作技能考核试卷(考评员用)

试题名称：货检作业基本程序及标准

试题内容：2023 年 3 月 21 日，甲站五场 3 道接 23558 次列车，编组 50 辆，其中 1～10 位敞车装运焦炭，11～15 位苫盖篷布，16～21 位液化气罐车，22～30 位平车装集装箱，31～40 位施封棚车，41～45 位超限货物，46～50 位空敞车。请简述货检作业基本程序及标准。

一、技术要求

1. 答题符合相关法律、法规、规章和标准的规定。
2. 技术用语规范。
3. 工具、设备使用应符合规定。

二、考核要求

1. 作业过程完整。
2. 本项技能认定属综合型考试。
3. 本项技能认定由被认定人独立完成。

三、考核时限

1. 准备时间：10 min。

2. 正式操作时间：60 min。

3. 在规定时间内全部完成，不加分，也不扣分。每超时 1 min，从总分扣 5 分，总超时 5 min 停止作业。

四、考核评分

1. 考评人员 3 名及以上。

2. 评分点见“考核评分记录表”。

3. 评分程序及规则：考评员各自根据考生作业程序在评分表上给予记录评分，取平均分为评定得分。

4. 算分方法：百分制计算，满分 100 分，60 分为及格。

五、否定项

若考生发生下列情况之一，则应及时终止其考试，考生该试题成绩记为零分。

1. 答卷时不能互借文具。

2. 严禁考试作弊。

3. 考试时保持安静不得交头接耳。

铁道行业职业技能认定货检员技师操作技能考核试卷（考生用）

单位： 姓名： 准考证号：

试题内容：2023 年 3 月 21 日，甲站五场 3 道接 23558 次列车，编组 50 辆，其中 1～10 位敞车装运焦炭，11～15 位苫盖篷布，16～21 位液化气罐车，22～30 位平车装集装箱，31～40 位施封棚车，41～45 位超限货物，46～50 位空敞车。请简述货检作业基本程序及标准。

铁道行业职业技能认定货检员技师操作技能考核评分记录表

准考证号： 姓名： 性别： 单位：

试题名称：货检作业基本程序及标准 考核时间：60 min

操作开始时间： 时 分 操作结束时间： 时 分

序号	考核内容	考核要点	配分	评分标准	扣分	得分
1	着装，标志佩戴	按规定着装，标志齐全	5			
2	人身安全	执行“一站、二看、三通过”、横越线路等人身安全的有关规定	5			
3	试卷质量	层次分明、清晰、整洁、文字流畅、无错别字	5			
4	计划安排和作业准备	收取计划	8			
		传达、布置安全事项及要求	7			
		货检员接收作业任务携带作业工具和备品	10			
5	到达列车预检	未运用“货检应用”	4			
		运用“货检应用”	4			

续上表

序号	考核内容	考核要点	配分	评分标准	扣分	得分
6	现场检查	货检员进行检查车辆	12			
		车列检查、整理	11			
		拍发电报及通知	10			
		作业完成情况	4			
7	整理	在列整理	9			
		甩车整理	6			
合计			100			
否定项：若考生发生下列情况之一，则应及时终止其考试，该考生成绩记为零分。 1. 操作不当造成设备、工具、仪器和材料损坏。 2. 严重违反安全作业规程，违反考试纪律。						

考评员：　　　　　　　　　　　　总分人：　　　　　　　　　　　　年　　月　　日

参考答案要点

一、着装及标志佩戴

按规定穿着带有反光标志的防护服，携带手持机（或对讲机）及作业工具备品。

二、人身安全

1. 横越线路时，眼看、手指、口呼，必须做到“一站、二看、三通过”，并注意左右机车、车辆动态及脚下有无障碍物，严禁来车时抢越线路。

2. 必须横越停有机车、车辆的线路时，应先确认机车、车辆暂不移动，然后在距机车、车辆5 m以外处绕行通过。

三、货检作业基本程序及标准

1. 计划安排和作业准备

(1)货检值班员应及时收取班计划、阶段计划、变更计划，以及到发车次、股道、时刻、编组辆数等有关信息。

运用“货检应用”的车站，货检值班员通过“货检应用”接收行车预告阶段计划，确定检查列车（“货检应用”自动标注重点车，自动匹配设备检测、视频监控、AEI等信息）。

(2)货检值班员根据计划，将工作内容、检查重点、安全事项及要求等向货检员传达、布置。

运用“货检应用”的车站，货检值班员通过实时监控列车到达视频（或及时通过录像回放查看列车到达视频）和查看设备报警信息，补充标注重点车和问题车，生成作业计划并发布。以机检代替对到达列车现场人工检查的，在确认安全无误后，直接记录作业完成时间。

(3)货检员接收作业任务，应掌握到达（出发）列车车次、股道、时刻、编组内容及施封、重点车等情况。

运用“货检应用”的车站，货检员通过手持机接收作业计划；手持机故障时通过岗位终端接收作业计划。发现列车编组和实际不符时，货检值班员通过“货检应用”、货检员通过手持机重新匹配编组信息。

(4)作业时，货检员应携带相关作业工具和备品。

2. 到达列车预检

在列车到达前 5 min，货检员应出场立岗，在列车到达、通过时，对列车进行目测预检。

运用“货检应用”的车站，可以通过视频监控、超偏载检测等设备对到达列车进行预检。

3. 现场检查

(1)货检员应从车列一端逐车进行检查。

(2)货检员对车列首尾的车辆，应涂打检查标记。运用“货检应用”的车站，货检员通过手持机分别拍摄首、尾车照片，记录检查开始、完成时间。

(3)货检员对检查重点内容进行记录。运用“货检应用”的车站，通过手持机对问题车、押运人证件等信息进行拍照或记录并反馈。

(4)车列检查、整理应在规定的技术作业时间内完成。

(5)车列检查、整理完毕后，货检员应及时报告。

运用“货检应用”的车站现场检查时，货检员应通过手持机及时报告检查情况；手持机故障时通过岗位终端补录信息。货检值班员核实无误后确认作业完成，记录作业完成时间。

(6)需拍发电报时，货检值班员应于列车到达后 120 min 内以电报通知上一货检站、抄知发到站，必要时抄知有关单位和部门。需编制记录的，按规定编制。

(7)需要甩车整理的，货检值班员应通知车站调度员(值班员)甩车处理。运用“货检应用”的车站，货检值班员还应通过“货检应用”通知整理点的货运员；货运员整理完毕后应通过“货检应用”登记处理信息并反馈。

(8)检查作业和在列整理完毕后，货检值班员及时通知车站调度员(值班员)作业完成情况。

4. 整理

(1)在列整理

对发生装载加固、篷布苫盖、门窗盖阀等方面问题的，不需要甩车处理时，应采取有效防护措施后对车列内需整理货车进行整理。

预计整理时间超过技术作业时间时，货检员应及时向车站调度员(值班员)报告。

在列整理时，货检员应按有关规定进行作业，确保人身安全。

(2)甩车整理

对危及行车安全，又不能在列整理的车辆，货检员应报告车站调度员(值班员)甩车整理。甩车整理时，应做好防护工作。不允许在挂有接触网的线路(设有隔离开关的线路除外)整理车辆。

S3 普通平车装 500 m 长钢轨检查处理

铁道行业职业技能认定货检员技师操作技能考核准备通知单

考核时间:60 min

一、鉴定站准备

1. 材料准备

序 号	材料名称	规 格	数 量	备 注
1	《铁路货运检查管理规则》	本	1	
2	《铁路货物装载加固规则》	本	1	
3	《铁路货物运输管理规则》	本	1	

2. 考场准备

(1)工具、材料准备:鉴定站提供空白普通记录和电报用纸及墨水。

(2)供模拟考试用教室 1 间,考场内须光线充足,空气良好,环境安静,卫生整洁。

二、考生准备

考生需自备考试用具。

铁道行业职业技能认定货检员技师操作技能考核试卷(考评员用)

试题名称:普通平车装 500 m 长钢轨检查处理

试题内容:某货检站到达一组普通平车装运的 500 m 长钢轨,端部座架安设如下图所示。请回答下列问题:

1. 普通平车装运长钢轨应遵守哪些规定?
2. 指出存在什么问题,依据是什么?
3. 货检站发现后应如何处理?

一、技术要求

1. 答题符合相关法律、法规、规章和标准的规定。
2. 技术用语规范。
3. 工具、设备使用应符合规定。

二、考核要求

1. 作业过程完整。
2. 本项技能认定属综合型考试。
3. 本项技能认定由被认定人独立完成。

三、考核时限

1. 准备时间:10 min。
2. 正式操作时间:60 min。
3. 在规定时间内全部完成,不加分,也不扣分。每超时 1 min,从总分扣 5 分,总超时 5 min 停止作业。

四、考核评分

1. 考评人员 3 名及以上。
2. 评分点见"考核评分记录表"。
3. 评分程序及规则:考评员各自根据考生作业程序在评分表上给予记录评分,取平均分为评定得分。
4. 算分方法:百分制计算,满分 100 分,60 分为及格。

五、否定项

若考生发生下列情况之一,则应及时终止其考试,该考生成绩记为零分。
1. 操作不当造成设备、工具、仪器和材料损坏。
2. 严重违反安全作业规程,违反考试纪律。

铁道行业职业技能认定货检员技师操作技能考核试卷(考生用)

单位: 姓名: 准考证号:

试题内容:某货检站到达一组普通平车装运的 500 m 长钢轨,端部座架安设如下图所示。请回答下列问题:

1. 普通平车装运长钢轨应遵守哪些规定?
2. 指出存在什么问题,依据是什么?
3. 货检站发现后应如何处理?

铁道行业职业技能认定货检员技师操作技能考核评分记录表

准考证号：　　　　　　姓名：　　　　　　性别：　　　　　　单位：

试题名称：普通平车装 500 m 长钢轨检查处理　　　　　　考核时间：60 min

操作开始时间：　时　分　　　　操作结束时间：　时　分

序号	考核内容	考核要点	配分	评分标准	扣分	得分
1	着装，标志佩戴	按规定着装，标志齐全	5			
2	人身安全	执行"一站、二看、三通过"、横越线路等人身安全的有关规定	5			
3	试卷质量	层次分明、清晰、整洁、文字流畅、无错别字	5			
4	普通平车装运长钢轨装载加固规定	使用长钢轨专用座架多车负重装载，分层、端部对齐	10			
		不同长度、型号钢轨混装要求	7			
		长钢轨座架锁定与捆绑加固	12			
		装载加固装置、车辆使用规定、回送、运行要求	11			
5	存在问题及依据	次端座架摆放位置向车组内方偏移	5			
		装载方法	10			
6	货检站发现后处理及依据	甩车处理	6			
		通过手持机、"货检应用"拍照并反馈信息	6			
		拍发电报	7			
		整理完毕，通过"货检应用"登记信息并反馈	11			
合计			100			

否定项：若考生发生下列情况之一，则应及时终止其考试，考生该试题成绩记为零分。
1. 答卷时不能互借文具。
2. 严禁考试作弊。
3. 考试时保持安静不得交头接耳。

考评员：　　　　　　　　　　总分人：　　　　　　　　　　年　月　日

参考答案要点

一、着装及标志佩戴

按规定穿着带有反光标志的防护服，携带手持机(或对讲机)及作业工具备品。

二、人身安全

1. 横越线路时，眼看、手指、口呼，必须做到"一站、二看、三通过"，并注意左右机车、车辆动态及脚下有无障碍物，严禁来车时抢越线路。

2. 必须横越停有机车、车辆的线路时，应先确认机车、车辆暂不移动，然后在距机车、车辆5 m以外处绕行通过。

三、普通平车装运长钢轨规定

1. 使用长钢轨专用座架多车负重装载。根据长钢轨规格，选用一定数量合适车地板长和标重的木地板平车。相邻车辆上的座架底面高度(相对轨面)应相等，如高度不等超过规定限度时，需要垫平。

2. 长钢轨使用专用座架分层装载。

3. 长钢轨沿车辆纵向对称装载，正向摆放，相同长度的长钢轨端部应尽量对齐，因技术原因不能对齐时，则端部长短差不得大于200 mm。

4. 短尺长钢轨与定尺长钢轨混装时，应横向靠内侧、沿车辆纵中心线对称装载。必要时，应采取配重措施。

5. 不同型号的道岔轨混装时，同层钢轨型号必须相同，且较重型号钢轨应自下而上从底层装起。

6. 长钢轨采用横向整层紧固方式进行固定，每一层钢轨装载完毕后，在该层锁定座架处使用对应型号紧固装置将本层钢轨紧固并与座架固定为一体。

7. 各型号专用座架和紧固装置不得混合使用。

8. 专用座架每层隔梁装后应锁定。

9. 每个锁定座架应捆绑加固在车侧丁字铁或支柱槽上。

10. 长钢轨车组车辆间不得使用车钩缓冲停止器，同时要对提钩杆和折角塞门进行捆绑固定。重车车组中涂打的平车，允许放下端侧板进行装运。

11. 专用车组固定循环运输长钢轨、专用座架原车回送时，座架在平车上保持原位置及加固方式不变，紧固装置和隔梁应采取有效措施固定。

12. 重车车组禁止通过驼峰和溜放。

四、指出存在问题并说明依据

存在问题：次端座架摆放位置向车组内方偏移。

1. 依据：《铁路货物装载加固规则》附件5第六章第三节"端座架、次端座架结构和外形尺寸与普通座架基本相同,放置在车组两端的货车上”。

2. 装载方法:内侧座架(加固螺栓孔中心距座架中心的定位尺寸为 250 mm)位于车辆内端数第 2、3 支柱槽之间,且靠近第 3 支柱槽,加固螺栓孔与第 3 个支柱槽对齐,两侧插板插入支柱槽内。

五、货检站发现后处理及依据

处理要点:

1. 甩车处理。

依据:《铁路货运检查管理规则》第 25 条“发生其他危及行车安全情况不能在列整理时”。

2. 通过手持机、“货检应用”拍照并反馈信息。

依据:《铁路货运检查管理规则》第 25 条“运用‘货检应用’的车站,通过手持机对问题车、押运人证件等信息进行拍照或记录并反馈”。

3. 拍发电报。

依据:《铁路货物运输管理规则》第 44 条“交接检查时发现的问题应按有关规定进行处理,并应于列车到达后 120 min 内以电报通知上一货检站,同时抄知发到站”。

4. 整理完毕,通过“货检应用”登记信息并反馈。

依据:《铁路货运检查管理规则》第 25 条“需要甩车整理的,货检值班员应通知车站调度员(值班员)甩车处理。运用‘货检应用’的车站,货检值班员还应通过‘货检应用’通知整理点的货运员;货运员整理完毕后应通过‘货检应用’登记处理信息并反馈”。

S4　验算横垫木高度、装载偏重

铁道行业职业技能认定货检员技师操作技能考核准备通知单

考核时间:60 min

一、鉴定站准备

1. 材料准备

序　　号	材料名称	规　　格	数　　量	备　　注
1	《铁路货物装载加固规则》	本	1	

2. 考场准备

(1)工具、材料准备:鉴定站提供空白普通记录和电报用纸及墨水。

(2)供模拟考试用教室 1 间,考场内须光线充足,空气良好,环境安静,卫生整洁。

二、考生准备

考生需自备考试用具。

铁道行业职业技能认定货检员技师操作技能考核试卷(考评员用)

试题名称:验算横垫木高度、装载偏重

试题内容:均重货物一件,重 45 t,长 16.4 m,宽 3.36 m,高 2.0 m。拟用 NX_{17BK} 型车一辆一端突出、另一端对齐车端梁装载,另以一辆 NX_{17AK} 型车作游车,使用高度 160 mm 的横垫木。按要求回答:

1. 验算此装载方案是否偏重。

2. 验算横垫木高度是否能满足安全要求。

(有关资料:①NX_{17BK} 型车标重 61 t,车长 15 400 mm,车辆销距 10 920 mm,转向架固定轴距 1 750 mm,车地板高 1 214 mm。②NX_{17AK} 型车车地板高 1 212 mm。)

一、技术要求

1. 答题符合相关法律、法规、规章和标准的规定。
2. 技术用语规范。
3. 工具、设备使用应符合规定。

二、考核要求

1. 作业过程完整。
2. 本项技能认定属综合型考试。
3. 本项技能认定由被认定人独立完成。

三、考核时限

1. 准备时间:10 min。
2. 正式操作时间:60 min。
3. 在规定时间内全部完成,不加分,也不扣分。每超时 1 min,从总分扣 5 分,总超时 5 min 停止作业。

四、考核评分

1. 考评人员 3 名及以上。
2. 评分点见“考核评分记录表”。
3. 评分程序及规则:考评员各自根据考生作业程序在评分表上给予记录评分,取平均分为评定得分。
4. 算分方法:百分制计算,满分 100 分,60 分为及格。

五、否定项

若考生发生下列情况之一,则应及时终止其考试,该考生成绩记为零分。

1. 操作不当造成设备、工具、仪器和材料损坏。
2. 严重违反安全作业规程,违反考试纪律。

铁道行业职业技能认定货检员技师操作技能考核试卷(考生用)

单位：　　　　　　　　　　　　　　　姓名：　　　　　　　　　　　　　　　准考证号：

试题内容：均重货物一件，重 45 t，长 16.4 m，宽 3.36 m，高 2.0 m。拟用 NX_{17BK} 型车一辆一端突出、另一端对齐车端梁装载，另以一辆 NX_{17AK} 型车作游车，使用高度 160 mm 的横垫木。按要求回答：

1. 验算此装载方案是否偏重。

2. 验算横垫木高度是否能满足安全要求。

(有关资料：①NX_{17BK} 型车标重 61 t，车长 15 400 mm，车辆销距 10 920 mm，转向架固定轴距 1 750 mm，车地板高 1 214 mm。②NX_{17AK} 型车车地板高 1 212 mm。)

铁道行业职业技能认定货检员技师操作技能考核评分记录表

准考证号：　　　　　　姓名：　　　　　　性别：　　　　　　单位：

试题名称：验算横垫木高度、装载偏重　　　　　　　　　　　　考核时间：60 min

操作开始时间：　时　分　　　　　　　　操作结束时间：　时　分

序号	考核内容	考核要点	配分	评分标准	扣分	得分
1	着装，标志佩戴	按规定着装，标志齐全	5			
2	人身安全	执行“一站、二看、三通过”、横越线路等人身安全的有关规定	5			
3	试卷质量	层次分明、清晰、整洁、文字流畅、无错别字	5			
4	装车后货物总重心的投影规定	货物总重心的投影	6			
5		横向偏离量	6			
6		纵向偏离量	8			
7	验算装载方案是否偏重	货物重心需偏离车辆横中心线的距离	19			
8		货物最大容许偏移量	16			
9	验算横垫木高度是否满足安全要求	横垫木高度计算公式	6			
10		计算横垫木高度	8			
11		判断横垫木满足安全运输要求	16			
合计			100			

否定项：若考生发生下列情况之一，则应及时终止其考试，考生该试题成绩记为零分。
1. 答卷时不能互借文具。
2. 严禁考试作弊。
3. 考试时保持安静不得交头接耳。

考评员：　　　　　　　　　　　　　总分人：　　　　　　　　　　　　　年　月　日

参考答案要点

一、着装及标志佩戴

按规定穿着带有反光标志的防护服，携带手持机(或对讲机)及作业工具备品。

二、人身安全

1. 横越线路时，眼看、手指、口呼，必须做到“一站、二看、三通过”，并注意左右机车、车辆

动态及脚下有无障碍物，严禁来车时抢越线路。

2. 必须横越停有机车、车辆的线路时，应先确认机车、车辆暂不移动，然后在距机车、车辆 5 m 以外处绕行通过。

三、装车后货物总重心的投影规定

装车后货物总重心的投影应位于货车纵、横中心线的交叉点上。必须偏离时，横向偏离量不得超过 100 mm；纵向偏离时，每个车辆转向架所承受的货物重量不得超过货车容许载重量的二分之一，且两转向架承受重量之差不得大于 10 t。

四、验算此装载方案是否偏重

由题意，货物重心需偏离车辆横中心线的距离：

$a_{需}=(16\ 400-15\ 400)\div 2=500(\text{mm})$

$\because P_{容}-Q=61-45=16(\text{t})>10\ \text{t}$

$\therefore$ 货物最大容许偏移量：

$$a_{容}=\frac{5}{Q}l=(5\times 10\ 920)\div 45\approx 1\ 213.3(\text{mm})$$

$a_{需}<a_{容}$，故符合装载基本技术条件，不偏重。

五、验算横垫木高度是否能满足安全要求

横垫木高度计算公式：$H_{垫}=0.031a+h_{车差}+f+80$

代入数据得：

$H_{垫}=0.031\times\{(16\ 400-15\ 400)+(15\ 400-10\ 920-1\ 750)\div 2\}+(1\ 212-1\ 214)+0+80=151.315(\text{mm})$

$H_{垫}$ 应取整为 152 mm。小于实际使用的 160 mm。

所以，使用高度 160 mm 的横垫木，可以满足安全运输要求。

S5　超限货物装载方法及计算

铁道行业职业技能认定货检员技师操作技能考核准备通知单

考核时间：60 min

一、鉴定站准备

1. 材料准备

序　号	材料名称	规　格	数　量	备　注
1	《铁路货物装载加固规则》	本	1	
2	《铁路超限超重货物运输规则》	本	1	

2. 考场准备

(1)工具、材料准备：鉴定站提供空白普通记录和电报用纸及墨水。

(2)供考试用教室1间。考场内须光线充足，空气良好，环境安静，卫生整洁。

二、考生准备

考生需自备考试工具。

铁道行业职业技能认定货检员技师操作技能考核试卷(考评员用)

试题名称：超限货物装载方法及计算

试题内容：一件货物长15.6 m，宽2.98 m，高2 m，重48 t，货物重心纵向偏离中心1 000 mm，横向偏离60 mm，货物重心高1 000 mm。选用NX_{17BH}型车两端、两侧等距离突出装载。1. 请确定装载是否合理。2. 确定横垫木高度、重车重心高。3. 确定超限等级。

一、技术要求

1. 答题符合相关法律、法规、规章和标准的规定。
2. 技术用语规范。
3. 工具、设备使用应符合规定。

二、考核要求

1. 作业过程完整。
2. 本项技能认定属综合型考试。
3. 本项技能认定由被认定人独立完成。

三、考核时限

1. 准备时间：10 min。
2. 正式操作时间：60 min。
3. 在规定时间内全部完成，不加分，也不扣分。每超时1 min，从总分扣5分，总超时5 min停止作业。

四、考核评分

1. 考评人员3名及以上。
2. 评分点见“考核评分记录表”。
3. 评分程序及规则：考评员各自根据考生作业程序在评分表上给予记录评分，取平均分为评定得分。
4. 算分方法：百分制计算，满分100分，60分为及格。

五、否定项

若考生发生下列情况之一，则应及时终止其考试，考生该试题成绩记为零分。

1. 答卷时不能互借文具。
2. 严禁考试作弊。
3. 考试时保持安静不得交头接耳。

铁道行业职业技能认定货检员技师操作技能考核试卷(考生用)

单位：　　　　　　　　　　　　姓名：　　　　　　　　　　　　准考证号：

试题内容：一件货物长15.6 m，宽2.98 m，高2 m，重48 t，货物重心纵向偏离中心1 000 mm，横向偏离60 mm，货物重心高1 000 mm。选用NX_{17BH}型车两端、两侧等距离突出装载。1. 请确定装载是否合理。2. 确定横垫木高度、重车重心高。3. 确定超限等级。

铁道行业职业技能认定货检员技师操作技能考核评分记录表

准考证号：　　　　　　姓名：　　　　　　性别：　　　　　　单位：

试题名称：超限货物装载方法及计算　　　　　　　　　　　　考核时间：60 min

操作开始时间：　　时　　分　　　　　　操作结束时间：　　时　　分

序号	考核内容	考 核 要 点	配分	评 分 标 准	扣分	得分
1	着装，标志佩戴	按规定着装，标志齐全	5			
2	人身安全	执行“一站、二看、三通过”、横越线路等人身安全的有关规定	5			
3	试卷质量	层次分明、清晰、整洁、文字流畅、无错别字	5			
4	检验装载方法是否符合规定	计算纵向偏移量容许偏离量	10			
		确定纵向偏离是否符合规定	5			
		横向偏离量引用规章说明	10			
		确定横向偏离是否符合规定	5			
5	计算超限等级	检验是否需要垫木	15			
		确定重车重心高	15			
		确定是否超限	20			
		引用规章对检验结果进行说明	5			
合计			100			
否定项：若考生发生下列情况之一，则应及时终止其考试，该考生成绩记为零分。 1. 操作不当造成设备、工具、仪器和材料损坏。 2. 严重违反安全作业规程，违反考试纪律。						

考评员：　　　　　　　　　　　　总分人：　　　　　　　　　　　　年　　月　　日

参考答案要点

一、着装及标志佩戴

按规定穿着带有反光标志的防护服，携带手持机(或对讲机)及作业工具备品。

二、人身安全

1. 横越线路时，眼看、手指、口呼，必须做到"一站、二看、三通过"，并注意左右机车、车辆动态及脚下有无障碍物，严禁来车时抢越线路。

2. 必须横越停有机车、车辆的线路时，应先确认机车、车辆暂不移动，然后在距机车、车辆 5 m 以外处绕行通过。

三、检验装载方法是否符合规定

1. 货物重心偏离车辆横中心线的容许距离：

当 $P_{容}-Q\geqslant 10$ t 时

即 $61-48=13(\text{t})>10$ t

$$a_{容}=\frac{5}{Q}l=\frac{5}{48}\times 10\ 920\approx 1\ 138(\text{mm})$$

货物重心偏离车辆横中心线的实际距离为 1 000 mm，比较得知货物实际偏离量小于容许偏离量，符合规定。

2. 依据《铁路货物装载加固规则》第 12 条：装车后货物总重心的投影应位于货车纵、横中心线的交叉点上。必须偏离时，横向偏离量不得超过 100 mm。

货物重心偏离车辆纵中心线的距离为 60 mm，小于 100 mm，符合《铁路货物装载加固规则》规定。

四、计算超限等级

1. 检验需要横垫木高度

$$\begin{aligned} H_{垫} &= 0.031a+h_{车差}+f+80 \\ &= 0.031\times\left(\frac{15\ 600-15\ 400}{2}+\frac{15\ 400-10\ 920-1\ 750}{2}\right)+80 \\ &= 0.031\times(100+1\ 365)+80 \\ &\approx 126(\text{mm}) \end{aligned}$$

2. 计算重车重心高

$$H=\frac{h_{车}Q_{车}+h_{货}Q_{货}}{Q_{车}+Q_{货}}=\frac{740\times 22.8+(126+1\ 207+1\ 000)\times 48}{22.8+48}$$

$$\approx 1\ 820(\text{mm})<2\ 000\ \text{mm}$$

3. 确定超限等级

$$C_{外}=\frac{(2x)^2-l^2}{8R}\times 1\ 000=\frac{[2\times(15.6\div 2)]^2-10.92^2}{8\times 300}\times 1\ 000$$

$\approx 52(\text{mm})$

$$K = 75\left(\frac{2x}{l} - 1.4\right) = 75 \times \left(\frac{15\ 600}{10\ 920} - 1.4\right) \approx 2(\text{mm})$$

$X_{外} = 1\ 490 + 52 + 2 - 36 = 1\ 508(\text{mm})$

计算点高度＝2 000＋1 207＋126＝3 333(mm)

根据计算结果，计算宽度为 1 508 mm，计算点高 3 333 mm，查《铁路超限超重货物运输规则》附件 4 确定不超限。

经计算得知，选用 NX_{17BH} 型车两端、两侧均衡突出装载，铺垫高度 126 mm 垫木，重车重心小于 2 000 mm，不超限，符合《铁路货物装载加固规则》附件 2 和《铁路货物装载加固规则》第 12 条、第 19 条规定。

S6　货物损失处理

铁道行业职业技能认定货检员技师操作技能考核准备通知单

考核时间：60 min

一、鉴定站准备

1. 材料准备

序　　号	材料名称	规　　格	数　　量	备　　注
1	《铁路货物损失处理规则》	本	1	
2	《铁路货运检查管理规则》	本	1	

2. 考场准备

(1)工具、材料准备：鉴定站提供空白普通记录和电报用纸及墨水。

(2)供考试用教室 1 间。考场内须光线充足，空气良好，环境安静，卫生整洁。

二、考生准备

考生需自备考试工具。

铁道行业职业技能认定货检员技师操作技能考核试卷(考评员用)

试题名称：货物损失处理

试题内容：2023 年 3 月 5 日长沙东站承运到淄博站香烟一车，车号 P_{64NK} 3426068，票号 012099；施封号码：10011、10012，全车装载 1 200 件(纸箱包装)，保价 220 万元。2023 年 3 月 9 日 10 时 20 分 23016 次列车到达济西站，3 月 10 日 14 时 35 分到达淄博站，检查发现运行左侧为长沙东 10011 号施封锁，右侧无封，车门开启 100 mm，可见内货表层凌乱；通知公安检查并拍照，同时拍发交接电报；15 时 10 分会同公安共同卸车，16 时 30 分卸车完毕，经清点实卸 1 140 件。

1. 请分析是否需要拍发货物损失速报，若需要，请拟货物损失速报。

2. 不属《铁路货物运输管理规则》站车交接检查内容，但通过监控设备或其他方式检查发现敞车篷布(包括敞顶集装箱篷布)顶部被割，棚车、集装箱、罐车顶部异状等问题的，如何划责？

一、技术要求

1. 答题符合相关法律、法规、规章和标准的规定。
2. 技术用语规范。
3. 工具、设备使用应符合规定。

二、考核要求

1. 作业过程完整。
2. 本项技能认定属综合型考试。
3. 本项技能认定由被认定人独立完成。

三、考核时限

1. 准备时间：10 min。
2. 正式操作时间：60 min。
3. 在规定时间内全部完成，不加分，也不扣分。每超时 1 min，从总分扣 5 分，总超时 5 min 停止作业。

四、考核评分

1. 考评人员 3 名及以上。
2. 评分点见“考核评分记录表”。
3. 评分程序及规则：考评员各自根据考生作业程序在评分表上给予记录评分，取平均分为评定得分。
4. 算分方法：百分制计算，满分 100 分，60 分为及格。

五、否定项

若考生发生下列情况之一，则应及时终止其考试，考生该试题成绩记为零分。
1. 答卷时不能互借文具。
2. 严禁考试作弊。
3. 考试时保持安静不得交头接耳。

铁道行业职业技能认定货检员技师操作技能考核试卷(考生用)

单位：　　　　　　　　　　　　　　　　姓名：　　　　　　　　　　　　准考证号：

试题内容：2023 年 3 月 5 日长沙东站承运到淄博站香烟一车，车号 P_{64NK} 3426068，票号 012099；施封号码：10011、10012，全车装载 1 200 件(纸箱包装)，保价 220 万元；2023 年 3 月 9 日 10 时 20 分 23016 次列车到达济西站，3 月 10 日 14 时

35分到达淄博站，检查发现运行左侧为长沙东10011号施封锁，右侧无封，车门开启100 mm，可见内货表层凌乱；通知公安检查并拍照，同时拍发交接电报；15时10分会同公安共同卸车，16时30分卸车完毕，经清点实卸1 140件。

1. 请分析是否需要拍发货物损失速报，若需要，请拟货物损失速报。

2. 不属《铁路货物运输管理规则》站车交接检查内容，但通过监控设备或其他方式检查发现敞车篷布（包括敞顶集装箱篷布）顶部被割，棚车、集装箱、罐车顶部异状等问题的，如何划责？

铁道行业职业技能认定货检员技师操作技能考核评分记录表

准考证号：　　　　姓名：　　　　性别：　　　　单位：

试题名称：货物损失处理　　　　考核时间：60 min

操作开始时间：　时　分　　　　操作结束时间：　时　分

序号	考核内容	考核要点	配分	评分标准	扣分	得分
1	着装，标志佩戴	按规定着装，标志齐全	5			
2	人身安全	执行“一站、二看、三通过”、横越线路等人身安全的有关规定	5			
3	试卷质量	层次分明、清晰、整洁、文字流畅、无错别字	5			
4	货物损失等级确定及拍发速报	货物损失等级确定	10			
		拍发货物损失速报	40			
5	不属《铁路货物运输管理规则》站车交接检查内容，但通过监控设备或其他方式检查发现问题的责任划分	途中有监控设备	15			
		检查发现但未处理	5			
		中途站换装整理时发现	10			
		中途站换装整理后发生的	5			
合计			100			

否定项：若考生发生下列情况之一，则应及时终止其考试，该考生成绩记为零分。
1. 操作不当造成设备、工具、仪器和材料损坏。
2. 严重违反安全作业规程，违反考试纪律。

考评员：　　　　总分人：　　　　年　月　日

参考答案要点

一、着装及标志佩戴

按规定穿着带有反光标志的防护服，携带手持机（或对讲机）及作业工具备品。

二、人身安全

1. 横越线路时，眼看、手指、口呼，必须做到“一站、二看、三通过”，并注意左右机车、车辆

动态及脚下有无障碍物，严禁来车时抢越线路。

2. 必须横越停有机车、车辆的线路时，应先确认机车、车辆暂不移动，然后在距机车、车辆 5 m 以外处绕行通过。

三、是否拍发货物损失速报

货物损失价值：220 万元÷1 200 件×60 件＝11 万元。

该批货物被盗损失超过 10 万元为一级损失，应拍发货物损失速报。

四、拍发货物损失速报

主送：济西、长沙东站、济西直属站、长沙货运中心、济南局集团公司货运部、广州局集团公司货运部

抄送：国铁集团货运部

货物损失速报

(一)一级损失、被盗；

(二)2023 年 3 月 10 日 10 时 35 分，淄博站；

(三)长沙东站，淄博站，香烟，2023 年 3 月 5 日；

(四)P_{64NK} 3426068，票号 012099，整车，保价 200 万元；

(五)长沙东站发淄博站整车香烟，到检运行左侧为长沙东 10011 号施封锁，右侧无封，车门开启 100 mm，会同公安共同卸车，见车门处内货表层凌乱，车容未满，全车实卸 1 140 件，较票据记载 1 200 件不足 60 件，货物损失约 11 万元；

(六)请济西站速查上车在贵站运行、施封情况，并顺查有关；长沙东站速查该车承载情况及货物实际价值。

淄博站
2023 年 3 月 10 日
(公章)

五、责任划分

不属《铁路货物运输管理规则》站车交接检查内容，但通过监控设备或其他方式检查发现敞车篷布(包括敞顶集装箱篷布)顶部被割，棚车、集装箱、罐车顶部异状等问题划责：

1. 途中有监控设备的货运检查站、无监控设备的途中站或到站货运检查时发现的，按规定处理并拍发电报的，按下列规定划责：

(1)如上一货运检查站有监控设备，列上一有监控设备的货运检查站责任，赔款由责任货运检查站和装车站分摊；

(2)如前方途经站无监控设备，列装车站责任，赔款由装车站、发现铁路局集团公司及前方沿途各铁路局集团公司(不含装车铁路局集团公司)分摊。

2. 检查发现但未处理的，列发现站责任，赔款由发现站、装车站和上一有监控设备的货运检查站分摊。

3. 中途站换装整理时发现的，按下列规定划责。

(1)如上一货运检查站有监控设备，列上一有监控设备的货运检查站责任，赔款由责任货运检查站和装车站分摊；

(2)如前方途经站无监控设备，列装车站责任，赔款由装车站、发现铁路局集团公司及前方沿途各铁路局集团公司(不含装车铁路局集团公司)分摊。

4. 中途站换装整理后发生的，列换装整理站责任，赔款按 1、2 规定分摊。

S7　敞车装载钢管交接检查

铁道行业职业技能认定货检员技师操作技能考核准备通知单

考核时间：60 min

一、鉴定站准备

1. 材料准备

序　　号	材料名称	规　　格	数　　量	备　　注
1	《铁路货物装载加固规则》	本	1	
2	《铁路货运检查管理规则》	本	1	

2. 考场准备

(1)工具、材料准备：鉴定站提供空白普通记录和电报用纸及墨水。

(2)供模拟考试用教室 1 间，考场内须光线充足，空气良好，环境安静，卫生整洁。

二、考生准备

考生需自备考试用具。

铁道行业职业技能认定货检员技师操作技能考核试卷(考评员用)

试题名称：敞车装载钢管交接检查

试题内容：某站使用敞车装运钢管一车，钢管统一规格为长 6 000 mm，直径 400 mm，集装成捆，装载起脊部分超出车侧板 1.5 m，请回答下列问题：

1. 对该车应重点检查哪些内容？
2. 管材可使用的加固材料有哪些？
3. 长短不一的各类型钢及管材混装一车有何要求？
4. 管材的装载高度超出侧墙(板)时，如何加固？

一、技术要求

1. 答题符合相关法律、法规、规章和标准的规定。

2. 技术用语规范。

3. 工具、设备使用应符合规定。

二、考核要求

1. 作业过程完整。

2. 本项技能认定属综合型考试。

3. 本项技能认定由被认定人独立完成。

三、考核时限

1. 准备时间:10 min。

2. 正式操作时间:60 min。

3. 在规定时间内全部完成,不加分,也不扣分。每超时 1 min,从总分扣 5 分,总超时 5 min 停止作业。

四、考核评分

1. 考评人员 3 名及以上。

2. 评分点见“考核评分记录表”。

3. 评分程序及规则:考评员各自根据考生作业程序在评分表上给予记录评分,取平均分为评定得分。

4. 算分方法:百分制计算,满分 100 分,60 分为及格。

五、否定项

若考生发生下列情况之一,则应及时终止其考试,该考生成绩记为零分。

1. 操作不当造成设备、工具、仪器和材料损坏。

2. 严重违反安全作业规程,违反考试纪律。

铁道行业职业技能认定货检员技师操作技能考核试卷(考生用)

单位:　　　　　　　　　　　　姓名:　　　　　　　　　　　　准考证号:

试题内容:某站使用敞车装运钢管一车,钢管统一规格为长 6 000 mm,直径 400 mm,集装成捆,装载起脊部分超出车侧板 1.5 m,请回答下列问题:

1. 对该车应重点检查哪些内容?

2. 管材可的使用加固材料有哪些?

3. 长短不一的各类型钢及管材混装一车有何要求?

4. 管材的装载高度超出侧墙(板)时,如何加固?

铁道行业职业技能认定货检员技师操作技能考核评分记录表

准考证号： 姓名： 性别： 单位：

试题名称：敞车装载钢管交接检查 考核时间：60 min

操作开始时间： 时 分 操作结束时间： 时 分

序号	考核内容	考核要点	配分	评分标准	扣分	得分
1	着装，标志佩戴	按规定着装，标志齐全	5			
2	人身安全	执行“一站、二看、三通过”、横越线路等人身安全的有关规定	5			
3	试卷质量	层次分明、清晰、整洁、文字流畅、无错别字	5			
4	对该车重点检查内容	货物装载状态是否良好	8			
		装载大型管材规定	10			
		起脊装载管材加固、衬垫防滑	15			
		敞车车门关闭，车体技术状态	7			
5	管材可使用的加固材料	硬木支柱（钢管支柱）、隔木、掩木、稻草垫（条形草支垫或稻草绳把）、镀锌铁线、盘条、钢丝绳等	15			
6	长短不一的各类型钢及管材混装一车要求	应将重的装在下面，轻的装在上面，长的装在两侧，短的装在中间	15			
7	管材的装载高度超出侧墙（板）时加固要求	至少安插两对支柱、腰线	15			
合计			100			

否定项：若考生发生下列情况之一，则应及时终止其考试，考生该试题成绩记为零分。
1. 答卷时不能互借文具。
2. 严禁考试作弊。
3. 考试时保持安静不得交头接耳。

考评员： 总分人： 年 月 日

参考答案要点

一、着装及标志佩戴

按规定穿着带有反光标志的防护服，携带手持机（或对讲机）及作业工具备品。

二、人身安全

1. 横越线路时，眼看、手指、口呼，必须做到“一站、二看、三通过”，并注意左右机车、车辆动态及脚下有无障碍物，严禁来车时抢越线路。

2. 必须横越停有机车、车辆的线路时，应先确认机车、车辆暂不移动，然后在距机车、车辆5 m以外处绕行通过。

三、对该车重点检查的内容

1. 货物装载状态是否良好，成捆装载，堆码是否整齐，有无倾斜，倒塌，坠落，窜动现象。

2. 使用敞车装载大型管材时，应成垛(捆)装载，底部须掩垫牢固。仅使用衬垫防滑加固时，装载在最上层的管材，超过端侧墙高度应小于管材直径的二分之一。

3. 敞车起脊装载管材不使用支柱时，每垛(捆)管材需用钢带或钢丝绳捆绑，其捆绑的钢带或钢丝绳有无断裂、拉脱等现象。

4. 钢管起脊部分层间是否加垫有草垫(或绳把)，超出车侧板高度部分是否逐层递减。

5. 敞车车门是否关闭良好，车体有无倾斜、外胀超过容许限度等现象。

四、管材可使用的加固材料

管材可使用敞车装载，根据需要可使用硬木支柱(钢管支柱)、隔木、掩木、稻草垫(条形草支垫或稻草绳把)、镀锌铁线、盘条、钢丝绳等材料进行加固。

五、长短不一的各类型钢及管材混装一车要求

长短不一的各类型钢及管材混装一车时，应将重的装在下面，轻的装在上面，长的装在两侧，短的装在中间。

六、管材的装载高度超出侧墙(板)时的加固

管材的装载高度超出侧墙(板)时，每垛货物至少安插两对支柱。超出高度在1 m及以内时，捆1道腰线;超过1 m时，捆2道腰线。必须封顶。

S8 剧毒品车辆检查处理

铁道行业职业技能认定货检员技师操作技能考核准备通知单

考核时间:60 min

一、鉴定站准备

1. 材料准备

序 号	材料名称	规 格	数 量	备 注
1	《铁路货运检查管理规则》	本	1	
2	《铁路货物损失处理规则》	本	1	
3	《铁路危险货物运输管理规则》	本	1	

2. 考场准备

(1)工具、材料准备:鉴定站提供空白普通记录和电报用纸及墨水。

(2)供模拟考试用教室1间,考场内须光线充足,空气良好,环境安静,卫生整洁。

二、考生准备

考生需自备考试用具。

铁道行业职业技能认定货检员技师操作技能考核试卷(考评员用)

试题名称:剧毒品车辆检查处理

试题内容:2022年6月3日22时20分,某货检站接28006次列车,列车编挂剧毒品车(同一托运人、同一到站)6辆,有两名押运员。货检员检查押运员身份证与本人相符,工具、备品齐全,押运间、着装等均符合要求,现车前互相签认。经改编,重新组成17128次列车,正点开出。请回答下列问题:

1. 车站货检人员对装有剧毒品车辆如何检查?

2. 请判断上述作业是否正确,阐述理由,并提出改进措施。

一、技术要求

1. 答题符合相关法律、法规、规章和标准的规定。
2. 技术用语规范。
3. 工具、设备使用应符合规定。

二、考核要求

1. 作业过程完整。
2. 本项技能认定属综合型考试。
3. 本项技能认定由被认定人独立完成。

三、考核时限

1. 准备时间:10 min。
2. 正式操作时间:60 min。
3. 在规定时间内全部完成,不加分,也不扣分。每超时1 min,从总分扣5分,总超时5 min停止作业。

四、考核评分

1. 考评人员3名及以上。
2. 评分点见“考核评分记录表”。
3. 评分程序及规则:考评员各自根据考生作业程序在评分表上给予记录评分,取平均分为评定得分。

4. 算分方法：百分制计算，满分 100 分，60 分为及格。

五、否定项

若考生发生下列情况之一，则应及时终止其考试，该考生成绩记为零分。

1. 操作不当造成设备、工具、仪器和材料损坏。

2. 严重违反安全作业规程，违反考试纪律。

铁道行业职业技能认定货检员技师操作技能考核试卷(考生用)

单位：　　　　　　　　　　　　姓名：　　　　　　　　　　　　准考证号：

试题内容：2022 年 6 月 3 日 22 时 20 分，某货检站接 28006 次列车，列车编挂剧毒品车(同一托运人、同一到站)6 辆，有两名押运员。货检员检查押运员身份证与本人相符，工具、备品齐全，押运间、着装等均符合要求，现车前互相签认。经改编，重新组成 17128 次列车，正点开出。请回答下列问题：

1. 车站货检人员对装有剧毒品车辆如何检查?

2. 请判断上述作业是否正确，阐述理由，并提出改进措施。

铁道行业职业技能认定货检员技师操作技能考核评分记录表

准考证号：　　　　　姓名：　　　　　性别：　　　　　单位：

试题名称：剧毒品车辆检查处理　　　　　　　　　　　　考核时间：60 min

操作开始时间：　时　分　　　　　　操作结束时间：　时　分

序号	考核内容	考核要点	配分	评分标准	扣分	得分
1	着装，标志佩戴	按规定着装，标志齐全	5			
2	人身安全	执行“一站、二看、三通过”、横越线路等人身安全的有关规定	5			
3	试卷质量	层次分明、清晰、整洁、文字流畅、无错别字	5			
4	车站货检人员对装有剧毒品车辆检查	数码相机或手持机两侧拍照	10			
		车辆或集装箱无封、封印无效以及有异状处理	15			
		没有押运员处理	8			
		及时报告车站调度员(调车区长)	7			
5	判断作业是否正确，阐述理由，提出改进措施	应检查培训合格证明、2 组应为 4 人押运	16			
6		判断依据	14			
7		应及时甩车，做好记录，采取监护措施	15			
合计			100			

否定项：若考生发生下列情况之一，则应及时终止其考试，考生该试题成绩记为零分。

1. 答卷时不能互借文具。

2. 严禁考试作弊。

3. 考试时保持安静不得交头接耳。

考评员：　　　　　　　　　　　总分人：　　　　　　　　　　　年　月　日

参考答案要点

一、着装及标志佩戴

按规定穿着带有反光标志的防护服，携带手持机(或对讲机)及作业工具备品。

二、人身安全

1. 横越线路时，眼看、手指、口呼，必须做到“一站、二看、三通过”，并注意左右机车、车辆动态及脚下有无障碍物，严禁来车时抢越线路。

2. 必须横越停有机车、车辆的线路时，应先确认机车、车辆暂不移动，然后在距机车、车辆 5 m 以外处绕行通过。

三、车站货检人员对装有剧毒品车辆的检查

1. 车站货检人员对剧毒品车辆应做重点检查，用数码相机或手持机两侧拍照(如车号、施封、门窗状况)，并存档保管至少 3 个月。

2. 运输过程中发现装有剧毒品的车辆或集装箱无封、封印无效以及有异状时，应立即甩车，并报告铁路公安部门共同清点，按规定进行处理。如发生丢失被盗等问题，立即报告铁路局集团公司和国铁集团调度、货运部门及铁路公安部门。

3. 没有押运员的应及时通知发站派人处理并采取监护措施，同时报告铁路公安部门。

4. 完成上述工作后应将有关情况及时报告车站调度员(调车区长)。

四、作业是否正确并阐述理由，提出改进措施

1. 上述作业不妥。因为：

(1)货检员还应检查培训合格证明。

(2)剧毒品车辆 2 组应为 4 人押运。

2. 理由：《铁路危险货物运输管理规则》第 50 条规定“押运员押运时应携带培训合格证明”。第 56 条第 2 款规定“剧毒品 4 辆以内编为一组，每组 2 人押运”。

3. 改进措施：

(1)押运员缺乘、漏乘，应及时甩车，做好记录，并通知发站或到站联系托运人、收货人立即补齐押运员或押运备品，编制普通记录后方可继运。

(2)采取监护措施，同时报告铁路公安部门。

S9 选择装载加固方案

铁道行业职业技能认定货检员技师操作技能考核准备通知单

考核时间:60 min

一、鉴定站准备

1. 材料准备

序 号	材料名称	规 格	数 量	备 注
1	《铁路货物装载加固规则》	本	1	
2	《铁路超限超重货物运输规则》	本	1	

2. 考场准备

(1)工具、材料准备:鉴定站提供空白普通记录和电报用纸及墨水。

(2)供考试用教室1间。考场内须光线充足,空气良好,环境安静,卫生整洁。

二、考生准备

考生需自备考试工具。

铁道行业职业技能认定货检员技师操作技能考核试卷(考评员用)

试题名称:选择装载加固方案

试题内容:客户李某到A站想办理发货业务,提供货物尺寸:均重货物一件,重46 t,长15.4 m、宽2.6 m、高1.2 m。现有N_{16}型平车三辆。为客户设计经济合理的装载方案。(N_{16}标重60 t,车长L=13 000 mm,车宽3 000 mm,销距l=9 300 mm,保留整数)

一、技术要求

1. 答题符合相关法律、法规、规章和标准的规定。
2. 技术用语规范。
3. 工具、设备使用应符合规定。

二、考核要求

1. 作业过程完整。
2. 本项技能认定属综合型考试。
3. 本项技能认定由被认定人独立完成。

三、考核时限

1. 准备时间:10 min。

2. 正式操作时间：60 min。

3. 在规定时间内全部完成，不加分，也不扣分。每超时 1 min，从总分扣 5 分，总超时 5 min 停止作业。

四、考核评分

1. 考评人员 3 名及以上。

2. 评分点见“考核评分记录表”。

3. 评分程序及规则：考评员各自根据考生作业程序在评分表上给予记录评分，取平均分为评定得分。

4. 算分方法：百分制计算，满分 100 分，60 分为及格。

五、否定项

若考生发生下列情况之一，则应及时终止其考试，考生该试题成绩记为零分。

1. 答卷时不能互借文具。

2. 严禁考试作弊。

3. 考试时保持安静不得交头接耳。

铁道行业职业技能认定货检员技师操作技能考核试卷（考生用）

单位：　　　　姓名：　　　　准考证号：

试题内容：客户李某到 A 站想办理发货业务，提供货物尺寸：均重货物一件，重 46 t，长 15.4 m、宽 2.6 m、高 1.2 m。现有 N_{16} 型平车三辆。为客户设计经济合理的装载方案。（N_{16} 标重 60 t，车长 L＝13 000 mm，车宽 3 000 mm，销距 l＝9 300 mm，保留整数。）

铁道行业职业技能认定货检员技师操作技能考核评分记录表

准考证号：　　　　姓名：　　　　性别：　　　　单位：

试题名称：选择装载加固方案　　　　考核时间：60 min

操作开始时间：　　时　　分　　　　操作结束时间：　　时　　分

序号	考核内容	考 核 要 点	配分	评 分 标 准	扣分	得分
1	着装，标志佩戴	按规定着装，标志齐全	5			
2	人身安全	执行“一站、二看、三通过”、横越线路等人身安全的有关规定	5			
3	试卷质量	层次分明、清晰、整洁、文字流畅、无错别字	5			

续上表

序号	考核内容	考核要点	配分	评分标准	扣分	得分
4	装载方案选择	方案选择 1	15			
		方案选择 2	20			
		公式应用	15			
		方案选择 3	10			
		公式应用	15			
		装载方案	10			
合计			100			

否定项：若考生发生下列情况之一，则应及时终止其考试，该考生成绩记为零分。
1. 操作不当造成设备、工具、仪器和材料损坏。
2. 严重违反安全作业规程，违反考试纪律。

考评员： 总分人： 年 月 日

参考答案要点

一、着装及标志佩戴

按规定穿着带有反光标志的防护服，携带手持机（或对讲机）及作业工具备品。

二、人身安全

1. 横越线路时，眼看、手指、口呼，必须做到“一站、二看、三通过”，并注意左右机车、车辆动态及脚下有无障碍物，严禁来车时抢越线路。

2. 必须横越停有机车、车辆的线路时，应先确认机车、车辆暂不移动，然后在距机车、车辆 5 m 以外处绕行通过。

三、装载方案选择

方案 1：货物重心投影落在车辆纵横中心线交叉点上，货物两端均匀突出端梁 1 200 mm，需要使用 2 辆游车，并使用符合规定的横垫木。（该方案合理）

方案 2：货物一端与承重车一端对齐，另一端突出车端 2 400 mm，使用一辆游车。

$$a_{实}=\frac{L_{货}}{2}-\frac{L_{车}}{2}=\frac{15\ 400}{2}-\frac{13\ 000}{2}=1\ 200(\text{mm})$$

计算货物重心纵向最大容许偏离量 $a_{容}$：

$$P_{容}-Q=60-46=14(\text{t})>10\ \text{t}$$

$$a_{容}=\frac{5}{Q}\times l=\frac{5}{46}\times 9\ 300\approx 1\ 010(\text{mm})$$

计算结果表明：$a_{实}>a_{容}$，即 1 200 mm>1 010 mm，所以该方案不合理。

方案 3：因货物突出端半宽小于车辆半宽，所以可以采取一端突出端梁 300 mm，另一端突出 2 100 mm，使用一辆游车装运。

$$a_{实}=\frac{L_{货}}{2}-\frac{L_{车}}{2}-300=\frac{15\ 400}{2}-\frac{13\ 000}{2}-300=900(\text{mm})$$

$a_{实}<a_{容}$(符合装载规定,该方案合理)

一端突出 190～300 mm,另一端突出 2 100～2 210 mm,均属合理装载方案。

方案 1 和方案 3 均为合理方案,但方案 3 较方案 1 节省 1 辆游车,所以方案 3 为较优装载方案。

S10　利用配重货物降低重车重心高度

铁道行业职业技能认定货检员技师操作技能考核准备通知单

考核时间:60 min

一、鉴定站准备

1. 材料准备

序　号	材料名称	规　格	数　量	备　注
1	《铁路货物装载加固规则》	本	1	

2. 考场准备

(1)工具、材料准备:鉴定站提供空白普通记录和电报用纸及墨水。

(2)供模拟考试用教室 1 间,考场内须光线充足,空气良好,环境安静,卫生整洁。

二、考生准备

考生需自备考试用具。

铁道行业职业技能认定货检员技师操作技能考核试卷(考评员用)

试题名称:利用配重货物降低重车重心高度

试题内容:用 60 t N_{17AK} 型平车装一件 40 t 货物,货物重心高度为 1 520 mm,车辆自重 20.8 t,装载后车地板自轨面起高 1 170 mm,车辆重心高 723 mm。

1. 试计算重车重心高。

2. 若重车重心超高,选用一件预计装车后重心高为 1 800 mm 的货物配重,应如何选择配重货物?

3. 如不能配重,请确定运输条件。

一、技术要求

1. 答题符合相关法律、法规、规章和标准的规定。

2. 技术用语规范。

3. 工具、设备使用应符合规定。

二、考核要求

1. 作业过程完整。
2. 本项技能认定属综合型考试。
3. 本项技能认定由被认定人独立完成。

三、考核时限

1. 准备时间：10 min。
2. 正式操作时间：60 min。
3. 在规定时间内全部完成，不加分，也不扣分。每超时 1 min，从总分扣 5 分，总超时 5 min 停止作业。

四、考核评分

1. 考评人员 3 名及以上。
2. 评分点见“考核评分记录表”。
3. 评分程序及规则：考评员各自根据考生作业程序在评分表上给予记录评分，取平均分为评定得分。
4. 算分方法：百分制计算，满分 100 分，60 分为及格。

五、否定项

若考生发生下列情况之一，则应及时终止其考试，该考生成绩记为零分。
1. 操作不当造成设备、工具、仪器和材料损坏。
2. 严重违反安全作业规程，违反考试纪律。

铁道行业职业技能认定货检员技师操作技能考核试卷(考生用)

单位：　　　　　　　　　　　　　　姓名：　　　　　　　　　　　　　　准考证号：

试题内容：用 60 t N17AK 型平车装一件 40 t 货物，货物重心高度为 1 520 mm，车辆自重 20.8 t，装载后车地板自轨面起高 1 170 mm，车辆重心高 723 mm。

1. 试计算重车重心高。
2. 若重车重心超高，选用一件预计装车后重心高为 1 800 mm 的货物配重，应如何选择配重货物？
3. 如不能配重，请确定运输条件。

铁道行业职业技能认定货检员技师操作技能考核评分记录表

准考证号：　　　　　姓名：　　　　　性别：　　　　　单位：

试题名称：利用配重货物降低重车重心高度　　　　　　　　　　考核时间：60 min

操作开始时间：　　时　　分　　　　　　操作结束时间：　　时　　分

序号	考核内容	考 核 要 点	配分	评 分 标 准	扣分	得分
1	着装，标志佩戴	按规定着装，标志齐全	5			

续上表

序号	考核内容	考核要点	配分	评分标准	扣分	得分
2	人身安全	执行“一站、二看、三通过”、横越线路等人身安全的有关规定	5			
3	试卷质量	层次分明、清晰、整洁、文字流畅、无错别字	5			
3	重车重心高计算	公式	10			
		代入公式计算	10			
		重车重心高度	5			
4	配重重量计算	公式	10			
		代入公式计算	10			
		配重的重量	5			
		配重货物重量最小值、最大值	11			
5	确定运行条件	确定重车重心高度范围	6			
		确定运行限速	6			
		确定通过侧向道岔限速	6			
		请示铁路局集团公司	6			
合计			100			
备注	超时 1 min 从总分扣 5 分，超时 5 min 停止作业					

否定项：若考生发生下列情况之一，则应及时终止其考试，该考生成绩记为零分。
1. 操作不当造成设备、工具、仪器和材料损坏。
2. 严重违反安全作业规程，违反考试纪律。

考评员：　　　　总分人：　　　　年　月　日

参考答案要点

一、着装及标志佩戴

按规定穿着带有反光标志的防护服，携带手持机(或对讲机)及作业工具备品。

二、人身安全

1. 横越线路时，眼看、手指、口呼，必须做到“一站、二看、三通过”，并注意左右机车、车辆动态及脚下有无障碍物，严禁来车时抢越线路。

2. 必须横越停有机车、车辆的线路时，应先确认机车、车辆暂不移动，然后在距机车、车辆 5 m 以外处绕行通过。

三、重车重心高

$H = Q_{车} \times h_{车} + Q \times h / Q_{车} + Q$

$= [20.8 \times 723 + 40 \times (1\,170 + 1\,520)] \div (20.8 + 40)$

$\approx 2\,018(\mathrm{mm})$

重车重心超高。

四、配重重量

$$Q_{配}=Q_{总}(H-2\,000)/(2\,000-h_{配})$$
$$=60.8\times(2\,018-2\,000)\div(2\,000-1\,800)$$
$$\approx 5.5(t)$$

最小配重货物重量不得小于 5.5 t，但因货车允许载重不得超过 60 t，故最大不得超过 60－40＝20(t)。

五、运行条件

该车重车重心高为 2 018 mm，超过 2 000 mm，小于 2 400 mm，若无法采取配重措施降低重车重心高，则应运行限速 50 km/h，通过侧向道岔限速 15 km/h。由装车站以文电向铁路局集团公司请示。

S11　硫酸泄漏问题检查处理

铁道行业职业技能认定货检员技师操作技能考核准备通知单

考核时间：60 min

一、鉴定站准备

1. 材料准备

序　号	材料名称	规　格	数　量	备　注
1	《铁路货运检查管理规则》	本	1	
2	《铁路货物损失处理规则》	本	1	
3	《铁路危险货物运输管理规则》	本	1	

2. 考场准备

(1)工具、材料准备：鉴定站提供空白普通记录和电报用纸及墨水。

(2)供模拟考试用教室 1 间，考场内须光线充足，空气良好，环境安静，卫生整洁。

二、考生准备

考生需自备考试用具。

铁道行业职业技能认定货检员技师操作技能考核试卷(考评员用)

试题名称：硫酸泄漏问题检查处理

试题内容：现有一辆装运硫酸的罐车，在 A 站停留时发生泄漏(硫酸 81007，酸性腐蚀性物质),请回答下列问题。

1. 腐蚀性物质发生洒漏、火灾的处置措施有何规定?

2. 车站应如何如理?

一、技术要求

1. 答题符合相关法律、法规、规章和标准的规定。

2. 技术用语规范。

3. 工具、设备使用应符合规定。

二、考核要求

1. 作业过程完整。

2. 本项技能认定属综合型考试。

3. 本项技能认定由被认定人独立完成。

三、考核时限

1. 准备时间:10 min。

2. 正式操作时间:60 min。

3. 在规定时间内全部完成,不加分,也不扣分。每超时 1 min,从总分扣 5 分,总超时 5 min 停止作业。

四、考核评分

1. 考评人员 3 名及以上。

2. 评分点见“考核评分记录表”。

3. 评分程序及规则:考评员各自根据考生作业程序在评分表上给予记录评分,取平均分为评定得分。

4. 算分方法:百分制计算,满分 100 分,60 分为及格。

五、否定项

若考生发生下列情况之一,则应及时终止其考试,该考生成绩记为零分。

1. 操作不当造成设备、工具、仪器和材料损坏。

2. 严重违反安全作业规程,违反考试纪律。

铁道行业职业技能认定货检员技师操作技能考核试卷(考生用)

单位: 姓名: 准考证号:

试题内容:现有一辆装运硫酸的罐车,在 A 站停留时发生泄漏(硫酸 81007,酸性腐蚀性物质),请回答下列问题。

1. 腐蚀性物质发生洒漏、火灾的处置措施有何规定?

2. 车站应如何如理?

铁道行业职业技能认定货检员技师操作技能考核评分记录表

准考证号：　　　　　　姓名：　　　　　　性别：　　　　　　单位：

试题名称：硫酸泄漏问题检查处理　　　　　　　　　　　　　　　　　考核时间：60 min

操作开始时间：　时　分　　　　　　　　　　操作结束时间：　时　分

序号	考核内容	考核要点	配分	评分标准	扣分	得分
1	着装，标志佩戴	按规定着装，标志齐全	5			
2	人身安全	执行“一站、二看、三通过”、横越线路等人身安全的有关规定	5			
3	试卷质量	层次分明、清晰、整洁、文字流畅、无错别字	5			
4	腐蚀性物质发生洒漏、火灾的处置措施	发现液体酸性腐蚀性物质洒漏	15			
		着火时采取正确的消防措施	15			
5	车站如何处理	启动应急预案、通知相关部门	15			
		了解货物性质	5			
		设警戒区，组织人员疏散	7			
		配合专业施救队伍进行施救	5			
		防疫部门对施救现场进行环境检测	15			
		拍发电报、分析总结	8			
合计			100			

否定项：若考生发生下列情况之一，则应及时终止其考试，考生该试题成绩记为零分。

1. 答卷时不能互借文具。
2. 严禁考试作弊。
3. 考试时保持安静不得交头接耳。

考评员：　　　　　　　　　　　　总分人：　　　　　　　　　　　　年　月　日

参考答案要点

一、着装及标志佩戴

按规定穿着带有反光标志的防护服，携带手持机（或对讲机）及作业工具备品。

二、人身安全

1. 横越线路时，眼看、手指、口呼，必须做到“一站、二看、三通过”，并注意左右机车、车辆动态及脚下有无障碍物，严禁来车时抢越线路。

2. 必须横越停有机车、车辆的线路时，应先确认机车、车辆暂不移动，然后在距机车、车辆 5 m 以外处绕行通过。

三、腐蚀性物质发生洒漏、火灾的处置措施

1. 发现液体酸性腐蚀性物质撒漏应及时撒上干沙土，清除干净后，再用水冲洗污染处；大

量酸液溢漏时,可用石灰水中和。

2. 着火时,不可用柱状水,以防腐蚀液体飞溅伤人;对遇水能剧烈反应及引起燃烧、爆炸或放出有毒气体的腐蚀性物质,禁用水灭火。

四、车站处理方式

1. 车站应立即启动应急预案,迅速向车务站段、铁路局集团公司危险货物运输应急领导小组、货运部、调度、地方政府及公安、消防、环保、卫生防疫部门报告,速请熟悉货物性质及罐体构造的部门协助处置,并派人到路口引导施救人员。

2. 联系发站及相关部门,了解货物性质,以便采取防护措施。

3. 设立警戒区,组织人员向逆风方向疏散,用沙土垒固泄漏货物,防止硫酸流入水域。

4. 配合专业施救队伍进行施救工作。

5. 经抢险施救单位确认事故区域不具有危险性,由防疫部门对施救现场进行环境检测,确认无危险后,下达解除封锁命令后,解除封锁。

6. 在 120 min 内,向有关车站拍发电报。事故处理后,及时向车务站段、铁路局集团公司上报《危险货物运输事故分析报告》。

S12　电子防盗锁检查交接

铁道行业职业技能认定货检员技师操作技能考核准备通知单

考核时间:60 min

一、鉴定站准备

1. 材料准备

序　　号	材料名称	规　　格	数　　量	备　　注
1	《铁路货运检查管理规则》	本	1	
2	《铁路电子防盗锁使用管理办法(暂行)》	本	1	
3	《铁路货物运输管理规则》	本	1	

2. 考场准备

(1)工具、材料准备:鉴定站提供空白普通记录和电报用纸及墨水。

(2)供模拟考试用教室 1 间,考场内须光线充足,空气良好,环境安静,卫生整洁。

二、考生准备

考生需自备考试用具。

铁道行业职业技能认定货检员技师操作技能考核试卷(考评员用)

试题名称:电子防盗锁检查交接

试题内容:甲站发乙站一车货物,在××地点电子防盗锁破锁报警,甲站向列车运行前方下一货检站丙站拍发电报。

1. 电子防盗锁按失效处理的情形有哪些?
2. 请叙述丙站接到破锁电报后处理方法。

铁 路 传 真 电 报

签发:××× 核稿:××× 拟稿人:×××

电话号码:×××××

发报所名	电报号码	等级	受理日	时分	收到日	时分	值机员
HB	××	P	5/6	××	××	××	××
主送单位:丙站 抄送单位:乙站							
报　　文:电子防盗锁报警电报							
6月5日2时30分,我发乙站30501次列车,列车出发后3时40分监控人员发现在××地点电子防盗锁报警,车号:NX17K 5276865,品名:四重一,锁号:B010000009,请列车运行前方下一货检站丙站重点检查处理。 甲站 2022年6月5日							

一、技术要求

1. 答题符合相关法律、法规、规章和标准的规定。
2. 技术用语规范。
3. 工具、设备使用应符合规定。

二、考核要求

1. 作业过程完整。
2. 本项技能认定属综合型考试。
3. 本项技能认定由被认定人独立完成。

三、考核时限

1. 准备时间:10 min。
2. 正式操作时间:60 min。

3. 在规定时间内全部完成，不加分，也不扣分。每超时 1 min，从总分扣 5 分，总超时 5 min 停止作业。

四、考核评分

1. 考评人员 3 名及以上。
2. 评分点见“考核评分记录表”。
3. 评分程序及规则：考评员各自根据考生作业程序在评分表上给予记录评分，取平均分为评定得分。
4. 算分方法：百分制计算，满分 100 分，60 分为及格。

五、否定项

若考生发生下列情况之一，则应及时终止其考试，该考生成绩记为零分。
1. 操作不当造成设备、工具、仪器和材料损坏。
2. 严重违反安全作业规程，违反考试纪律。

铁道行业职业技能认定货检员技师操作技能考核试卷（考生用）

单位：　　　　　　　　姓名：　　　　　　　　准考证号：

试题内容：甲站发乙站一车货物，在××地点电子防盗锁破锁报警，甲站向列车运行前方下一货检站丙站拍发电报。

1. 电子防盗锁按失效处理的情形有哪些？
2. 请叙述丙站接到破锁电报后处理方法。

铁　路　传　真　电　报

签发：×××　　　　核稿：×××　　　　拟稿人：×××

电话号码：×××××

发报所名	电报号码	等级	受理日	时分	收到日	时分	值机员
HB	××	P	5/6	××	××	××	××
主送单位：丙站 抄送单位：乙站							
报　文：电子防盗锁报警电报							
6月5日2时30分，我发乙站30501次列车，列车出发后3时40分监控人员发现在××地点电子防盗锁报警，车号：NX17K 5276865，品名：四重一，锁号：B010000009，请列车运行前方下一货检站丙站重点检查处理。 甲站 2022年6月5日							

铁道行业职业技能认定货检员技师操作技能考核评分记录表

准考证号： 姓名： 性别： 单位：

试题名称：电子防盗锁检查交接 考核时间：60 min

操作开始时间： 时 分 操作结束时间： 时 分

序号	考核内容	考核要点	配分	评分标准	扣分	得分
1	着装，标志佩戴	按规定着装，标志齐全	5			
2	人身安全	执行"一站、二看、三通过"、横越线路等人身安全的有关规定	5			
3	试卷质量	层次分明、清晰、整洁、文字流畅、无错别字	5			
4	电子防盗锁类型及适用范围	有源电子防盗锁和无源电子防盗锁	10			
		有源电子防盗锁适用车种	7			
		无源电子防盗锁适用范围	13			
5	电子防盗锁按失效处理的情形	锁杆、锁芯状态	4			
		锁体状态	3			
		指示灯亮判断	4			
		系统中查询、其他	9			
6	丙站接到破锁电报后处理方法	对破锁车辆或集装箱进行重点检查	15			
		拍发电报	10			
		电报记明事项	10			
合计			100			
否定项：若考生发生下列情况之一，则应及时终止其考试，考生该试题成绩记为零分。 1. 答卷时不能互借文具。 2. 严禁考试作弊。 3. 考试时保持安静不得交头接耳。						

考评员： 总分人： 年 月 日

参考答案要点

一、着装及标志佩戴

按规定穿着带有反光标志的防护服，携带手持机（或对讲机）及作业工具备品。

二、人身安全

1. 横越线路时，眼看、手指、口呼，必须做到"一站、二看、三通过"，并注意左右机车、车辆动态及脚下有无障碍物，严禁来车时抢越线路。

2. 必须横越停有机车、车辆的线路时，应先确认机车、车辆暂不移动，然后在距机车、车辆5 m以外处绕行通过。

三、电子防盗锁类型及适用范围

1. 电子防盗锁分为有源电子防盗锁和无源电子防盗锁两类，其中有源电子防盗锁又分为国内版和国际版两种，国际版印有“INT”标识。

2. 有源电子防盗锁适用于需要施封的各类车辆和集装箱，不适用于罐车。

3. 无源电子防盗锁适用于需要侧门施封的各类车辆，不适用于罐车和集装箱。不适于使用电子防盗锁的车辆仍按现行规定办理。

四、电子防盗锁按失效处理的情形

1. 锁杆可以自由拔出，锁芯可以从锁体中自由拔出。

2. 锁体上无标识或标识不清晰。

3. 有源电子防盗锁加锁后，红色指示灯不亮或者常亮不灭。

4. 有源电子防盗锁加锁后，加锁人员未收到加锁成功短信，也未在系统中查询到相关轨迹及短信信息，电子防盗锁不能使用的其他情形。

五、丙站接到破锁电报后处理方法

1. 货检站接到破锁电报后，应对破锁车辆或集装箱进行重点检查，必要时应通知公安部门配合进行现场勘查。

2. 现场检查确认电子防盗锁破锁或失效时，应在列车到达 120 min 内拍发电报并按规定处理。

3. 电报中要记明电子防盗锁类型、站名(局名)、号码和状态。继运时，处理站应补封。

S13 敞车装运袋装货物的交接检查

铁道行业职业技能认定货检员技师操作技能考核准备通知单

考核时间：60 min

一、鉴定站准备

1. 材料准备

序　　号	材料名称	规　　格	数　　量	备　　注
1	《铁路货物运输规程》	本	1	
2	《货车篷布管理规则》	本	1	
3	《铁路货物装载加固规则》	本	1	
4	《铁路货物运输管理规则》	本	1	
5	《铁路超限超重货物运输规则》	本	1	

2. 考场准备

(1)工具、材料准备:鉴定站提供空白普通记录和电报用纸及墨水。

(2)供模拟考试用教室1间,考场内须光线充足,空气良好,环境安静,卫生整洁。

二、考生准备

考生需自备考试用具。

铁道行业职业技能认定货检员技师操作技能考核试卷(考评员用)

试题名称:敞车装运袋装货物的交接检查

试题内容:4月23日A站承运到B站大米一批,托运人自装,货票号码33058,票记60 t,保价13.4万元。使用 C_{62AK} 4534751敞车装运,苫盖铁路篷布挂运,4月27日运行到D站,该车经C站(货检站)时,货检发现超出侧板的货件,袋口朝向超出车帮向外侧胀出,经测量,距轨面高度3 610 mm处距车辆纵中心线1 830 mm。列检也发现车帮外胀严重,倾斜超过75 mm,所以出具"车统23"扣车。

5月1日D站组织换装作业,发现全车共装670件,每件包装标记重量100 kg,所以卸下50件货物,其他货物换装到 C_{62AK} 4598654,苫盖篷布继续运输到站。请回答下列问题(要求能列出规章依据):

1. 篷布苫盖后应做到哪几个方面?
2. 该车装载存在哪些问题?
3. D站对此车应如何处理(D站不是零担办理站)?

一、技术要求

1. 答题符合相关法律、法规、规章和标准的规定。
2. 技术用语规范。
3. 工具、设备使用应符合规定。
4. 在不违反试题内容的前提下,未给定条件可自设。

二、考核要求

1. 作业过程完整。
2. 本项技能认定属综合型考试。
3. 本项技能认定由被认定人独立完成。

三、考核时限

1. 准备时间:10 min。
2. 正式操作时间:60 min。
3. 在规定时间内全部完成,不加分,也不扣分。每超时1 min,从总分扣5分,总超时5 min停止作业。

四、考核评分

1. 考评人员3名及以上。

2. 评分点见“考核评分记录表”。

3. 评分程序及规则:考评员各自根据考生作业程序在评分表上给予记录评分,取平均分为评定得分。

4. 算分方法:百分制计算,满分100分,60分为及格。

五、否定项

若考生发生下列情况之一,则应及时终止其考试,该考生成绩记为零分。

1. 操作不当造成设备、工具、仪器和材料损坏。

2. 严重违反安全作业规程,违反考试纪律。

铁道行业职业技能认定货检员技师操作技能考核试卷(考生用)

单位:　　　　姓名:　　　　准考证号:

试题内容:4月23日A站承运到B站大米一批,托运人自装,货票号码33058,票记60 t,保价13.4万元。使用C_{62AK} 4534751敞车装运,苫盖铁路篷布挂运,4月27日运行到D站,该车经C站(货检站)时,货检发现超出侧板的货件,袋口朝向超出车帮向外侧胀出,经测量,距轨面高度3 610 mm处距车辆纵中心线1 830 mm。列检也发现车帮外胀严重,倾斜超过75 mm,所以出具“车统23”扣车。

5月1日D站组织换装作业,发现全车共装670件,每件包装标记重量100 kg,所以,卸下50件货物,其他货物换装到C_{62AK} 4598654,苫盖篷布继续运输到站。请回答下列问题(要求能列出规章依据):

1. 篷布苫盖后应做到哪几个方面?

2. 该车装载存在哪些问题?

3. D站对此车应如何处理(D站不是零担办理站)?

铁道行业职业技能认定货检员技师操作技能考核评分记录表

准考证号:　　　　姓名:　　　　性别:　　　　单位:

试题名称:敞车装运袋装货物的交接检查　　　　考核时间:60 min

操作开始时间:　　时　　分　　　　操作结束时间:　　时　　分

序号	考核内容	考核要点	配分	评分标准	扣分	得分
1	着装,标志佩戴	按规定着装,标志齐全	5			
2	人身安全	执行“一站、二看、三通过”、横越线路等人身安全的有关规定	5			
3	试卷质量	层次分明、清晰、整洁、文字流畅、无错别字	5			
4	篷布苫盖后应做到内容	篷布苫盖外观	5			
		绳索拴结、捆绑	5			
		篷布下垂高度	15			

续上表

序号	考核内容	考 核 要 点	配分	评 分 标 准	扣分	得分
5	该车装载存在问题及处理	袋装货物扎口应朝向内侧	5			
		超出侧板的货物超限	5			
		装载超载	5			
		D站应扣车进行换装整理	5			
		拍发电报	10			
		凭记录将货物补送到站	10			
		装载成件包装货物加固	10			
		对卸下超载部分的货件的处理	10			
合计			100			
否定项：若考生发生下列情况之一，则应及时终止其考试，考生该试题成绩记为零分。 1. 答卷时不能互借文具。 2. 严禁考试作弊。 3. 考试时保持安静不得交头接耳。						

考评员：　　　　　　　　　　总分人：　　　　　　　　　　年　　月　　日

参考答案要点

一、着装及标志佩戴

按规定穿着带有反光标志的防护服，携带手持机（或对讲机）及作业工具备品。

二、人身安全

1. 横越线路时，眼看、手指、口呼，必须做到“一站、二看、三通过”，并注意左右机车、车辆动态及脚下有无障碍物，严禁来车时抢越线路。

2. 必须横越停有机车、车辆的线路时，应先确认机车、车辆暂不移动，然后在距机车、车辆5 m以外处绕行通过。

三、篷布苫盖后应做到内容

1. 篷布苫盖平坦，货物不外露，两端包角密贴，两侧线条流畅。各部位不超限。

2. 绳索拴结、捆绑位置正确，绳结牢固，无松弛脱落，捆绑在绳栓上的绳索呈蝶翅形结，绳头余尾长度100～300 mm。

3. 货车人力制动机一端篷布下垂遮盖端板部分长度300～500 mm。货车人力制动机闸盘外露，不影响人力制动机及提钩杆使用。另一端的下垂高度600 mm左右，篷布过长时可超过此限制，但不得影响压绳使用。

4. 车辆两侧篷布下垂高度一致。

四、该车装载存在的问题

1. 袋装货物装载违反《铁路货物装载加固规则》第21条“袋装货物扎口应朝向内侧”的规定。

2. 超出侧板的货物超限。距轨面高 3 610 mm 处车限半宽为 1 695 mm，现为 1 830 mm。

3. 装载超载。C_{62AK} 型敞车标重 60 t，按规定装运袋装货物允许增载 2 t，最大容许装载量为 62 t，实际装载 67 t，超载 5 t。

五、D 站对此车的处理

由于违反以上规定且列检认定车体不良，所以 D 站应扣车进行换装整理。

1. 根据《铁路货物运输管理规则》第 49 条规定，由发现站 D 站进行换装整理，并在货票丁联记事栏记明有关事项。根据《铁路货物运输管理规则》第 44 条规定，D 站应于列车到达 120 min 内以电报通知上一货检站，同时通知发到站。

2. 在 2 日内对该车进行整理，即应在 29 日前换装完毕。因本案换装时间超过 2 日应电报通知到站，以便收货人查询。

3. 根据《铁路货物运输规程》第 50 条规定，对卸下超载的货件 50 件，D 站应编制货运记录，凭记录将货物补送到站。超载 5 t 也就是 50 件。

4. 按《铁路货物装载加固规则》第 21 条、第 25 条规定装载，装载成件包装货物时，应排列紧密、整齐。当装载高度或宽度超出货车端侧墙（板）时，应层层压缝，梯形码放，四周货物倾向中间，两侧超出侧墙（板）的宽度应一致。袋装货物袋（扎）口应朝向车内。对超出货车端侧墙（板）高度的成件包装货物，应用绳网或绳索串联一起捆绑牢固，也可用挡板（壁）、支柱、镀锌铁线（盘条）等加固。袋装货物起脊部分应使用上封式绳网等进行加固。

5. 对卸下超载部分的货件的处理：因本站不办理零担运输，根据《铁路货物运输规程》第 50 条规定，应电告发站转告托运人提出处理办法。自发出通知的次日起，经 10 日未接到答复时，该货物可按无法交付货物处理。也可换装到载重 70 t 的 C_{70} 型敞车，编普通记录继运，同时拍发电报告知发到站。

S14　货车超偏载处理

铁道行业职业技能认定货检员技师操作技能考核准备通知单

考核时间：60 min

一、鉴定站准备

1. 材料准备

序　号	材料名称	规　格	数　量	备　注
1	《铁路货物装载加固规则》	本	1	
2	《铁路货运检查管理规则》	本	1	
3	《铁路货运计量安全检测设备运用管理规则》	本	1	

2. 考场准备

(1)工具、材料准备:鉴定站提供空白普通记录和电报用纸及墨水。

(2)供考试用教室1间。考场内须光线充足,空气良好,环境安静,卫生整洁。

二、考生准备

考生需自备考试工具。

铁道行业职业技能认定货检员技师操作技能考核试卷(考评员用)

试题名称:货车超偏载处理

试题内容:2022年7月3日,47431次列车(全列敞车装载煤炭)通过某货检站超偏载检测装置时,发生报警。其中机后18位C_{62AK} 4580421自重22.1 t,总重93.92 t;机后35位C_{62BK} 4875631,前端转向架承受载荷为28.42 t,后端转向架承受载荷为44.08 t。问:两车存在哪些问题?货检站依照规定应如何处理?

一、技术要求

1. 答题符合相关法律、法规、规章和标准的规定。
2. 技术用语规范。
3. 工具、设备使用应符合规定。

二、考核要求

1. 作业过程完整。
2. 本项技能认定属综合型考试。
3. 本项技能认定由被认定人独立完成。

三、考核时限

1. 准备时间:10 min。
2. 正式操作时间:60 min。
3. 在规定时间内全部完成,不加分,也不扣分。每超时1 min,从总分扣5分,总超时5 min停止作业。

四、考核评分

1. 考评人员3名及以上。
2. 评分点见"考核评分记录表"。
3. 评分程序及规则:考评员各自根据考生作业程序在评分表上给予记录评分,取平均分为评定得分。
4. 算分方法:百分制计算,满分100分,60分为及格。

五、否定项

若考生发生下列情况之一，则应及时终止其考试，考生该试题成绩记为零分。

1. 答卷时不能互借文具。
2. 严禁考试作弊。
3. 考试时保持安静不得交头接耳。

铁道行业职业技能认定货检员技师操作技能考核试卷（考生用）

单位：　　　　　　　　　　姓名：　　　　　　　　　　准考证号：

试题内容：2022年7月3日，47431次列车（全列敞车装载煤炭）通过某货检站超偏载检测装置时，发生报警。其中机后18位 C_{62AK} 4580421 自重22.1 t，总重93.92 t；机后35位 C_{62BK} 4875631，前端转向架承受载荷为28.42 t，后端转向架承受载荷为44.08 t。问：两车存在哪些问题？货检站依照规定应如何处理？

铁道行业职业技能认定货检员技师操作技能考核评分记录表

准考证号：　　　　姓名：　　　　性别：　　　　单位：

试题名称：货车超偏载处理　　　　考核时间：60 min

操作开始时间：　时　分　　　　操作结束时间：　时　分

序号	考核内容	考核要点	配分	评分标准	扣分	得分
1	着装，标志佩戴	按规定着装，标志齐全	5			
2	人身安全	执行“一站、二看、三通过”、横越线路等人身安全的有关规定	5			
3	试卷质量	层次分明、清晰、整洁、文字流畅、无错别字	5			
4	存在问题	超载计算	15			
		偏重计处	10			
5	处理方法	超载车处理	20			
		报告调度部门	10			
		安排甩车	10			
		偏载偏重复核	12			
		进行处理	8			
合计			100			
否定项：若考生发生下列情况之一，则应及时终止其考试，该考生成绩记为零分。 1. 操作不当造成设备、工具、仪器和材料损坏。 2. 严重违反安全作业规程，违反考试纪律。						

考评员：　　　　　　　　总分人：　　　　　　　　年　月　日

参考答案要点

一、着装及标志佩戴

按规定穿着带有反光标志的防护服，携带手持机（或对讲机）及作业工具备品。

二、人身安全

1. 横越线路时，眼看、手指、口呼，必须做到“一站、二看、三通过”，并注意左右机车、车辆动态及脚下有无障碍物，严禁来车时抢越线路。

2. 必须横越停有机车、车辆的线路时，应先确认机车、车辆暂不移动，然后在距机车、车辆5 m以外处绕行通过。

三、存在问题

1. 超载：C_{62AK} 4580421装载净重＝总重－自重＝93.92－22.1＝71.82(t)。而C_{62AK}型货车装运煤炭允许装载＝$P_{标}$＋允许增载重量＋2％＝60＋2＋1.2＝63.2(t)，实际超载＝71.82－63.2＝8.62(t)。

超载重量大于5 t，小于10 t，属一般超载。

2. 偏重：C_{62BK} 4875631两转向架负重差＝44.08－28.42＝15.66(t)。

承受重量之差大于15 t，属严重偏重。

四、处理方法

对C_{62AK} 4580421处理：依据《铁路货运计量安全检测设备运用管理规则》第57条规定，对一般超偏载货车，货检站在确认不危及行车安全时可不甩车整理，应记录车种、车号、发到站、货物品名等，并将上述信息及时通知发到站，电报通知下一编组站，同时在24 h内将信息上报铁路局集团公司货运主管部门。对本局管内装车站装运，应比照严重超偏载车进行处理。

对C_{62BK} 4875631处理：依据《铁路货运计量安全检测设备运用管理规则》第58条规定，严重超偏载货车整理作业流程进行处理：

(1)车站货检人员应根据检测结果，核对现车无误后，及时向车站行车调度部门报告。

(2)车站行车调度部门接到货检人员报告后，值班人员及时安排甩车，并送入指定地点。

(3)车站对甩下的货车重新过衡或进行偏载偏重复核。确认超偏载后，按规定整理和拍发电报。对偏重报警车拍照不少于3张，一张为带车号的整体照片，其他为能反映车辆两端装载情况或整体的照片。

(4)车站对甩下的偏重货车进行处理，并确认不偏重后方可放行。

S15　圆柱形货物装载加固

铁道行业职业技能认定货检员技师操作技能考核准备通知单

考核时间:60 min

一、鉴定站准备

1. 材料准备

序　号	材料名称	规　格	数　量	备　注
1	《铁路货物装载加固规则》	本	1	
2	《铁路货运检查管理规则》	本	1	

2. 考场准备

(1)工具、材料准备:鉴定站提供空白普通记录和电报用纸及墨水。

(2)供模拟考试用教室1间,考场内须光线充足,空气良好,环境安静,卫生整洁。

二、考生准备

考生需自备考试用具。

铁道行业职业技能认定货检员技师操作技能考核试卷(考评员用)

试题名称:圆柱形货物装载加固

试题内容:使用70 t平板一车装载圆柱形卷纸(直径为1 200 mm),单独使用掩挡防止货物滚动,货车自重22.9 t,卷纸重量30 t,请回答下列问题:

1. 圆柱形货物应怎样加固?
2. 掩挡的使用方法有哪些?
3. 加固货物的一般要求是什么?

一、技术要求

1. 答题符合相关法律、法规、规章和标准的规定。
2. 技术用语规范。
3. 工具、设备使用应符合规定。

二、考核要求

1. 作业过程完整。
2. 本项技能认定属综合型考试。
3. 本项技能认定由被认定人独立完成。

三、考核时限

1. 准备时间:10 min。

2. 正式操作时间:60 min。

3. 在规定时间内全部完成,不加分,也不扣分。每超时 1 min,从总分扣 5 分,总超时 5 min 停止作业。

四、考核评分

1. 考评人员 3 名及以上。

2. 评分点见"考核评分记录表"。

3. 评分程序及规则:考评员各自根据考生作业程序在评分表上给予记录评分,取平均分为评定得分。

4. 算分方法:百分制计算,满分 100 分,60 分为及格。

五、否定项

若考生发生下列情况之一,则应及时终止其考试,该考生成绩记为零分。

1. 操作不当造成设备、工具、仪器和材料损坏。

2. 严重违反安全作业规程,违反考试纪律。

铁道行业职业技能认定货检员技师操作技能考核试卷(考生用)

单位: 姓名: 准考证号:

试题内容:使用 70 t 平板一车装载圆柱形卷纸(直径为 1 200 mm),单独使用掩挡防止货物滚动,货车自重 22.9 t,卷纸重量 30 t,请回答下列问题:

1. 圆柱形货物应怎样加固?

2. 掩挡的使用方法有哪些?

3. 加固货物的一般要求是什么?

铁道行业职业技能认定货检员技师操作技能考核评分记录表

准考证号: 姓名: 性别: 单位:

试题名称:圆柱形货物装载加固 考核时间:60 min

操作开始时间: 时 分 操作结束时间: 时 分

序号	考核内容	考 核 要 点	配分	评 分 标 准	扣分	得分
1	着装,标志佩戴	按规定着装,标志齐全	5			
2	人身安全	执行"一站、二看、三通过"、横越线路等人身安全的有关规定	5			
3	试卷质量	层次分明、清晰、整洁、文字流畅、无错别字	5			

续上表

序号	考核内容	考 核 要 点	配分	评 分 标 准	扣分	得分
4	圆柱形货物加固方式	加固方式	10			
5	掩挡的使用方法	加固圆柱形货物及轮式货物	10			
		联结强度	5			
		三角挡或掩木掩挡轮式货物	10			
6	加固的一般要求	拉牵方式	8			
		镀锌铁线、钢丝绳、挡木、掩挡使用要求	32			
		腰箍的预紧力	5			
		防磨措施	5			
合计			100			
否定项：若考生发生下列情况之一，则应及时终止其考试，考生该试题成绩记为零分。 1. 答卷时不能互借文具。 2. 严禁考试作弊。 3. 考试时保持安静不得交头接耳。						

考评员：　　　　　　　　　　　　　　总分人：　　　　　　　　　　　　　　年　　月　　日

参考答案要点

一、着装及标志佩戴

按规定穿着带有反光标志的防护服，携带手持机(或对讲机)及作业工具备品。

二、人身安全

1. 横越线路时，眼看、手指、口呼，必须做到"一站、二看、三通过"，并注意左右机车、车辆动态及脚下有无障碍物，严禁来车时抢越线路。

2. 必须横越停有机车、车辆的线路时，应先确认机车、车辆暂不移动，然后在距机车、车辆 5 m 以外处绕行通过。

三、圆柱形货物的加固方式

圆柱形货物可选用适当规格和材质的凹木、三角挡、座架等材料和装置，并采取腰箍下压、拉牵等方式进行加固。

四、掩挡的使用方法

1. 加固圆柱形货物及轮式货物时，可使用三角挡或掩木、方木、凹木等加固材料，其规格应根据货物的重量、直径(或轮径)等确定。

2. 掩挡与车地板或垫木的联结强度必须足以防止其自身移动或倾覆。

3. 使用三角挡或掩木掩挡轮式货物时，其一侧斜面应与货物贴实，底面与车地板接触处应平整。

五、加固的一般要求

1. 拉牵可采用八字形、倒八字形、交叉、又字形、反又字形或兜头等方式。

2. 使用多股镀锌铁线、盘条加固时，需用绞棍绞紧，绞紧程度不能损伤铁线、盘条。

3. 使用钢丝绳加固时，应采用配套的钢丝绳夹。使用紧线器或钢丝绳紧固器作连接装置时，紧线器或钢丝绳紧固器中的紧固装置与钢丝绳的强度应匹配。

4. 使用挡木或钢挡加固时，其高度不宜过大，与车地板之间要有足够的联结强度。

5. 掩挡的有效高度应符合要求，掩挡与车地板的联结强度必须足以保证掩挡自身不发生移动或倾覆。

6. 使用腰箍下压式加固时，每道腰箍的预紧力必须达到设计要求。

7. 必要时，加固线与货物、车辆棱角接触处应采取防磨措施。

S16　超长货物检查

铁道行业职业技能认定货检员技师操作技能考核准备通知单

考核时间：60 min

一、鉴定站准备

1. 材料准备

序　　号	材料名称	规　　格	数　　量	备　　注
1	《铁路货运检查管理规则》	本	1	
2	《铁路货物装载加固规则》	本	1	
3	《铁路超限超重货物运输规则》	本	1	

2. 考场准备

(1)工具、材料准备：鉴定站提供空白普通记录和电报用纸及墨水。

(2)供考试用教室1间。考场内须光线充足，空气良好，环境安静，卫生整洁。

二、考生准备

考生需自备考试工具。

铁道行业职业技能认定货检员技师操作技能考核试卷(考评员用)

试题名称：超长货物检查

试题内容：某站装运均重箱型货物一件，重35 t，尺寸及装载方法如下图所示，货物对称地装载在NX_{17BH}型平车上，使用160 mm高横垫木两根，两端挂有同规格的游车。请回答：货物突出平车车端装载时，突出端的长度有何规定？跨装超长货物应遵守哪些规定？

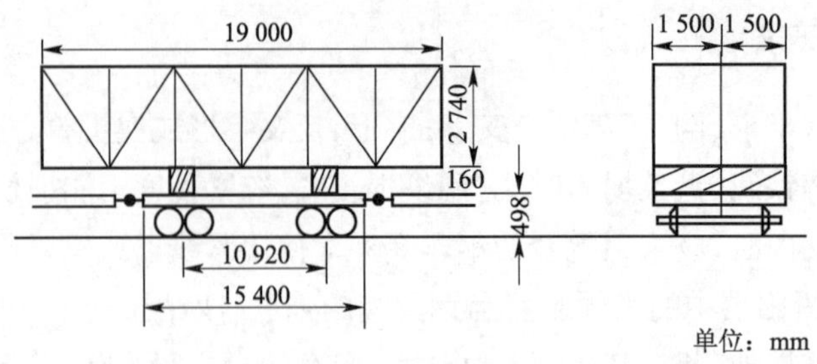

一、技术要求

1. 答题符合相关法律、法规、规章和标准的规定。
2. 技术用语规范。
3. 工具、设备使用应符合规定。

二、考核要求

1. 作业过程完整。
2. 本项技能认定属综合型考试。
3. 本项技能认定由被认定人独立完成。

三、考核时限

1. 准备时间:10 min。
2. 正式操作时间:60 min。
3. 在规定时间内全部完成,不加分,也不扣分。每超时 1 min,从总分扣 5 分,总超时 5 min 停止作业。

四、考核评分

1. 考评人员 3 名及以上。
2. 评分点见“考核评分记录表”。
3. 评分程序及规则:考评员各自根据考生作业程序在评分表上给予记录评分,取平均分为评定得分。
4. 算分方法:百分制计算,满分 100 分,60 分为及格。

五、否定项

若考生发生下列情况之一,则应及时终止其考试,考生该试题成绩记为零分。

1. 答卷时不能互借文具。
2. 严禁考试作弊。
3. 考试时保持安静不得交头接耳。

铁道行业职业技能认定货检员技师操作技能考核试卷(考生用)

单位： 姓名： 准考证号：

试题内容：某站装运均重箱型货物一件，重 35 t，尺寸及装载方法如下图所示，货物对称地装载在 NX_{17BH} 型平车上，使用 160 mm 高横垫木两根，两端挂有同规格的游车。请回答：货物突出平车车端装载时，突出端的长度有何规定？跨装超长货物应遵守哪些规定？

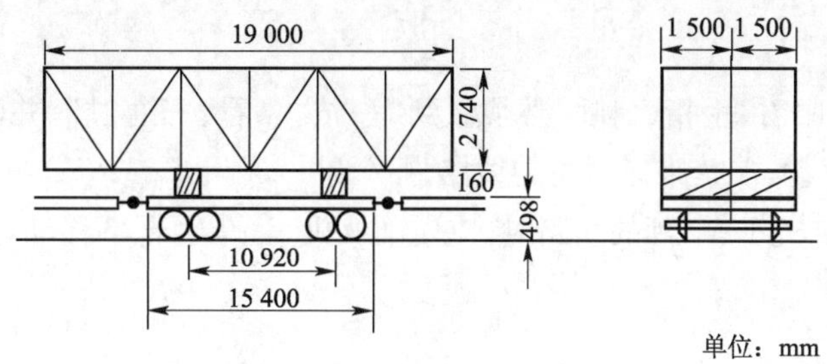

铁道行业职业技能认定货检员技师操作技能考核评分记录表

准考证号： 姓名： 性别： 单位：

试题名称：超长货物检查 考核时间：60 min

操作开始时间： 时 分 操作结束时间： 时 分

序号	考核内容	考 核 要 点	配分	评 分 标 准	扣分	得分
1	着装，标志佩戴	按规定着装，标志齐全	5			
2	人身安全	执行“一站、二看、三通过”、横越线路等人身安全的有关规定	5			
3	试卷质量	层次分明、清晰、整洁、文字流畅、无错别字	5			
4	货物突出平车车端装载规定	突出端的半宽不大于车辆半宽，大于车辆半宽规定	15			
		共用游车规定	10			
5	跨装超长货物规定	负重车车地板高度	15			
		两辆负重车	5			
		使用货物转向架	15			
		货物转向架，中间加挂游车	16			
		跨装车组规定	10			
合计			100			

否定项：若考生发生下列情况之一，则应及时终止其考试，该考生成绩记为零分。
1. 操作不当造成设备、工具、仪器和材料损坏。
2. 严重违反安全作业规程，违反考试纪律。

考评员： 总分人： 年 月 日

参考答案要点

一、着装及标志佩戴

按规定穿着带有反光标志的防护服，携带手持机（或对讲机）及作业工具备品。

二、人身安全

1. 横越线路时，眼看、手指、口呼，必须做到“一站、二看、三通过”，并注意左右机车、车辆动态及脚下有无障碍物，严禁来车时抢越线路。

2. 必须横越停有机车、车辆的线路时，应先确认机车、车辆暂不移动，然后在距机车、车辆5 m以外处绕行通过。

三、货物突出平车车端装载时突出端的长度规定

货物突出平车车端装载，突出端的半宽不大于车辆半宽时，允许突出端梁300 mm；大于车辆半宽时，允许突出端梁200 mm。超过此限时，应使用游车。当装载货物突出车端不加挂游车时，货物突出端不得与带风挡客车连挂。

共用游车时，两货物突出端间距不小于500 mm；游车上装载的货物，与货物突出端间距不小于350 mm。

四、跨装超长货物应遵守的规定

1. 只准两车负重。负重车车地板高度应相等，如高度不等时，需要垫平。

对未达到容许载重量的货车，可以加装货物，但不得加装在货物的两侧，与跨装货物端部间距不小于400 mm。

2. 在两辆负重车的中间只准加挂一辆游车。

3. 跨装货物应使用货物转向架。

货物转向架的支重面长度应遵守《铁路货物装载加固规则》第16条的规定。货物转向架下架体的重心投影应位于货车纵、横中心线的交叉点上，必须纵向偏离时，应遵守《铁路货物装载加固规则》第12条的有关规定。

4. 货物转向架上架体与跨装货物，下架体与车辆分别固定在一起。对货物及货物转向架的加固不得影响车辆通过曲线，并将提钩杆用镀锌铁线捆紧。

5. 中间加挂游车的跨装车组通过9号及以下道岔时不得推送调车。遇设备条件不容许或尽头线时，可以不超过5 km/h的速度匀速推进。

6. 跨装车组应使用车钩缓冲停止器，安装应在车钩自然状态下进行。

7. 跨装车组禁止溜放。

S17　苫盖篷布货车的检查和处理

铁道行业职业技能认定货检员技师操作技能考核准备通知单

考核时间:60 min

一、鉴定站准备

1. 材料准备

序　　号	材料名称	规　　格	数　　量	备　　注
1	《货车篷布管理规则》	本	1	
2	《铁路货运检查管理规则》	本	1	

2. 考场准备

(1)工具、材料准备:鉴定站提供空白普通记录和电报用纸及墨水。

(2)供考试用教室1间。考场内须光线充足,空气良好,环境安静,卫生整洁。

二、考生准备

考生需自备考试工具。

铁道行业职业技能认定货检员技师操作技能考核试卷(考评员用)

试题名称:苫盖篷布货车的检查和处理

试题内容:2022年12月10日,丙站接27065次列车,货检员作业时发现一车苫盖篷布的车辆存在问题如下图所示。请指出存在的问题并提出处理措施。简述货车篷布的捆绑方法。

一、技术要求

1. 答题符合相关法律、法规、规章和标准的规定。

2. 技术用语规范。

3. 工具、设备使用应符合规定。

二、考核要求

1. 作业过程完整。
2. 本项技能认定属综合型考试。
3. 本项技能认定由被认定人独立完成。

三、考核时限

1. 准备时间:10 min。
2. 正式操作时间:60 min。
3. 在规定时间内全部完成,不加分,也不扣分。每超时 1 min,从总分扣 5 分,总超时 5 min 停止作业。

四、考核评分

1. 考评人员 3 名及以上。
2. 评分点见"考核评分记录表"。
3. 评分程序及规则:考评员各自根据考生作业程序在评分表上给予记录评分,取平均分为评定得分。
4. 算分方法:百分制计算,满分 100 分,60 分为及格。

五、否定项

若考生发生下列情况之一,则应及时终止其考试,考生该试题成绩记为零分。
1. 答卷时不能互借文具。
2. 严禁考试作弊。
3. 考试时保持安静不得交头接耳。

铁道行业职业技能认定货检员技师操作技能考核试卷(考生用)

单位: 姓名: 准考证号:

试题内容:2022 年 12 月 10 日,丙站接 27065 次列车,货检员作业时发现一车苫盖篷布的车辆存在问题如下图所示。请指出存在的问题并提出处理措施。简述货车篷布的捆绑方法。

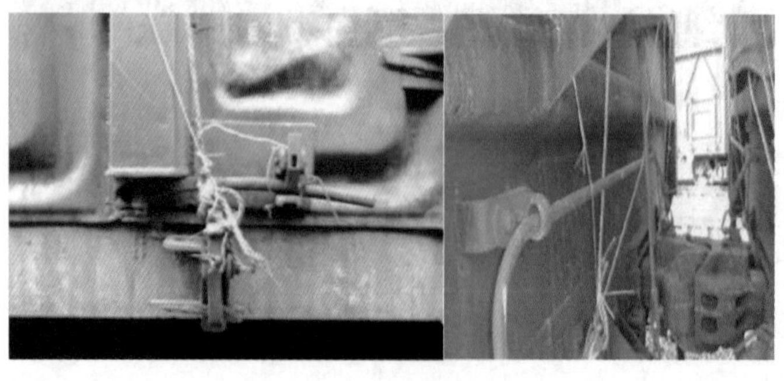

铁道行业职业技能认定货检员技师操作技能考核评分记录表

准考证号： 姓名： 性别： 单位：

试题名称：苫盖篷布货车的检查和处理 考核时间：60 min

操作开始时间： 时 分 操作结束时间： 时 分

序号	考核内容	考 核 要 点	配分	评 分 标 准	扣分	得分
1	着装，标志佩戴	按规定着装，标志齐全	5			
2	人身安全	执行“一站、二看、三通过”、横越线路等人身安全的有关规定	5			
3	试卷质量	层次分明、清晰、整洁、文字流畅、无错别字	5			
4	存在问题	篷布绳网捆绑	10			
		篷布绳索及绳网系绳拴结	10			
5	处理措施	规章依据	5			
		处理方法	15			
6	货车篷布的捆绑方法	篷布绳应拴结捆绑 1～4 项	20			
		腰绳拴结	15			
		篷布绳拴结规定	10			
合计			100			
否定项：若考生发生下列情况之一，则应及时终止其考试，该考生成绩记为零分。 1. 操作不当造成设备、工具、仪器和材料损坏。 2. 严重违反安全作业规程，违反考试纪律。						

考评员： 总分人： 年 月 日

参考答案要点

一、着装及标志佩戴

按规定穿着带有反光标志的防护服，携带手持机(或对讲机)及作业工具备品。

二、人身安全

1. 横越线路时，眼看、手指、口呼，必须做到“一站、二看、三通过”，并注意左右机车、车辆动态及脚下有无障碍物，严禁来车时抢越线路。

2. 必须横越停有机车、车辆的线路时，应先确认机车、车辆暂不移动，然后在距机车、车辆 5 m 以外处绕行通过。

三、存在问题

1. 篷布绳网与货车的捆绑按照篷布与货车的捆绑要求办理，篷布绳网系绳从提钩杆外侧穿过，违反《货车篷布管理规则》附件 1“货车篷布两端篷布中间的两根端绳分别垂直向下拉紧拴结在车辆端部的两绳栓上，经提钩杆时，也应从其内侧穿过”的规定。

2. 篷布绳索及绳网系绳拴结在货车中门下锁铁处，违反《货车篷布管理规则》附件 1”篷布绳应拴结在货车绳栓上，不得捆绑在其他部位”的规定。

四、处理措施

依据《铁路货运检查管理规则》的规定，对发生装载加固、篷布苫盖、门窗盖阀等方面问题的，不需要甩车处理时，应在设置好防护后进行在列整理。

1. 将篷布绳网系绳经提钩杆内侧穿过拴结在车辆端部的绳栓上。

2. 将篷布绳索、篷布绳网系绳重新拴结在车侧绳栓上。

3. 在列整理时，货运检查员应按有关规定进行作业，确保人身安全。

五、货车篷布的捆绑方法

1. 篷布绳应拴结在货车绳栓上，不得捆绑在其他部位。

2. 货车两端篷布角绳沿货车端墙交叉后分别拴结在车辆端部的两绳栓上。角绳经货车人力制动机闸台时，应从其上方通过；经闸杆、提钩杆时，应从其内侧穿过。

3. 货车两端篷布中间的两根端绳分别垂直向下拉紧拴结在车辆端部的两绳栓上，经提钩杆时，也应从其内侧穿过。

4. 篷布每端的压绳应压住篷布包角拉紧，使篷布紧贴在车辆端墙上，分别捆绑在车辆侧部的第一个绳栓上，不得拴结在牵引钩上。

5. 腰绳应直拉拴结在车侧绳栓上。弹力绳弹力部分的拉伸长度根据装载货物的情况具体确定，不得小于 200 mm。车辆中间有绳栓的，中间的腰绳捆绑在车辆中间的绳栓上；车辆中间无绳栓的，篷布中间的腰绳分别捆绑在靠近车辆中间的绳栓上。其他腰绳，从车辆两端开始，朝向车辆中部，顺序捆绑在相应绳栓上。弹力棒不紧靠眼圈时，应将弹力绳从中间收起，并将中间多余绳索折叠打两个死结后余尾用绳卡或麻线绑 5 圈与自身绳杆捆紧。

6. 篷布绳拴结采用蝴蝶套结法或回头花结法，拴结后的绳头，应绕在自身绳杆上，至少打两个死结。绳头余尾长度 100～300 mm。

7. 除篷布自带绳索和篷布绳网外，不得使用其他绳索捆绑篷布。

S18　20 英尺集装箱装载

铁道行业职业技能认定货检员技师操作技能考核准备通知单

考核时间：60 min

一、鉴定站准备

1. 材料准备

序　号	材料名称	规　格	数　量	备　注
1	《铁路集装箱运输规则》	本	1	
2	《铁路货运检查管理规则》	本	1	

2. 考场准备

(1)工具、材料准备:鉴定站提供空白普通记录和电报用纸及墨水。

(2)供考试用教室1间。考场内须光线充足,空气良好,环境安静,卫生整洁。

二、考生准备

考生需自备考试工具。

铁道行业职业技能认定货检员技师操作技能考核试卷(考评员用)

试题名称:20英尺集装箱装载

试题内容:2022年5月11日,某站到检33005次列车,机后20位车号5250254,甲站发乙站20英尺空集装箱。请问存在哪些问题?应如何处理?端部有门的20英尺集装箱使用集装箱专用平车或共用平车装运时有何规定?未安装F-TR型锁的集装箱专用平车或共用平车装运空集装箱时有何要求?

一、技术要求

1. 答题符合相关法律、法规、规章和标准的规定。
2. 技术用语规范。
3. 工具、设备使用应符合规定。

二、考核要求

1. 作业过程完整。
2. 本项技能认定属综合型考试。
3. 本项技能认定由被认定人独立完成。

三、考核时限

1. 准备时间:10 min。
2. 正式操作时间:60 min。
3. 在规定时间内全部完成,不加分,也不扣分。每超时1 min,从总分扣5分,总超时5 min停止作业。

四、考核评分

1. 考评人员3名及以上。

2. 评分点见“考核评分记录表”。

3. 评分程序及规则:考评员各自根据考生作业程序在评分表上给予记录评分,取平均分为评定得分。

4. 算分方法:百分制计算,满分100分,60分为及格。

五、否定项

若考生发生下列情况之一,则应及时终止其考试,考生该试题成绩记为零分。

1. 答卷时不能互借文具。

2. 严禁考试作弊。

3. 考试时保持安静不得交头接耳。

铁道行业职业技能认定货检员技师操作技能考核试卷(考生用)

单位:　　　　　　　　　　姓名:　　　　　　　　　　准考证号:

试题内容:2022年5月11日,某站到检33005次列车,机后20位车号5250254,甲站发乙站20英尺空集装箱。请问存在哪些问题?应如何处理?端部有门的20英尺集装箱使用集装箱专用平车或共用平车装运时有何规定?未安装F-TR型锁的集装箱专用平车或共用平车装运空集装箱时有何要求?

铁道行业职业技能认定货检员技师操作技能考核评分记录表

准考证号:　　　　　　姓名:　　　　　　性别:　　　　　　单位:

试题名称:20英尺集装箱装载　　　　　　　　　　　　考核时间:60 min

操作开始时间:　　时　　分　　　　　　操作结束时间:　　时　　分

序号	考核内容	考 核 要 点	配分	评 分 标 准	扣分	得分
1	着装,标志佩戴	按规定着装,标志齐全	5			
2	人身安全	执行“一站、二看、三通过”、横越线路等人身安全的有关规定	5			
3	试卷质量	层次分明、清晰、整洁、文字流畅、无错别字	5			
4	存在问题	存在问题及违反依据	20			

续上表

序号	考核内容	考核要点	配分	评分标准	扣分	得分
5	处理过程	甩车处理	5			
		拍照反馈信息	10			
		拍发电报	10			
		编制普通记录	5			
6	装运规定	箱门朝向	10			
7	装运空集装箱时的要求	安装 F-TR 型锁的集装箱专用平车或共用平车装运空集装箱时的要求	25			
合计			100			
否定项：若考生发生下列情况之一，则应及时终止其考试，该考生成绩记为零分。 1. 操作不当造成设备、工具、仪器和材料损坏。 2. 严重违反安全作业规程，违反考试纪律。						

考评员：　　　　总分人：　　　　年　月　日

参考答案要点

一、着装及标志佩戴

按规定穿着带有反光标志的防护服，携带手持机(或对讲机)及作业工具备品。

二、人身安全

1. 横越线路时，眼看、手指、口呼，必须做到“一站、二看、三通过”，并注意左右机车、车辆动态及脚下有无障碍物，严禁来车时抢越线路。

2. 必须横越停有机车、车辆的线路时，应先确认机车、车辆暂不移动，然后在距机车、车辆5 m以外处绕行通过。

三、存在问题

平车锁头未入位。违反《铁路集装箱运输规则》第47条“集装箱装车前，须清扫干净车，确认箱体、车体上无杂物。使用集装箱专用平车或共用平车时，装车前必须确认锁头齐全、状态良好；装车后要确认锁头完全入位，箱门处的集装箱专用平车门挡或共用平车端板立起”的规定。

四、处理过程

1. 通知车站调度员(值班员)甩车处理。

2. 使用手持机对问题车信息进行拍照反馈，在“货检应用”上对问题车进行登记。

3. 于列车到达后120 min内以电报通知上一货检站，并抄发、到站及相关部门。

4. 编制普通记录送指定线路整理。

五、端部有门的20英尺集装箱使用集装箱专用平车或共用平车装运时的规定

箱门应朝向相邻集装箱。但使用X4K型集装箱平车,两端箱位装载集装箱、中间箱位未装载集装箱时,箱门应朝向外侧门挡。

六、未安装F-TR型锁的集装箱专用平车或共用平车装运空集装箱时的要求

未安装F-TR型锁的集装箱专用平车或共用平车装运空集装箱时,必须使用4股及以上8号镀锌铁线捆绑牢固。其中,使用共用平车时,将集装箱底部角件与车辆捆绑牢固;使用专用平车时,将相邻两箱底部角件捆绑在一起,仅装运一箱时,将集装箱底部角件与车辆底架捆绑牢固。卸车前,必须将铁线剪断并清除干净,防止损坏车辆和箱体。

S19 卷钢窜动、翻滚

铁道行业职业技能认定货检员技师操作技能考核准备通知单

考核时间:60 min

一、鉴定站准备

1. 材料准备

序　号	材料名称	规　格	数　量	备　注
1	《铁路货运检查管理规则》	本	1	
2	《铁路货物装载加固规则》	本	1	

2. 考场准备

(1)工具、材料准备:鉴定站提供空白普通记录和电报用纸及墨水。

(2)供考试用教室1间。考场内须光线充足,空气良好,环境安静,卫生整洁。

二、考生准备

考生需自备考试工具。

铁道行业职业技能认定货检员技师操作技能考核试卷(考评员用)

试题名称:卷钢窜动、翻滚

试题内容:下图为某货检站出发列车视频监控画面。请指出存在的问题?如何处理?货物装载加固状态途中发现哪些情形应立即停车处理、前方站停车处理及前方停车站处理?

一、技术要求

1. 答题符合相关法律、法规、规章和标准的规定。
2. 技术用语规范。
3. 工具、设备使用应符合规定。

二、考核要求

1. 作业过程完整。
2. 本项技能认定属综合型考试。
3. 本项技能认定由被认定人独立完成。

三、考核时限

1. 准备时间:10 min。
2. 正式操作时间:60 min。
3. 在规定时间内全部完成,不加分,也不扣分。每超时 1 min,从总分扣 5 分,总超时 5 min 停止作业。

四、考核评分

1. 考评人员 3 名及以上。
2. 评分点见“考核评分记录表”。
3. 评分程序及规则:考评员各自根据考生作业程序在评分表上给予记录评分,取平均分为评定得分。
4. 算分方法:百分制计算,满分 100 分,60 分为及格。

五、否定项

若考生发生下列情况之一,则应及时终止其考试,考生该试题成绩记为零分。
1. 答卷时不能互借文具。
2. 严禁考试作弊。
3. 考试时保持安静不得交头接耳。

铁道行业职业技能认定货检员技师操作技能考核试卷(考生用)

单位：　　　　　　　　　　　　姓名：　　　　　　　　　　　　准考证号：

试题内容：下图为某货检站出发列车视频监控画面。请指出存在的问题？如何处理？货物装载加固状态途中发现哪些情形应立即停车处理、前方站停车处理及前方停车站处理？

铁道行业职业技能认定货检员技师操作技能考核评分记录表

准考证号：　　　　　　姓名：　　　　　　性别：　　　　　　单位：

试题名称：卷钢窜动、翻滚　　　　　　　　　　　　考核时间：60 min

操作开始时间：　时　分　　　　　　　　操作结束时间：　时　分

序号	考核内容	考核要点	配分	评分标准	扣分	得分
1	着装，标志佩戴	按规定着装，标志齐全	5			
2	人身安全	执行“一站、二看、三通过”、横越线路等人身安全的有关规定	5			
3	试卷质量	层次分明、清晰、整洁、文字流畅、无错别字	5			
4	存在问题	存在问题及规章依据	20			
		《铁路货运检查管理规则》货检主要内容	12			
5	处理要点	立即停车及处理依据	18			
6	货物装载加固状态途中发现问题处理	立即停车处理	15			
		前方站停车处理	10			
		前方停车站处理	10			
合计			100			
否定项：若考生发生下列情况之一，则应及时终止其考试，该考生成绩记为零分。 1. 操作不当造成设备、工具、仪器和材料损坏。 2. 严重违反安全作业规程，违反考试纪律。						

考评员：　　　　　　　　　　　　总分人：　　　　　　　　　　　　年　月　日

参考答案要点

一、着装及标志佩戴

按规定穿着带有反光标志的防护服，携带手持机（或对讲机）及作业工具备品。

二、人身安全

1. 横越线路时，眼看、手指、口呼，必须做到“一站、二看、三通过”，并注意左右机车、车辆动态及脚下有无障碍物，严禁来车时抢越线路。

2. 必须横越停有机车、车辆的线路时，应先确认机车、车辆暂不移动，然后在距机车、车辆5 m以外处绕行通过。

三、存在问题

卷钢窜动、翻滚。

依据：《铁路货物装载加固规则》第4条“货物装载加固的基本技术要求是：使货物均衡、稳定、合理地分布在货车上，不超载，不偏载，不偏重，不集重；能够经受正常调车作业以及列车运行中所产生各种力的作用，在运输全过程中，不发生移动、滚动、倾覆、倒塌或坠落等情况”。

依据：《铁路货运检查管理规则》第23条货检主要内容“1. 货物列车中货物装载、加固状态。7. 货车、货物、集装箱、篷布等顶部和敞车内货物等视频监控设备可视部位的情况”。

四、处理要点

报告车站值班员、铁路局集团公司调度所立即停车。

依据：《铁路货物装载加固规则》第78条“货物装载加固状态途中发现问题时，应及时按规定处理。发现下列问题，应立即停车处理：1. 卧装卷钢，发生滚动”。

五、货物装载加固状态途中立即停车处理、前方站停车处理或前方停车站处理情形

1. 发现下列问题，应立即停车处理：

(1)卧装卷钢，发生滚动。

(2)货物活动部件发生旋转、开放，会刮打行车设备或影响邻线机车车辆。

(3)存在直接危及行车安全的其他情形。

2. 发现下列问题，应在前方站停车处理：

(1)焦炭围挡倒塌。

(2)存在危及行车安全的其他情形。

3. 发现下列问题，应在前方停车站处理（若途经货检站，应在货检站停车处理）：

(1)加固材料松动，但不会发生货物活动部件旋转、开放。

(2)存在行车安全隐患的其他情形。

S20　32 m 标准预应力梁跨装车辆的检查交接

铁道行业职业技能认定货检员技师操作技能考核准备通知单

考核时间:60 min

一、鉴定站准备

1. 材料准备

序　号	材料名称	规　格	数　量	备　注
1	《铁路货物装载加固规则》	本	1	
2	《铁路货运检查管理规则》	本	1	
3	《铁路超限超重货物运输规则》	本	1	

2. 考场准备

(1)工具、材料准备:鉴定站提供空白普通记录和电报用纸及墨水。

(2)供模拟考试用教室 1 间,考场内须光线充足,空气良好,环境安静,卫生整洁。

二、考生准备

考生需自备考试用具。

铁道行业职业技能认定货检员技师操作技能考核试卷(考评员用)

试题名称:32 m 标准预应力梁跨装车辆的检查交接

试题内容:A 站承运到 B 站 32 m 标准预应力梁,使用 N_{17K} 型车 3 辆(N_{17K} 5860442、N_{17K} 5026151、N_{17K} 5382456)采用两车负重跨装,为二级超限。2022 年 10 月 6 日 17 时 54 分 85840 次列车到达 C 站。请依据题意回答下列问题:

1. 自述对该车组货物的检查内容。

2. 检查中若发现货物纵向窜动 245 mm,各种加固材料完好无损,可否继续运行?依据是什么?

3. 若列进后方货物左侧一根斜支撑加固铁线断裂,斜支撑发生纵向倾斜,应如何处理?如需拍发电报,请草拟电报稿。

4. 简述预应力梁的加固方法。

一、技术要求

1. 答题符合相关法律、法规、规章和标准的规定。

2. 技术用语规范。

3. 工具、设备使用应符合规定。

二、考核要求

1. 作业过程完整。

2. 本项技能认定属综合型考试。

3. 本项技能认定由被认定人独立完成。

三、考核时限

1. 准备时间：10 min。

2. 正式操作时间：60 min。

3. 在规定时间内全部完成，不加分，也不扣分。每超时 1 min，从总分扣 5 分，总超时 5 min 停止作业。

四、考核评分

1. 考评人员 3 名及以上。

2. 评分点见“考核评分记录表”。

3. 评分程序及规则：考评员各自根据考生作业程序在评分表上给予记录评分，取平均分为评定得分。

4. 算分方法：百分制计算，满分 100 分，60 分为及格。

五、否定项

若考生发生下列情况之一，则应及时终止其考试，该考生成绩记为零分。

1. 操作不当造成设备、工具、仪器和材料损坏。

2. 严重违反安全作业规程，违反考试纪律。

铁道行业职业技能认定货检员技师操作技能考核试卷(考生用)

单位：　　　　　　　　　　　　　　姓名：　　　　　　　　　　　　　　准考证号：

试题内容：A 站承运到 B 站 32 m 标准预应力梁，使用 N_{17K} 型车 3 辆(N_{17K} 5860442、N_{17K} 5026151、N_{17K} 5382456)采用两车负重跨装，为二级超限。2022 年 10 月 6 日 17 时 54 分 85840 次列车到达 C 站。请依据题意回答下列问题：

1. 自述对该车组货物的检查内容。

2. 检查中若发现货物纵向窜动 245 mm，各种加固材料完好无损，可否继续运行？依据是什么？

3. 若列进后方货物左侧一根斜支撑加固铁线断裂，斜支撑发生纵向倾斜，应如何处理？如需拍发电报，请草拟电报稿。

4. 简述预应力梁的加固方法。

铁道行业职业技能认定货检员技师操作技能考核评分记录表

准考证号：　　　　　　姓名：　　　　　　性别：　　　　　　单位：

试题名称：32 m 标准预应力梁跨装车辆的检查交接　　　　　　　　　　考核时间：60 min

操作开始时间：　　时　　分　　　　　　　　　操作结束时间：　　时　　分

序号	考核内容	考 核 要 点	配分	评 分 标 准	扣分	得分
1	着装，标志佩戴	按规定着装，标志齐全	5			

续上表

序号	考核内容	考核要点	配分	评分标准	扣分	得分
2	人身安全	执行“一站、二看、三通过”、横越线路等人身安全的有关规定	5			
3	试卷质量	层次分明、清晰、整洁、文字流畅、无错别字	5			
4	对该车组货物的检查内容	核对记录、检查货物外观、车钩缓冲停止器	9			
		车钩缓冲停止器、检查线标画、斜支撑的安装	11			
		转向架游间	5			
5	可继续运行依据	预应力梁纵向窜动允许距离	10			
6	问题处理及拍发电报	斜支撑加固铁线断裂、斜支撑纵向倾斜的处理	20			
		拍发交接电报	10			
7	预应力梁的加固方法	钢丝绳捆绑位置正确	5			
		货物转向架与桥梁底部之间加固	5			
		货物转向架上架体预应力梁两侧的加固	5			
		预应力梁纵向窜动要求	5			
合计			100			
否定项：若考生发生下列情况之一，则应及时终止其考试，考生该试题成绩记为零分。 1. 答卷时不能互借文具。 2. 严禁考试作弊。 3. 考试时保持安静不得交头接耳。						

考评员：　　　　　　　　　　　　总分人：　　　　　　　　　　　　年　　月　　日

参考答案要点

一、着装及标志佩戴

按规定穿着带有反光标志的防护服，携带手持机（或对讲机）及作业工具备品。

二、人身安全

1. 横越线路时，眼看、手指、口呼，必须做到“一站、二看、三通过”，并注意左右机车、车辆动态及脚下有无障碍物，严禁来车时抢越线路。

2. 必须横越停有机车、车辆的线路时，应先确认机车、车辆暂不移动，然后在距机车、车辆5 m以外处绕行通过。

三、对该车组货物的检查内容

1. 票据是否附有超限货物运输记录，填写是否完整，各种尺寸是否与批示文电相符。

2. 货物外观是否完整、无异状，货物两侧明显位置是否有超限、超重等级标识。

3. 是否安装有车钩缓冲停止器4个（两对车钩各装一个），是否用铁线将每个车钩提钩杆捆牢。

4. 货物专用转向架的下架体与车体、上架体与货物的捆绑加固情况是否良好，货物转向架上架体有无旋转、错位、无法归位、移动等现象。

5. 是否标画有检查线，货物有无纵向、横向窜动现象，若有窜动移位时，应分别测量其尺寸。

6. 检查两副斜支撑的安装位置是否正确，其捆绑铁线有无折断，斜支撑有无移位、倒塌现象。

7. 检查货物专用转向架游间有无压死现象，左右旁承游间之和不得大于 10 mm。

8. 检查货车（负重车）转向架左右旁承有无压死现象。

四、检查中若发现货物纵向窜动 245 mm，各种加固材料完好无损，可否继续运行

货物纵向窜动 245 mm，未超过 250 mm 的限度，且各种加固材料完好无异，按《铁路货物装载加固规则》第 60 条："横向位移不超过 20 mm，长度为 32.6 m 梁的纵向窜动不超过 250 mm、长度为 24.6 m 及以下梁的纵向窜动不超过 150 mm 时，可以继续运行"的规定，可不进行处理。故该车可继续运行。

五、若列进后方货物左侧一根斜支撑加固铁线断裂，斜支撑发生纵向倾斜的处理及电报的草拟

1. 列进后方货物的斜支撑加固铁线断裂，斜支撑纵向倾斜，危及运输安全，不得放行。按章应扣车整装。

（1）立即通知货检值班员，车站调度员（值班员）需整理车的有关情况。

（2）编制普通记录甩车。

（3）于列车到达后的 120 min 内向上一货检站及发、到站拍发电报。

（4）将检查发现情况在"货检工作手册"内登记。

2. 整理时，将斜支撑顶部与预应力梁梁体必须密贴顶牢，并用 8 号镀锌铁线或盘条将斜支撑与转向架上架体捆牢。

拍发交接电报如下：（不足条件自拟）

主送：上一货检站

抄送：A 站，B 站

2022 年 10 月 6 日 17 时 54 分，85840 次列车到检，A 站发 B 站 32 m 标准预应力梁跨装车组，车号 N17K 5860442、N17K 5026151、N17K 5382456，货检发现列进后方货物左侧一根斜支撑加固铁线断裂，斜支撑纵向倾斜，危及行车安全，现扣我站整装。

C 站
2022 年 10 月 6 日
（公章）

六、预应力梁的加固方法

1. 货物转向架下架体每端用 8 号镀锌铁线、盘条或钢丝绳拉牵成八字形，捆绑在车侧丁字铁或支柱槽上。

货物转向架上架体与桥梁底部之间，需加防滑垫木。防滑垫木上应加铺一层橡胶垫，桥梁底部两侧与货物转向架上架体挡铁之间，用木楔楔紧卡牢。

2. 在货物转向架上架体预应力梁的两侧，分别使用斜支撑进行加固。斜支撑顶部与预应力梁体必须密贴顶牢，并用 8 号镀锌铁线或盘条将斜支撑与转向架上架体捆牢。

3. 横向位移不超过 20 mm，长度为 32.6 m 梁的纵向窜动不超过 250 mm、长度为 24.6 m 及以下梁的纵向窜动不超过 150 mm 时，可以继续运行。

4. 斜支撑产生纵向倾斜时，必须进行整理。